棠树文丛

文化产业外国直接投资限制的法律问题研究

司文 著

法律出版社
LAW PRESS · CHINA

棠树文丛和理因文丛编委会

促进法学研究　追求学理本义

——棠树文丛和理因文丛总序

科学研究是高校非常重要的一项功能，也是一所大学综合实力、核心竞争力的主要指标。开展学术活动、产出学术成果、培养学术人才是高校完成人才培养、科学研究、社会服务等使命的主要手段。大学之所以成为大学，学术的兴盛正是主要的标志之一，只有学术水平提高了，才能更好地完成培养人才和服务社会的目标。

党的十八大以来，以习近平同志为核心的党中央高度重视哲学社会科学工作，从改革发展稳定、治党治国治军的高度，肯定了哲学社会科学的重要意义。习近平总书记在2016年5月17日召开的"哲学社会科学工作座谈会"上指出，"要加大科研投入，提高经费使用效率。要建立科学权威、公开透明的哲学社会科学成果评价体系，建立优秀成果推介制度，把优秀研究成果真正评出来、推广开"，为新时期哲学社会科学的发展指明了方向。学术专著是广大教师平时研究成果呕心沥血的精心积累，它的出版则是优秀研究成果推广的重要手段和高端平台。做好学术著作的组织出版能够提高教师科研活动的积极性，弘扬优秀学术，开拓创新，也能为学校的科研事业作出应有的贡献。

华东政法大学全面贯彻党的教育方针，落实立德树人根本任务，围绕上海教育中长期规划纲要的总体目标，按照建设“双一流”高水平教学研究型、多科型特色大学的战略要求，遵循科研发展规律，加强管理，精益求精，在科研方面取得了不俗的成绩。一直以来，学校的优秀学术成果持续增长，学术影响力有所提升，学校科研工作日攀新高。

法学是华东政法大学的主要学科，是学校的知名品牌。推介法学研究成果是科研管理部门的服务项目和重要职责。这次推出的“棠树文丛”就是华东政法大学法学教师的优秀成果。之所以将法学文丛取名“棠树文丛”，其出处来自《诗经》。《诗经·甘棠》云：“蔽芾甘棠，勿翦勿伐”，这是说周初召公巡行理政，在甘棠树下听讼决狱，断案公正无私，其事流芳后世，歌诗以载。法平如水，民心所向，古今无异，故以“棠树”为法学丛书命名。这次组织出版“棠树文丛”，可以促进华政的法学研究水平，提升法学学科的影响力，为实现依法治国的宏伟目标和弘扬法律的公平正义添砖加瓦。

其他学科在华东政法大学也在迅速发展。多科性交叉融合发展也是学校的一个显著特色。华政的政治学、外语、社会学、新闻传播等众多学科在全国大学和科研机构等体系中已产生了广泛的影响力，并占据了重要的学术地位。这次推出的“理因文丛”，则是华东政法大学其他学科教师的优秀成果。之所以将其取名“理因文丛”，其出处来自华政松江新校区的一位古人。约一千七百年前，松江人陆机在其名作《文赋》中写道：“伊兹文之为用，固众理之所因”，文以传理、文以载道，是对学术著述的最高期许。以“理因”二字命名丛书，正是希望这套著作能考众理之妙，释学术之道，追求学术本义，成为展示华东政法大学科研水准与成就的窗口。恩格斯曾经说过：“一个民族要想站在科学的最高峰，就一刻也不能没有理论思维。”理论研究就是要找出事物的发展规律，探寻世界的奥秘，开启人类的智慧。“理因文丛”的出版契合了探究事理本源之意。

高层次优秀科研成果的出版是教师和科研管理部门共同追求的目标，也是我们贯彻落实《华东政法大学学术专著出版资助管理办法》的举措。我们希望通过这次学术专著推进活动，规范学校图书出版工作，进一步激发我校教师的科研积极性，多出成果，出优秀成果，展现华政学术丰采。

华东政法大学科研处

2020年5月20日

目录

引　言

一、研究背景和意义

发展迅速的文化产业已经成为经济新增长点。当前我国文化产业发展进入了新阶段，主要体现在：首先，文化产业结构发生变化，数字文化产业部门成为新兴的战略性产业，跨界融合不断增强；其次，文化体制改革逐步深化，自党的十八届三中全会提出的“建立健全现代文化市场体系”以来，文化产业的市场化程度、创新领域都在不断提高。介于中国文化产业发展的巨大潜力，外国投资已经将目光对准了我国文化产业领域。同时，随着中国经济实力的增强，文化企业发展不断壮大，不少文化企业寻求“走出去”，跨国收购事件层出不穷。文化产业海外投资主要集中于文化传播渠道领域，投资行业范围不断扩大，如网络游戏、影视行业、互联网、新闻报刊出版和演艺服务等。投资的区域和范围不断扩大，由美国、韩国扩展到欧洲、日本、泰国、马来西亚、越南等国家。[1] 国家统计局的数据显示，2018 年我国文化、体育和娱乐业对外直接投资净额为 116，586 万美元。2017 年为 26，401 万美元，2016 年为 386，869 万美元，2015 年为

〔1〕 中央文化企业国有资产监督管理领导小组办公室、中国社会科学院文化研究中心编：《中国文化投资报告》(2014)，社会科学文献出版社 2014 年版，第 20～23 页。

174,751万美元,2014年为51,915万美元。[1] 我国文化"走出去"新格局逐渐形成,国家文化软实力大幅提升。2018年文化产品进出口总额为1023.8亿美元,是2005年的5.5倍,对外投资额为16.9亿美元,为2008年和2012年的84.5倍和8.5倍,占我国对外直接投资额的比重为1.3%。[2]

与"走出去"相比,我国文化产业"引进来"的热度较低,且"文化产业外资利用相对中国整体利用外资而言,处于十分滞后的状态。"[3] 国家统计局的数据显示,文化、体育和娱乐业外商投资企业数额,2018年为6334户,2017年为4929户,2016年为3846户,2015年为3229户,2014年为2851户;投资总额为2018年53,128.80百万美元,2017年40,242.24百万美元,2016年36,841.73百万美元,2015年27,671.47百万美元,2014年22,975.21百万美元;其中外方注册资本分别为2018年32,353.01百万美元,2017年22,796.63百万美元,2016年18,674.33百万美元,2015年12,670.27百万美元,2014年9796.54百万美元。文化、体育和娱乐业实际利用外商直接投资金额:2018年为52,290万美元,2017年为69,846万美元,2016年为26,732万美元,2015年为14,338万美元,2014年为7757万美元。[4] 尽管文化投资快速增长,但从资金来源来看,2017年我国文化产业固定资产投资额为3.8万亿元,其中国家预算资金占5.1%,国内贷款占7.2%,利用外资占0.4%,自筹资金占81.7%,其他资金占5.6%。[5] 可见,我国文化产业的资金主要源于自筹资金,也就是民间资

---

[1] 参见国家统计局按行业分对外直接投资净额年度数据,截至访问日期尚未有2019年数据,载国家统计局网站:http://data.stats.gov.cn/easyquery.htm? cn = C01,最后访问日期:2020年3月25日。

[2] 参见国家统计局:《文化事业繁荣兴盛文化产业快速发展——新中国成立70周年经济社会发展成就系列报告之八》,载国家统计局网站:http://www.stats.gov.cn/tjsj/zxfb/201907/t20190724_1681393.html,最后访问日期:2020年1月30日。

[3] 陈清华:《文化产业投资机制创新》,南京大学出版社2014年版,第86页。

[4] 参见国家统计局按行业分外商投资企业年底注册情况年度数据,截至访问日期尚未有2019年数据,载国家统计局网站:http://data.stats.gov.cn/easyquery.htm? cn = C01,最后访问日期:2020年3月25日。

[5] 参见国家统计局:《文化事业繁荣兴盛文化产业快速发展——新中国成立70周年经济社会发展成就系列报告之八》,载国家统计局网站:http://www.stats.gov.cn/tjsj/zxfb/201907/t20190724_1681393.html,最后访问日期:2020年1月30日。

本占据绝大多数,而利用外资比例较低。

党的十九大提出,“要深化文化体制改革,完善文化管理体制,加快构建把社会效益放在首位、社会效益和经济效益相统一的体制机制”,“健全现代文化产业体系和市场体系,创新生产经营机制,完善文化经济政策,培育新型文化业态”,“推进国际传播能力建设,讲好中国故事,展现真实、立体、全面的中国,提高国家文化软实力。”资本融通上的对外投资与引进外资之间的落差,立法上对文化产业外国投资专门规制意识的缺失,都与我国当前文化产业迅猛发展的态势不符。推动形成全面开放的新格局、激发我国文化产业活力、增强文化自信的现实需要要求重新衡量文化产业市场的开放程度。

随着近年来双边投资条约协定的数量不断增加,自贸区谈判如火如荼,一些国家和地区修改本国、本地区外资立法,开始放宽文化产业领域的外资准入。G20 投资报告显示,沙特阿拉伯 2018 年 10 月 23 日允许外资进入视听领域,[1] 印度开始放宽对媒体行业外资准入的限制,[2] 墨西哥《联邦电信广播法》允许外资进入广播服务。[3] 向来重视文创产业的我国台湾地区“立法院”于 2015 年 6 月“三读”通过“有限合伙法”,其立法说明中明确指出有限合伙制度在文化产业投资领域的优势,它能够提升文化产业吸引外资的能力,促进文化产业的发展。[4] 上

---

〔1〕 See OECD and UNCTAD,“Twenty-first Report on G20 Investment Measures”, Accessed March 24, 2020, at http://www.oecd.org/investment/investment-policy/21st-Report-on-G20-Investment-Measures.pdf.

〔2〕 See OECD and UNCTAD,“Fifteenth Report on G20 Investment Measures”, Accessed March 24, 2020, at https://unctad.org/en/PublicationsLibrary/unctad_oecd2016d15_en.pdf; “Sixteenth Report on G20 Investment Measures”, Accessed March 24, 2020, at https://www.wto.org/english/news_e/news16_e/g20_oecd_unctad_report_november16_e.pdf.

〔3〕 See OECD and UNCTAD, “Thirteenth Report on G20 Investment Measures”, Accessed March 24, 2020, at https://unctad.org/en/PublicationsLibrary/unctad_oecd2015d13_en.pdf.

〔4〕 我国台湾地区主管机关于“立法院”审查会特别强调:“例如创投业、电影、舞台剧等文创产业,大多不是才永续经营模式,一般创投业营运一段时间即告解散,不适用现行公司法组织,而政府为了鼓励创投业挹注资金,扶持科技等新创事业,并发展电影文创产业,活络国内创业环境,宜仿效英国、美国、新加坡等国立法精神,催生有限合伙法,以吸引国外资金来台投资,激发国内产品创新创意环境。”

述一系列的立法动态以及现实需要表明，有必要加快对文化产业领域外国直接投资有关法律制度的研究，为我国文化产业充分吸引和利用外资提供理论指导。

理论上，我国在文化产业外国直接投资限制研究这一领域内尚有欠缺。具体来说，首先，从法律层面探讨文化产业内涵的研究不充分，如何从立法层面界定文化产业这一基本问题没有得到充分解决，而这又是所有问题的基点。其次，对于文化产业外国直接投资限制的特殊性不够重视。文化产业外国直接投资限制有没有特殊性，特殊性表现在哪些方面，需要进一步论证。最后，没有建立有关文化产业外国直接投资限制的整体系统研究框架，甚至对有关文化立法中外国资本比例的限制规定都少有研究和提及。

实践上，文化产业领域跨国投资事件已经屡见不鲜，国际间交流不断增加，各国正在加快有关立法进程，在此时代背景下，为了外国投资更好地“引进来”，中国文化企业更快地“走出去”，有必要系统地整理有关国家与地区的立法与实践，对我国文化企业“走出去”予以切实指导，并在系统研究国际与国内层面文化产业领域外国直接投资限制制度的基础上，构建理论框架，对我国有关立法实践的完善提供切实可行的参考与建议。

二、国内外研究文献综述

（一）国内研究现状

1. 现有文献的主要成果

目前讨论文化产业外国投资限制的文献十分有限。从研究对象来看，现有研究主要集中于传媒业，也有文献专门研究具体门类如广播电视、电影、网络媒体、文物拍卖。从研究内容来看，大部分针对外资准入的具体限制措施进行讨论，也有部分探讨外资进入的模式。从研究视角来看,大部分是从新闻传播学的视角出发,部分从法学视角进行探讨。[1] 目前学界的关注点更集中于自由贸易与负面清单研究问题上,有文献关注文化例外以及文化产业负面清单的设置问题。有学者以上海自贸区为研究对象,分析了上海自贸区的外资管理制度对文化产业的影响。[2] 有学者相应国家文化政策号召,主张放宽文化市场准入,扩大开放。[3]

在文化产业引入外资的立场问题上,现有文献均认为,文化产业政策需要在鼓励与限制之间寻求平衡,根本原因在于文化产业本身的双重属性——作为文化的意识形态属性和作为产业的经济属性之间存在的张力。[4] 文化产业的文化属性和意识形态特征要求对外资加以规制,从而"防御不良文化侵蚀,维护文化安全;坚持主导意识形态,确保执政安全"。[5] 而文化产业的产业属性要求它追逐经济利益,利用外资能够给中国的文化产业"带来资金上的充足、经营管理经验的积累、技术的进步及思想观念上的革新"。[6]

在文化产业领域外资限制的问题上,有学者从国别的角度出发,认为

---

〔1〕 从法律角度论述的文献,如管金平:《中国市场准入法律制度的演进趋势与改革走向——基于自贸区负面清单制度的研究》,载《法商研究》2017 年第 6 期;叶雪:《国家文化产业安全的法律思考——以文化产业对外开放为视角》,载《出版科学》2015 年第 2 期;郭玉军、王卿:《我国文化产业利用外资的法律思考》,载《河南省政法管理干部学院学报》2011 年第 4 期;杨帆:《中国电影产业境外资本准入的问题研究》,载《河北经贸大学学报》(综合版)2013 年第 1 期;翟晓雪:《关于文物拍卖市场的外资准入问题——以自贸区暂不对外开放文物买卖市场为视角》,载《中共山西省委党校学报》2014 年第 4 期;李云超:《文化产业融资促进法律问题比较研究》,武汉大学 2015 年博士学位论文;孙昕:《广播电视业外资准入法律制度研究》,中国政法大学 2009 年硕士学位论文;高冰:《GATS 下网络媒体业外资准入的立法研究》,西南政法大学 2007 年硕士学位论文。

〔2〕 研究上海自贸区文化产业外资管理制度的文献,如缪锦春:《上海自贸区制度创新与我国文化产业开放对策研究》,载《文化产业研究》2015 年第 2 期;臧志彭:《文化产业开放政策与上海自贸区文化制度创新:一个研究综述》,载《文化产业研究》2015 年第 1 期;田继鹏等:《自贸区与文化产业发展:上海问题与国际经验》,载《上海对外经贸大学学报》2015 年第 2 期。

〔3〕 祁述裕:《放宽文化市场准入,扩大文化市场开放》,载《东岳论丛》2018 年第 1 期。

〔4〕 李本美、刘宝:《我国文化产业的外资利用策略研究》,载《长春工程学院学报》(社会科学版)2012 年第 2 期。

〔5〕 姚德权、赵文英:《传媒业外资准入收缩与发展:规制视角》,载《财经理论与实践》2006 年第 5 期。

〔6〕 张建明:《外资传媒进入对中国传媒业的影响及对策研究》,湖南大学 2011 年硕士学位论文。

文化产业外资准入主要有比重、形式、领域、程序的限制。[1] 有学者总结自入世以来,我国对传媒业的规制体现在:明确界定了传媒业的开放领域;进一步严格行业准入制度,主要包括外资主体资质、外资进入规模、外资进入速度、外资进入结构、外资产权比重、传播内容标准等;对传媒产品进口实行指定制。[2] 还有学者专门从电影的摄制、发行、放映三个阶段来讨论外资和我国港澳台地区资本的准入问题,并进一步进行国别比较研究。其研究发现,我国《电影促进法(草案)》名为促进但实为管制,其在外资准入、电影内容审查等方面的限制甚至比现行的《电影管理条例》更为严格。[3]

在我国文化产业外资限制的不足问题上,学者认为目前存在以下问题:外资规制缺乏稳定性,相关法律法规不完善;规制和执行机构分散;外资准入审批和审查制度不完善;传媒外资产权规定不明晰;缺乏传媒外资预警机制和中国对待外资的态度存在问题等。[4] 具体来说,我国对于网络媒体的法律规定零散,不成体系;行业细分粗糙,针对性差;对外资准入的规定模糊,缺乏过程监管,违背国际承诺。[5] 我国现行的广播电视业实行有限的外资准入制度,但立法层次低,多不稳定性和反复性;众多部门多头管理,立法权与执法权分散,导致现有制度之间存在许多矛盾。[6]

在我国文化产业外资限制制度的完善问题上,要建立科学的传媒外资限制规制体系,应当从完善传媒外资准入规制立法,建立集中的监管、审查机构,严格规范中国传媒业外资规制的审查标准等方面设计传媒业

---

〔1〕 郭玉军、王卿:《我国文化产业利用外资的法律思考》,载《河南省政法管理干部学院学报》2011 年第 4 期。

〔2〕 姚德权、赵文英:《传媒业外资准入收缩与发展:规制视角》,载《财经理论与实践》2006 年第 5 期。

〔3〕 杨帆:《中国电影产业境外资本准入的问题研究》,载《河北经贸大学学报》(综合版) 2013 年第 1 期。

〔4〕 朱金凤:《中国传媒业外资准入规制研究》,湖南大学 2008 年硕士学位论文。

〔5〕 高冰:《GATS 下网络媒体业外资准入的立法研究》,西南政法大学 2007 年硕士学位论文。

〔6〕 孙昕:《广播电视业外资准入法律制度研究》,中国政法大学 2009 年硕士学位论文。

外资规制改革的基本思路。建立传媒外资预警机制、反垄断规制和安全审查制度能从很大程度上弥补中国传媒业外资准入在宏观经济规制方面的不足,是我国传媒外资规制的可行方向。[1] 设立独立的监管机构,明确其职责和权责,同时对监管立法过程以及具体的监管行为进行监督。[2] 采用“牵头式”不完全监管下的混业监管,可以在国务院各部门中单独设置“传媒与信息发展部”,作为整个监管体制中的牵头监管机构,传媒监管、资产监管、信息技术监管三部门为实行混业监管的具体监管执行机构,其各自职责相应为:内容监管与运营监管;国有资本、境外资本与境内其他资本监管;传播网络(有线网、电信网、移动网络等)、信息安全监管和技术支持。[3] 立法与政策上,要区别对待、分类指导、循序渐进、逐步推开。[4] 要以透明度原则、市场性原则和有利条款原则为立法原则,采用单一立法例,进行行业细分,构建准入许可制度和资本即时监控制度。[5]

2. 对现有文献的评价

现有文献对具体行业加以研究,有一定的针对性;同时对我国文化产业外资限制的有关制度有着相对宏观的把握,但是现有文献依旧存在以下不足:

首先,现有研究不系统,这种不系统主要体现在,局限于个别行业、零散介绍我国法律与政策、缺乏国际视角。目前的研究主要集中在传媒业、电影业,而对于文化产业的其他领域鲜有涉及,更没有细分传媒业、电影业的上游与下游产业活动。我国有关部门针对文化产业的众多领域专门出台多项政策举措,众多立法文件和行政命令纷繁复杂,而现有文献很少

---

[1] 朱金凤:《中国传媒业外资准入规制研究》,湖南大学2008年硕士学位论文,第34页。

[2] 丁文锐:《中国传媒业外资准入监管研究》,湖南大学2009年硕士学位论文,第2页。

[3] 谢宽:《中国传媒业外资监管的系统耦合模式研究》,上海交通大学2011年硕士学位论文,第48页。

[4] 姚德权、曹海毅:《外资进入中国传媒业态势与政府规制创新》,载《吉林大学社会科学学报》2007年第2期。

[5] 高冰:《GATS下网络媒体业外资准入的立法研究》,西南政法大学2007年硕士学位论文,第2页。

对这些政策加以整理。目前国外对于文化产业外资限制有一些立法实践,而现有文献很少系统地介绍国外的有关立法实践,缺乏比较研究意识。

其次,现有研究不深入。主要体现在,限于阐述现象,侧重实体研究。现有研究层次限于阐述现象,没有探究限制措施的合法性与合理性,也没有探讨限制措施背后的立法政策。许多文献结论往往专注说理,仅提出概括性建议,而对于如何具体解决现实问题,则往往讳莫如深。

最后,随着我国对文化产业建设的力度加大以及一系列的政策利好,亟待更新现有研究。我国自贸区的建立对文化产业利用外资提出了新的要求。外商投资指导目录的更新、《外商投资法》的出台,都与文化产业息息相关。我们需要从产业政策的角度去探讨现有立法与政策的有关规定。

(二)国外研究现状

1.现有文献的主要成果

国外尽管有不少以国别视角概述相关国家文化产业状况的著作,[1]但专门研究文化产业外国投资限制的文献也十分有限,主要集中在以下几个方面:从国别的角度专门介绍一国特定行业对外国投资的限制;研究"文化例外"国家的自贸协定中对个别行业的保留条款;对外国投资的国家安全审查制度的完善;对中国部分企业采取协议控制(VIE)上市的海外投资者保护研究。

在国别角度介绍一国特定行业对外国直接投资的限制方面,曾经媒体文化领域的外资准入受到极其严格的限制。[2] 而在全球贸易和投资

〔1〕 See Paolo Sigismondi, *World Entertainment Media: Global, Regional and Local Perspectives*, New York, Routledge, 2019; Chang Jiang et al., *Development of China's Cultural Industry*, Singapore, Springer, 2019; Lorraine Lim and Hye-Kyung Lee, *Routledge Handbook of Cultural and Creative Industries in Asia*, London, Routledge, 2018; Jia Gao et al., *Global Media and Public Diplomacy in Sino-Western Relations*, London, Routledge, 2016.

〔2〕 David Conklin and Don Lecraw, *Foreign Ownership Restrictions and Liberalization Reforms*, London, Routledge, 1997.

自由化浪潮的影响下,这种观念也渐渐发生变化。劳拉 · 霍夫曼(Laura S. Huffman)比较分析了美国、印度、澳大利亚在电信业的外资准入政策,美国采取完全开放加个案审查的模式,旨在为其他国家树立榜样,鼓励它们对美国投资者完全开放。印度则是有限开放,外资份额最多不超过74%,印度希望能够更多地引入外资从而促进本国该行业技术水平的提高,但国有企业的垄断地位并不影响民众享受价格合理的服务,也没有更多的驱动力来引入竞争、防止行业垄断,因此开放的水平有限、速度缓慢。澳大利亚则是单刀直入,限制私人外资规模不超过35%,其他的则视个案情况而定,澳大利亚更热衷于签订双边投资协定,尤其是对与其友好的国家,甚至可以不加限制。但是对于发展中国家来说,订立多边的投资条约更加有利,因为双边投资条约往往是与发达国家签订,发达国家一般处于强势地位,而多边条约则是多国之间利益的平衡,一国能够相对充分地反映本国诉求,不至于将自己置于不利地位,同时多边条约也是一个高效便捷的方法,因此作者主张回归到多边投资条约中来。[1]

在"文化例外"国家的自贸协定中对个别行业的保留条款方面,吉尔伯特 · 加涅(Gilbert Gagné)在详尽分析了美国与澳大利亚和韩国分别签订的自贸协定,自贸协定中涉及外国投资的例外条款,尽管美国对文化产业领域贸易投资持自由化的态度,但在与一些坚持"文化例外"的国家签订有关自贸协定时也作出了一定妥协。但这种妥协局限于传统的文化产业,对新兴媒体等则依旧希望完全开放。[2] 史蒂芬 · 哥尼斯堡(Stephen R. Konigsberg)针对 NAFTA 中加拿大的文化例外条款进行研究,指出美国针对这些注重保护文化主权的国家,应当对《通信法》予以相应修改,增

---

〔1〕 See Laura S. Huffman, "A Comparative Review of Foreign Direct Investment Policies for Telecom Services in the United States, India, and Australia: Why Back to the Multilateral Future is the Best Choice for States, Consumers, and Suppliers", *Emory International Law Review* 22, 2008, p. 283.

〔2〕 See Gilbert Gagné, "Free Trade, Cultural Policies, and the Digital Revolution: Evidence from the U. S. FTAs with Australia and South Korea", *Asian Journal of WTO and International Health Law and Policy* 9, 2014, p. 257.

加互惠条款,对那些与美国有双边协定的国家的外国投资予以广播许可,从而促使那些国家开放本国广播电视行业准入许可。[1]

在对外国直接投资的国家安全审查制度的完善方面,劳伦斯·埃克(Lawrence Eaker)认为随着中国“走出去”战略的实施,大量资本涌入欧洲,不乏有一些投资行为触及欧盟的敏感行业。欧盟现有的安全审查机制相对零散,分为欧盟层面的审查和各成员方的审查。由于中国投资的特殊性,欧盟应当建立类似于美国的更加集中化的安全审查机制,但是在立法与程序上更为透明。[2]

在对协议控制(VIE)上市的海外投资者保护研究方面,塞丽娜·石(Serena Y. Shi)从法律政策和实证案例两个层面分析了现有VIE模式在中国不被认可的现状,提醒美国投资者要注意投资风险,美国证券交易委员会应当加强有关信息的披露。[3] 大卫·施因德海姆(David Schindelheim)还指出,中国政府应当将有关VIE的法律政策公开化,中国对VIE的态度讳莫如深很可能是故意对此不作规定,从而加快互联网企业发展。[4]

2. 对现有文献的评价

国外的研究相对有针对性,研究也相对深入,但是鲜有针对文化产业的外国直接投资限制问题予以专门研究。更多的是研究文化产业发展中衍生出的侧面问题,如VIE模式的风险或者“文化例外”与外国投资法律文件的关系等。

---

〔1〕 See Stephen R. Konigsberg, "Think Globally, Act Locally: North American Free Trade, Canadian Cultural Industry Exemption, and the Liberalization of the Broadcast Ownership Laws", *Cardozo Law's Arts & Entertainment Law Journal* 12, 1994, p. 281.

〔2〕 See Lawrence Eaker and Sun Tao, "Chinese Investment in the European Union & National Security Review: Is the EU Legal Regime about to Follow the US Model?", *Frontiers of Law in China* 9, 2014, p. 42.

〔3〕 See Serena Y. Shi, "Dragon's House of Cards: Perils of Investing in Variable Interest Entities Domiciled in the People's Republic of China and Listed in the United States", *Fordham International Law Journal* 37, 2014, p. 1265.

〔4〕 See David Schindelheim, "Variable Interest Entity Structures in the People's Republic of China: Is Uncertainty for Foreign Investors Part of China's Economic Development Plan?", *Cardozo Journal of International and Comparative Law* 21, 2012, p. 1995.

不少发达国家对文化产业领域外国直接投资采取积极开放的态度，这可能也是国外研究文献中鲜有涉及文化产业外国直接投资限制的原因。而中国不但是一个发展中国家，而且是一个有独特体制和文化的国家，它迫切需要大量的资金发展文化产业，同时希望保持本国的文化安全，更希望能够将本国文化“走出去”，因此文化产业开放到何种程度，具体开放什么行业还需要多方论证，其他国家的经验不能完全拿来照搬与借鉴，还应切实结合我国国情。

三、研究方法

（一）比较分析方法

本书将对美国、加拿大、澳大利亚、英国、韩国、日本等国家和地区的有关立法实践加以研究，力求全面、翔实地呈现有关文化产业外国直接投资限制的立法规定，分析其背后的立法政策、演变原因，以及对中国有关立法的借鉴意义，同时为中国文化企业“走出去”提供指引。

（二）案例分析方法

本书对我国在 WTO 领域的文化产业案例予以详尽阐述，也从欧洲人权法院有关国家与广播电视企业的案例中，抽象概括出国家限制媒体表达自由界限的具体规则。在案例分析的基础上，总结规律，找出不确定因素中的确定因素，对我国文化产业中有关的制度设计提出建议。

第一章　文化产业外国直接投资限制概述

文化产业概念的提出伴随着对文化工业化、产业化的批判，随着社会经济的发展被广泛接受，并不断将越来越多的行业纳入其中。许多国家也相应出台了针对文化产业发展的重要政策和法律法规文件，对文化产业的重要性认识越发深刻。近年来，伴随着全球经济日益萧条，传统依靠资源、劳动力的产业发展后劲不足，外国直接投资开始转向新兴产业，文化产业成为投资的一大热点。文化不再局限于一个国家和民族内部，文化全球化趋势凸显。这种势头不可避免引发了国家对文化产业领域外国直接投资的重视，为保护本国利益，对文化产业领域外国直接投资采取多种限制，继而引发了一系列问题需要深入研究与探讨。

第一节　文化产业及其特殊性

文化产业概念的提出经历了20余年的时间。自“文化产业”这一用语提出之后，学者一直希望能够对其进行明确清晰的定义，故提出了各种各样的界定方法。本节希望通过描绘文化产业概念提出的过程、理论与实践上对文化产业内容的界定，能够充分展现文化产业的整体面貌，从而揭示出其所固有的二重属性是有关国家对该领域外国直接投资予以限制的根本出发点。

一、文化产业概念的缘起

“文化产业”由“文化工业”演变而来。“文化工业”的提出一开始是为了深刻批判工业化社会给文化带来的负面影响。然而，随着工业化程度的加深，文化产品大量出现，“文化工业”开始被接受，“文化产业”被提出，并得到广泛的理解与认同。

（一）法兰克福学派有关文化工业的争论

法兰克福学派诞生于德国法兰克福大学的社会研究中心，它沿袭了马克思人本主义（Marxist Humanism）的核心观点，并将其不断发展壮大，而形成系统理论的一批学院派马克思主义者。他们深入的研究文化与媒介现象，其范围从大众文化、文化传播到古典音乐和文学作品。在其“文化工业”理论中，法兰克福学派提出了批判文化研究的重要模型，分析文化生产与政治经济过程以及观众认可度和文化产品的作用等。

希尔多·阿多诺（Theodor Adorno）与马克斯·霍克海默（Max Horkheimer）于1947年合著出版了《启蒙辩证法》（*Dialectic of Enlightenment*）一书，在该书中提出“文化工业”（Culture Industry）并予以强烈批判。他们指出，机械化大规模生产催生了“文化工业”，文化活动沦为工业生产的过程，让人们陷入了更加自由与逃离权威的假象。文化产品成为统一化的、可复制的商品，文化艺术越来越难以成为自主的活动。在自由资本主义阶段，流行文化的生产者和消费者还依旧保有对其文化活动的自主权，而在垄断资本主义阶段，这种自主权已经不复存在，流行文化沦为商品。休闲消费都在生产线上完成，文化发展不再由演奏家和观众塑造，而是由拥有多条生产线的资本家和经理人塑造。文化被肢解为生产线上的每一道工序与零部件，文化的内涵被忽视，文化成为了市场要想它变成的样子。文化工业产品均是依照标准化生产的，与其他商品一样被精美的包装、贩售。[1] 在

---

〔1〕 John Scott, “Cultural Analysis in Marxist Humanism”, in Tim Edwards ed., *Cultural Theory: Classical and Contemporary Positions*, London, Sage Publications, 2007, p. 22.

阿多诺的笔下,所有的标准化、大批量复制的文化都是不真实的、次等级的,远不能跟那些“真正的”伟大的艺术作品相提并论。

希尔多·阿多诺与马克斯·霍克海默均是德国法兰克福学派的代表人物。他们深刻批判以商品化、标准化、大众化的文化生产,这与欧洲深陷法西斯主义、利用批量文化生产进行意识形态渗透不无关联。而美国法兰克福学派也认为,美国流行文化的繁荣也是为了向世界推行美国价值观。不过法兰克福学派的另一代表人物,瓦尔特·本雅明(Walter Benjamin)则意识到了“文化工业”的积极方面,在其1969年著作《机械复制时代的艺术》(*The Work of Art in the Age of Mechanical Reproduction*)中阐述了新大众媒体是如何通过大批量的电影、唱片、出版物来替代原有注重“创意”与“灵魂”的旧文化形式,打破高雅文化的象牙塔。本雅明认为,文化“去精英化”的过程将催生出更多的批判性个体,他们有能力去评判与分析文化,大众在工业化、城市化的过程中不会丧失辨别能力。在《作为生产者的艺术家》(*The Author as Producer*)一文中,本雅明主张文化创造者应当重组文化生产方式,将戏剧、电影等转化成政治启蒙阵地,而不是观众娱乐的美味佳肴。[1]

本雅明认为,大批量复制的文化产品虽然丧失了“灵魂”,但是也摆脱了其被精英阶层垄断的神秘感,走进大众从而获取更多批评与讨论。不过他也强调现代社会媒体与科技湮没了主观性,造成了经验的萎缩。本雅明是一个彻底的文化批判者,他深刻地认识到了科学技术外衣下媒介文化的复杂特性与影响。阿多诺与霍克海默并不十分赞成本雅明对文化工业的乐观态度。他们认为,文化生产领域(主要是电影、广播、报纸、杂志等)由广告和商业规则主导,为消费资本主义系统提供便利。后来不少评论家认为,阿多诺与霍克海默的“精英文化”观念低估了文化媒介对观众施加的有利影响。

---

〔1〕 Walter Benjamin,“The Author as Producer”, in Michael W. Jennings and Walter Benjamin eds., *Selected Writings* 2: 1927 - 1934, Cambridge, Belknap Press of Harvard University Press,1999, pp. 768 - 781.

赫伯特·马尔库塞(Herbert Marcuse)继续发展了文化工业理论,他提出"一体化社会"的论断,是法兰克福左翼的代表人物。资本主义工业社会将个人与生产消费经济系统融为一体,通过假性需求(false needs)以及重新定向知识和欲望,远离对社会的批判,构建一个思想与行为的单向空间(one-dimensional universe)。资本主义工业社会通过技术进步强制输出大量工业产品,引导个人消费需求观念,个人为假性需求支配,个人假性需求通过社会提供的消费品得到满足,社会需求与个人需求达成一致,从而使人们认同这个社会,社会达到控制个人的目的。同时社会通过技术理性,巨大膨胀并兼并一切意识形态,上升为政治理性,导致人放弃批判与否定能力,而成为单向空间的人。

另一法兰克福学派人物汉斯·马格努斯·恩岑斯贝格(Hans Magnus Enzensberger)对赫伯特·马尔库塞所提出的"单向空间抹杀个人思辨能力"的理论提出质疑。他认为这种社会现象只能发生在特定的政治发展阶段和经济发展阶段,即广泛承认普遍人权以及广播信息技术高度发达的阶段。否定这种"意识社会"就有否定现代化工业文明的风险。所有的工业都依靠人的智力创造,而具有思辨性的个人在这种社会中极其重要,否则工业化社会本身无法实现。对资本主义的评价应当更多地看到新技术带来的好处,极大地解放了生产力和创造力。[1]

(二)伯明翰学派的辩证观点

正当法兰克福学派争论大规模生产消费中国家垄断资本主义与福特主义[2]的文化状况,英国文化研究学派(British Cultural Studies)于19世纪60年代开始兴起。在全球反对文化消费主义、改革浪潮兴起之时,出现了新的资本主义形式,如"后福特主义"(post-Fordism)、后现代性(postmodernity),以及其他的尝试描述更加多样化、多冲突的社会文化形

---

〔1〕 John Hartly et al., *Key Concepts in Creative Industries*, London, Sage Publication, 2013, p. 79.

〔2〕 福特主义用来描述美国式的工业生产模式,主要是以市场为导向,以分工和专业化为基础,以较低产品价格作为竞争手段的刚性生产模式。

态的术语。英国文化研究学派代表人物有理查德·霍加特(Richard Hoggart)、雷蒙德·威廉姆斯(Raymond Williams)、爱德华·汤普森(Edward Thompson)等。他们尝试保存工人阶级文化,来对抗文化工业产出的大众文化的猛烈攻击。他们认为,工人阶级是一支积极的社会变革力量,能够有组织地对抗现存资本主义社会的不平等现象,寻求更公平世界。

英国文化研究学派早期与法兰克福学派一样,认为工人阶级不能视为社会变革的强大力量,但是后来由其衍生出的伯明翰学派(the Birmingham Group)最终转向了平民主义(populist)。其研究主要是区分不同阶层,即从经验、语言以及阶级意识等方面来阐述文化。他们还研究新生文化(youth Cultures),从精英文化转向大众文化。英国文化研究学派的第二阶段始于伯明翰大学当代文化研究中心的建立,由霍加特和斯图尔特·豪尔(Stuart Hall)创办。

伯明翰学派辩证地看待“文化工业”带来的“大众文化”。他们重新解释了“大众”,认为大众是现代工业社会将民众去个性化、同一化的结果,这个过程就是“大众化”。但是大众是动态的,因其阶级、种族、年龄、性别的不同存在差别,大众不是一个绝对的同质化群体。文化不是精英的专属品,不限于人类优秀的思想和言论,还包括其他的知识、制度和社会风俗。大众不会完全被媒体主流意识操控,具有意识独立性。

(三)从“文化工业”走向“文化产业”

19世纪60年代,文化、社会、商业之间具有越来越密切的联系,跨国公司投资电影、电视、音像等,获取大量利润,丰富了大众的文化生活。学者们开始辩证地看待“文化工业”,以伯纳德·米亚基(Bernard Miège)为代表的一些法国社会学家以及国际政策制定者,将“industry”一词由单数改为复数,成了现在我们所称的“文化产业”(cultural industries)。虽然只是作出了单复数的小小改动,但意义相当深远。

法国社会学家反对阿多诺等人将其视为一个“统一化的领域”,并非所有不同形式的文化生产活动在现代社会融合在一起,遵循一个相同的逻辑,相反,这是一个相当复杂的领域,在不同文化生产中有不同的逻辑,因此有必要用复数。伯纳德·米亚基反对阿多诺等人依恋前工业时代文化生产方式的守旧观念,认为虽然在工业文明和新科学技术背景下文化生产日趋商业化,但是它也将来带令人振奋的创新与变革。文化的商品化是一个充满矛盾的过程,需要辩证看待,而不是如同阿多诺等人的文化悲观主义。资本主义扩张到文化领域并不如同阿诺多等人所想,是一个无法抵抗的、顺利的过程,资本尚不足以完全将文化纳入其中,文化具有独立性,完全被商品化是十分困难的过程。文化产业是复杂的、矛盾的、充满对抗性的,"文化产业"这一用语反映了对文化工业化复杂性的认知,以及拒绝简单评估和解释的意识。[1]

阿多诺等人认为,构成文化的领域,如艺术、美学、音乐、文学等已经完全与资本主义相融合,表现为文化工业。经历过欧洲法西斯主义和美国资本主义民主的阿诺多和霍克海默,认为垄断资本主义下的文化生产已经走向工业化和商品化,导致所有文化形式的同质性,标准化和大规模的实现牺牲了文化生产中的特质性。文化工业成了向大众强制输出意识形态的工具。这种观念被不断质疑。尼古拉斯·加纳姆(Nicholas Garnham)发现资本主义作为一个经济系统能够同时容纳十分广泛的文化形式和思想,其市场天性更能够导致文化产品的多样性。[2] 文化生产与分配的复杂性决定了不可能存在一个单向的逻辑,最终成为复杂的、多样化的、充满活力的"文化产业"。那些关于在垄断资本主义下美学被破坏的评论,是对大众媒介以及科学技术的不信任。原有的艺术家自主的英雄主义时代已经开始向现代的专业化与合作化的文化生产者主导的时代过渡。

---

〔1〕 See David Hesmondhalgh, *The Cultural Industries*, London, Sage Publications, 2007, p. 17.

〔2〕 Nicholas Garnham, "The Political Economy of Communication Revisited", in Janet Wasko et al. eds., *The Handbook of Political Economy of Communications*, Oxford, Wiley-Blackwell, 2011, pp. 41 – 60.

在人们认识到文化所涉及领域的广泛性,以及大量文化产品出现所显现出来的产业复杂性与动态性,“文化产业”自19世纪70年代后被越来越广泛地应用。不少政策制定者开始将文化发展视为经济发展的重要策略。尼古拉斯·加纳姆为英国大伦敦市议会(Greater London Council)提供政策咨询,认为要打破公共政策局限于狭隘艺术领域的观念,而要放眼于文化产业,“文化产业采用特有的生产方式和组织体系,生产和传播具有符号意义的文化产品与服务,是社会的重要组成部分。”[1]公共政策不应当将市场与文化隔离,而是应当促进本地文化产业在市场中发展壮大。

二、文化产业有关概念辨析

20世纪80年代,世界范围内文化产业迅速发展,并迅速成了资本主义社会内吸纳就业人数极为可观、利润增长十分迅速的行业。不少国家追随英国的脚步,开始重视本国文化产业的发展。但是,将何种领域纳入“文化产业”的范畴,其实是各国出于自身利益的考虑。媒体产业被冠上“文化”的标签,流行商业产业如电视、电影、音乐等都被打上文化产业的标签,并以此能够享受国家文化产业政策的庇护。[2] 法国对待其他的贸易均采取自由化的态度,但是对文化领域有例外,“国家文化”受到保护,免于受到美国化(Americanization)或文化霸权(cultural imperialism)的侵害,在这种语境下,“文化产业”实际上是“国家文化”。澳大利亚将IT行业纳入文化产业,是为了能够保证在国际上更有竞争力。英国没有将IT纳入其中,而是将体育纳入其中,这反映了不同国家文化产业所容纳的领域不同,根本原因在于本国有关产业发展的利益。

联合国教科文组织将文化产业为“那些将文化内容与创造、生产和商品化相结合的产业,这些内容受到知识产权保护并且能够以货物或者服

〔1〕 Nicholas Garnham,“Public Policy and the Cultural Industries”, *Cultural Studies* 1(1), 1987, pp. 23-27.

〔2〕 See John Hartley, *Creative Industries*, Oxford, Blackwell Publishing, 2009, p. 14.

务的形式表现出来”。[1] 不少国家在立法上采用“文化产业”用语，并在有关立法中通过概括列举的方式界定了文化产业的含义。《韩国文化产业促进基本法》(Framework Act on the Promotion of Cultural Industries)第2条规定了文化产业的概念。[2] 巴巴多斯有关促进文化产业发展的议案第一部分序言中对文化产业作出了界定。[3] 法国也采用文化产业的概念，其范围包括出版物的出版与销售、视听活动和其他直接有关的活动。加拿大也采用“文化产业”的概念，并将文化产业纳入北美产业分类系统(North American Industry Classification System, NAICS)，并排除复制印刷、批发零售、设计活动、个人创造或表演的艺术作品、保存或展览历史遗迹和文物。[4]

在有关国际组织报告和国家的实践中，除了采用“文化产业”这一用词，还有诸如“创意产业”“文化创意产业”“版权产业”“内容产业”等用词。下文将对其中有关用词重点阐述，旨在通过阐述和辨别有关用语，从

---

〔1〕 See UNESCO, “Understanding Creative Industries: Cultural Statics for Public PolicyMaking”, Accessed March 2, 2020, at http://portal. unesco. org/culture/en/files/30297/11942616973cultural_stat_EN. pdf/cultural_stat_ EN. pdf.

〔2〕 该法第2条规定，文化产业是指从事计划、发展、制造、生产、分配、消费等文化产品和相关服务的产业，包括以下行业：(a)影视业；(b)音乐或游戏产业；(c)出版、印刷、杂志行业；(d)广播电视业；(e)文化财产；(f)与卡通、符号、动画、娱乐、移动文化元素、设计(排除工业设计)、广告、表演、艺术品或工艺品有关的产业；(g)从事收集、加工、改良、制造、生产、存储、搜索或分配数码文化元素、创意文化元素或多媒体文化元素的行业或有关服务；(h)其产品是通过传统材料和技术生产与分配的，与服装、雕塑、装饰、道具或家居用品有关的行业；(i)不少于两种情形结合在一起的产业。详细内容参见2013年修订后的《韩国文化产业促进基本法》，载WIPO官网：http://www. wipo. int/wipolex/en/text. jsp? file_id = 316502，最后访问日期：2020年3月20日。

〔3〕 该条规定：“文化产业是指那些在以下领域中，为公众提供多样商业化的文化产品和服务并且能够复制和分配给大众的行业：(a)艺术与文化——表演艺术、视觉艺术、文学艺术、摄影、工艺、烹饪艺术、图书馆、博物馆、美术馆、档案馆、文化遗产保护区、节庆和艺术支持型行业；(b)设计——广告、建筑、网页、软件设计，绘图、工业设计、时尚、通信和室内装帧设计；(c)媒体——广播媒体包括电视、无线或有线广播，数码媒体包括软件与计算机服务、电影与视频、音乐制作发行以及电子游戏”。参见2013年《巴巴多斯文化产业发展法案》，载巴巴多斯议会官网：http://barbadosparliament. com/htmlarea/uploaded/File/Bills/2013/Cultural% 20Industries% 20Development% 20Bill% 202013. pdf，最后访问日期：2020年3月20日。

〔4〕 有关文化产业门类的排除，参见加拿大工业统计数据(CIS)，载加拿大工业部官方网站：https://www. ic. gc. ca/app/scr/sbms/sbb/cis/definition. html? code = 51，最后访问日期：2020年3月15日。

中抽象出这类产业的具体领域与部门,以供后文论述需要。

(一)创意产业

"创意产业"概念是除"文化产业"以外,形容这一类别的产业最常用的术语。"创意产业"引发了世界范围内广泛的讨论,无论是理论界还是实务界都积极地探寻创意产业的界定模式和发展模式。创意产业与文化产业虽然经常被等同使用,但是综观理论与实践,两者依旧存有一定差别。

1. 创意产业的兴起

"创意产业"(Creative industries)首先由英国文化媒体体育部(Department for Culture, Media and Sport, DCMS)大臣克里斯·史密斯(Chris Smith)提出。1998年创意产业工作组发布《创意产业纲领文件》(*Creative Industries Mapping Document*),对创意产业作出基本定义,指那些从个人创造力、能力和天赋出发,通过知识产权的开发利用,提供就业和财富创造潜力的产业,创意产业包括13个部门,即广告、建筑、艺术和古董、电脑游戏/休闲软件、手工艺品、设计、时尚设计、电影与录像、音乐、表演艺术、出版、软件及计算机服务、电视和广播。

创意产业这一概念高度认可了文化行业的商业价值,并明确表示"创意"是文化行业的核心要素。它将一系列看似没有联系的行业联系起来,将创意艺术(如视觉与表演艺术、舞蹈、戏剧等)、媒体(如广播、电影、电视、广播、音乐)以及新媒体(软件、游戏、电子商务和电子内容)联系在一起,将传统的非商业的艺术门类与高科技新兴产业联系在一起。它长远地考虑到了在全球化、数字化背景下传统艺术门类的发展问题,将现有两个集群联系起来:一是高速发展的信息传播技术以及产学研主导的生产领域,二是以消费为主要形态的、体现文化认同的体验经济(experience economy)。

不过,英国提出的"创意产业"概念也招致了一些批评。有学者指出,它不过是"新瓶装旧酒",用新自由主义范式对原有产业进行重新整合。[1]

---

〔1〕 See Terry Flew, *The Creative Industries: Culture and Policy*, London, Sage Publication, 2012, p. 18.

所有产业都需要个人的创造力、能力和天赋，很难想象一个产品没有知识产权要素。[1] 从这个角度来说，英国对创意产业的定义规定的过宽了。但是也有学者批判，这种定义过宽也过窄，规定过窄是因为没有考虑文化生态的复杂性，没有注意到除了商业利益导向的产业以外，还有公共利益主导的由公共财政补贴的文化产品，[2]如博物馆、画廊文化遗产、文化旅游等。不过这些局限性与时代背景有关，在一种新现象、新产业兴起之时，政策制定者对其认识有限，规定难免有不足之处。值得肯定的是，英国的创意产业概念的提出开启了一个重视创意与科技的新时代，英国也由此率先成为创意大国。

2. 创意产业的界定模式

文化经济学家大卫・索斯比（David Throsby）提出了同心圆模型：处于在最核心的是创意艺术，包括文学、音乐、表演艺术、视觉艺术；其外层是文化产业，如电影、博物馆和图书馆；第三层是广义文化产业，包括文化遗产服务、出版、音像；最外层是有关产业，如广播、建筑、涉及和时尚。[3]

2007 年英国工作基金会（Work Foundation）也提出了同心圆模型。[4] 与大卫・索斯比模型不同：核心的创意领域包括了所有原创作品，其外层是将这些原创作品商业化了的文化产业；第三层是功能性应用的创意产业，如建筑、设计与广告；最外层是那些贩售创意产品的体验产业，如主题公园、博物馆、艺术画廊等。这个模型避免了将创意产业等级化，把那些传统的文化艺术视为创意产业的最核心，以及所有其他产业中创意的来

---

[1] See Chris Bilton and Ruth Leary, "What Can Managers do for Creativity? Brokering Creativity in the Creative Industries", *International Journal of Cultural Policy* 8 (1), 2002, p. 50. Andy C. Pratt, "Cultural Industries and Public Policy", *International Journal of Cultural Policy* 11 (1), 2005, p. 33.

[2] See Tom O' Regan, "Too Much Culture, Too Little Culture: Trend and Issues for Cultural Policy-making", *Media International Australia Incorporating Culture and Policy* 102, 2002, p. 24.

[3] David Throsby, *Economics and Culture*, Cambridge, Cambridge University Press, 2001, p. 112.

[4] See Will Hutton and The Work Foundation, "Staying Ahead: The Economic Performance of the UK's Creative Industries", Accessed March 2, 2020, at http://www.theworkfoundation.com/assets/docs/publications/176_stayingahead.pdf.

源,其核心层的范围比大卫·索斯比的模型更广泛。

英国国家科学技术艺术基金会(UK National Endowment for Science, Technology and the Arts, NESTA)提出了4个相互交叠的集群,4个元素分别占据4个维度,即原创、服务、内容和体验。原创生产者是那些从事创意、制造或者销售单件产品,且这类产品的价值源于蕴含的创意价值和文化价值,如限量设计(而不是批量复制),视觉艺术、手工艺品、设计类等。服务提供者是为其他营业或组织提供咨询、利用知识产权、付出时间来换取收入,如广告、建筑等。内容生产者是为知识产权的开发和利用提供资金,分配给消费者,通过销售、广告等赚取收入,如电影、电视、计算机游戏的制作,报纸期刊出版,唱片公司,在线服务提供商等。体验提供者是将特殊活动、演出获得的体验出售给消费者赚取收入,如剧院、音乐节、画廊、博物馆、旅游业等。这一模型将服务提供者和内容生产者从体验提供者与原创生产者中分离出来,服务提供者和内容生产者能够通过批量复制而获得大量利润促进经济增长,而体验和原创虽然不如前两者那样创造巨大的经济价值,但是蕴含了独特性和智力创造,是前两者的基础。尤其是原创生产者通过许可知识产权,使服务提供者或内容生产者能够转化生产批量复制。另外,这一模式也反映出了服务、内容、体验与原创4个维度之间的交互关系,一些领域显然属于它们之间的交集,如电影、表演艺术显然既包含原创生产,也包括制作成影碟、唱片出售(内容),电影院、剧院观感(体验),宣传设计(服务)。[1]

英国国家科学技术艺术基金会创造性地将创意内容生产者和创意内容服务者纳入其中,将创意产业做部门的区分,而不是做创意活动的区分。而工作基金会则是对创意活动的区分,区分创意内容、创意的生产和流通活动,依照创意产品的表达价值(expressive value)高低来区分,其表达价值[2]

〔1〕 Sources from NESTA,"Creating Growth: How the UK CAN Develop World Class Creative Business",Accessed March 2, 2020, at https://www.nesta.org.uk/sites/default/files/creating_growth.pdf.

〔2〕 英国工作基金会对表达价值进一步做了阐释,是指最广泛意义上放大文化意义和理解的每一个维度。它包括美学价值、精神价值、社会价值、历史价值、象征价值等。

越高蕴含的创意成分越浓，越趋于同心圆的核心。英国国家科学技术艺术基金会与工作基金会两种界定创意产业的模式，反映了英国在创意产业起步初期产业内部暗含的冲突，政府到底是优先考虑其经济性、充分鼓励产业发展还是应当予以充分的政府补贴。从这两个模型可以看出，英国国家科学技术艺术基金会更加偏向经济性，但是显然高估了创意体验生产者的市场能力。工作基金会通过表达价值将具有传统美学的"高雅文化"居于创意产业核心，又似乎回到了阿多诺时代文化精英主义的保守论断。经济属性和文化属性一直就是创意产业很难平衡的两端，政府必须要在这两端中寻求一个平衡点，尽管这绝非易事。

约翰·哈特利(John Hartley)形容创意产业的复杂程度如同龙卷风，不能从中穿过去观察它们，只能鸟瞰才能观察全貌。[1] 它不是传统工业，不能用它们生产的产品来称呼它们，如钢铁工业、航天工业等，创造力是输入而不是输出，也不能将其归为基础产业第一产业(如农业)还是第二产业(如制造业)或者是第三产业(如服务业)，尽管创意产业更多地倾向于提供服务，但又不同于会计、法律或者干洗店提供一些有针对性的专门服务。它更多的是一种"体验经济"，强调消费创意产品过程中消费者体验是产品最重要的无形的附加值。[2] 国内也有学者称其为"第五产业"。[3]

联合国贸易和发展会议总结了目前出现的几种界定创意产业的模式，分别是：(1)英国的 DCMS 模式，没有区分层级，只是列举 13 种部门；(2)象征文本模式(Symbolic text model)，这一模式主要源于批判文化研究传统理论对文化产业的界定，文化通过工业生产将象征内容与信息传播出去，以区别高雅文化、严肃文化与流行文化，并以此来区分核心文化产业、外围文化产业、边缘文化产业；(3)同心圆模式，源于大卫·索斯比

---

〔1〕 See John Hartley, *Creative Industries*, Oxford, Blackwell Publishing, 2009, p.26.

〔2〕 See Ake E. Andersson and David Emanuel Andersson, *The Economics of Experiences, the Arts and Entertainment*, Massachusetts, Edward Elgar, 2006. B. Joseph Pine Ⅱ and James H. Gilmore, *The Experience Economy: Work is Theatre &Every Business a Stage*, Boston, Harvard Business School Press, 1999.

〔3〕 张颢瀚、沈山：《第五产业论》，中国社会科学出版社 2014 年版，第 21 页。

的同心圆模式，后来也被欧盟所采用，分为核心创意艺术、其他文化产业、广义文化产业和相关产业；（4）WIPO 的版权模式，源于世界知识产权组织（World Intellectual Property Organization，WIPO）对直接或间接涉及创意、生产、分配版权产品的产业的分类，强调知识产权在对创意的保护。区分为核心版权产业、附属版权产业、局部版权产业。具体的产业门类所包含的部门，见表1。[1]

表1　4种创意产业模式的具体产业门类

1. 英国 DCMS 模式	2. 象征文本模式	3. 同心圆模式	4. WIPO 的版权模式
广告 建筑 艺术与古董 手工艺品 设计 时尚 电影与录像 音乐 表演艺术 出版 软件 电视广播 视频与电脑游戏	**核心文化产业** 广告 电影 互联网 音乐 出版 电视与广播 视频与电脑游戏 **外围文化产业** 创意艺术 **边缘文化产业** 消费性电子产品 时尚 软件 体育	**核心创意艺术** 文学 音乐 表演艺术 视觉艺术 **其他核心文化产业** 电影 博物馆与图书馆 **广义文化产业** 文化遗产服务 出版 录音录像 电视广播 视频与电脑游戏 **相关产业** 广告 建筑 设计 时尚	**核心版权产业** 广告 版权协会 电影及视频 音乐 表演艺术 出版 软件 电视与广播 视觉及平面艺术 **附属版权产业** 空白记录材料 消费性电子产品 乐器 造纸 复印机、摄影器材 **局部版权产业** 建筑 服装，鞋品 设计 时尚 家居用品 玩具

注：创意产业分类不同模式（原图表来源于联合国贸易和发展会议）。

---

〔1〕 Source from UNCTAD，"Creative Economy Report 2010：A Feasible Development Option"，Accessed March 2，2020，at http://unctad.org/en/Docs/ditctab20103_en.pdf.

上述4种模式是目前世界上相对流行的理论与实践上常用的模式。这些模式没有对错好坏之分,仅是从不同的角度解释和定位创意活动。不过,联合国贸易和发展会议从统计数据收集的角度出发,希望建立一个标准化的、普遍化的定义和分类系统。它希望扩大“创造力”的概念,能从“具有强烈的艺术成分活动”扩大到“生产具有象征意义产品、与知识产权有紧密联系、尽可能面向广阔市场的任何经济活动”。联合国贸易和发展会议区分上游活动与下游活动,上游活动如传统的核心文化产业即表演艺术和视觉艺术等,更加接近于创意本身;下游活动如广告、印刷等更加接近市场,具有复制低成本的特点,因此,从这个角度来说,文化产业是创意产业的一个子集。按照联合国贸易和发展会议的逻辑,创意产业的概念应当十分广阔。联合国贸易和发展会议界定创意产业没有再采用文化产业的概念,分为4个集合,即文化遗产、艺术、媒体和功能性创造,将8个相互联系的部门(文化遗址、传统文化表达、表演艺术、视听产业、新媒体、创意服务、出版业与纸媒、视觉艺术)归到上述4个集合中,构成创意产业的核心与外延。联合国贸易和发展会议认为,许多国家将创意产业的内涵设定了众多部门,但是很少用领域、集合或种类来区分。这种做法便于理解多个部门之间的相互关系,从而构建广阔的产业图景。[1]

联合国贸易和发展会议指出,创意产业是指:利用创造力和智力资本作为创造、生产及分配产品与服务的主要投入;一系列知识本位的活动,集中于但不限于艺术,通过贸易和知识产权获取利益;具有创意内容、经济价值和市场目标的有形的产品和无形的智力与艺术服务;在手工业、服务和工业部门的“十字路口”;正在形成一个世界贸易中的新的有活力的部门。[2]

---

〔1〕 Source from UNCTAD, “Creative Economy Report 2010: A Feasible Development Option”, Accessed March 2, 2020, at http://unctad.org/en/Docs/ditctab20103_en.pdf.

〔2〕 UNCTAD, “Creative Economy Report 2008: The Challenge of Assessing the Creative Economy towards Informed Policymaking”, Accessed March 2, 2020, at http://unctad.org/en/pages/PublicationArchive.aspx? publicationid=945.

3. 创意产业与文化产业的关系

有学者极力主张用创意产业取代文化产业，代表人物是约翰·哈特利以及斯图尔特·坎宁安（Stuart Cunningham）。约翰·哈特利认为创意产业将创意、表演艺术与大众媒体和传播产业相结合，突出了数字信息化时代的特征。斯图尔特·坎宁安认为创意产业试图转变以往的政府补贴“公共文化艺术”的时代，开始成为经济发展中不可或缺的重要因素。他认为使用创意产业更加合理：它通过在数字化新型经济背景下创意的输入，认识艺术和媒体的主流经济价值；它通过艺术、媒体和设计等部门的融合极大地提高了生产力；它通过创意的输入而不是政策导向或输出取向，将非商业化的艺术、媒体与设计活动与商业相结合。[1]

创意产业概念的确要比文化产业广，由于创意是一个十分广泛的概念，所有的产业都离不开创意，因此它也因其不具有专门针对性而广受诟病。[2] 但是创意产业突出了科学技术高速发展的时代，经济增长点更侧重于人的智力表达和知识产权的保护，以及创意与新兴科技的结合，相比“文化产业”，更具有包容性和开放性，为将来出现的新兴产业的纳入提供广阔空间。“文化产业论及的是具有国家保障力的艺术与媒体等产业，创意产业也更能用新的视角去展现出具有创新驱动力、充满活力的中小企业与大型国有垄断企业之间的关系”。[3]

（二）文化创意产业

文化创意产业是近年来新兴的概念。有学者认为其综合了文化产业与创意产业的可取之处，剔除了两者分类不够科学的门类，实践中也有一些国家和地区采取此类用语。

欧盟十分注重维护文化与语言的多样性，以抵御文化市场全球化浪

---

〔1〕 Stuart Cunningham, "Creative Enterprises", in John Hartley ed., *Creative Industries*, Oxford, Blackwell publishing, 2005, p. 284.

〔2〕 David Hesmondhalgh and Andy C. Pratt, "Cultural Industries and Cultural Policy", International journal of cultural policy 11(2), 2005, pp. 1–13.

〔3〕 See Alan J. Scott, "Entrepreneurship, Innovation and Industrial Development: Geography and the Creative Field Revisited", *Small Business Economics* 26(1), 2006, pp. 2–24.

潮带来的文化同质化(cultural homogenization)、单一语种的强势地位以及少数族群文化的死亡。它成功地将这一原则应用到国际法层面,在《服务贸易总协定》(GATS)的适用中支持文化例外,支持联合国教科文组织的《保护文化多样性公约》。欧盟将尊重和维护多样性视为对外交往的重要原则以及其对内的一贯主张。[1]

欧盟2010年《开放文化与创意产业潜力》的绿皮书沿袭了同心圆模式。它的核心是艺术领域,属于传统核心的文化产业领域,如视觉艺术、表演艺术和文化遗产,其外围是文化产业领域,包括电影、电视广播、音乐、书籍出版等。第三层是创意产业与活动,如设计、建筑和广告。最外层是相关产业,如电脑制造、移动产业等。第三层创意产业是其产出不限于与文化有关的,最外层是与文化无关但属于文化消费的。其中第三层和最外层均为创意部门,核心层和其外围层为文化部门。绿皮书对文化产业与创意产业分别作了定义:文化产业是指生产分配那些能够体现或传递文化表达产品与服务;创意产业被定义为利用文化作为输入,或具有文化维度的,但其输出主要是功能性的产业。[2] 在2010年《开放文化与创意产业潜力》的绿皮书中,文化产业与创意产业是有区别的,文化产业更注重文化内涵,创意产业更注重商业价值。

不过,在2012年的《构建创意欧洲项目(2014～2020)第1295/2013号条例》中,欧盟以条例的立法形式将“构建创意欧洲项目”确定下来。[3] 该条例不再区分文化产业与创意产业,而统一称之为“文化创意部门”。

---

〔1〕 See KEA European Affairs, “The Economy of Culture in Europe”, Accessed March 2, 2020, at http://ec. europa. eu/culture/library/studies/cultural-economy_en. pdf.

〔2〕 European Commission Green Paper, “Unlocking the Potential of Cultural and Creative Industries”, Accessed March 2, 2020, at http://eur-lex. europa. eu/legal-content/EN/ALL/? uri = celex%3A52010DC0183.

〔3〕 See Regulation(EU) No. 1295/2013 of the European Parliament and of the Council of 11 December 2013, Establishing the Creative Europe Programme(2014 to 2020) and Repealing Decisions No. 1718/2006/EC, No. 1855/2006/EC and no 1041/2009/EC, Official Journal of the European Union, 20. 12. 2013, p. 225.

该条例第2条对“文化创意部门”作了界定。[1]

我国台湾地区也同样采用“文化创意产业”用语，并在“文化创意产业发展法”第3条中规定了其内涵。[2] 大陆也有不少学者主张采用“文化创意产业”[3]，尽管对其内容的界定不同，我国不同城市出台的政策立法文件中也开始采用“文化创意产业”的用语，如北京、上海、深圳、杭州、香港特别行政区、澳门特别行政区等。[4]

（三）其他概念

日本采用“内容产业”的概念，并将之规定在《关于促进内容的创造、保护以及活动的法律》第2条中。[5] 世界经济与合作发展组织（Organization for Economic Co-operation and Development，OECD）在部分报告中也提及了“内容产业”（content industries），但主要指的是互联网产业。对比日本“内容产业”所包含的领域，主要是提供“内容”体验的产品

---

[1] 该条例第2条规定，文化与创意部门是指所有基于文化价值和艺术创意表达的活动，无论这些活动是否以市场为导向，也无论其资金来源和组织形式。这些活动包括发展、创造、生产、宣传、保存反映文化艺术或其他创意表达的产品和服务，也包括与之相关的教育或管理。文化创意部门包括建筑、档案馆、图书馆、博物馆、手工艺品、视听产品（包括电影、电视、电子游戏和多媒体）、有形或无形文化遗产、设计、节庆、音乐、文学、表演艺术、出版、广播和视觉艺术。

[2] 该法第3条规定，文化创意产业指源自创意或文化积累，通过智慧财产之形成及运用，具有创造财富与就业机会之潜力，并促进全民美学素养，使国民生活环境提升之下列产业：视觉艺术产业、音乐及表演艺术产业、文化资产应用及展演设施产业、工艺产业、电影产业、广播电视产业、出版产业、广告产业、产品设计产业、视觉传达设计产业、设计品牌时尚产业、建筑设计产业、数位内容产业、创意生活产业、流行音乐及文化内容产业、其他经中央主管机关指定之产业。详情参见我国台湾地区“文化创意产业发展法”，载我国台湾地区文化主管部门网站：http://www.moc.gov.tw/information_306_19693.html，最后访问日期：2020年3月24日。

[3] 如张世君认为，使用文化创意产业更有时代感和前瞻性，更符合我国国情。参见张世君：《论我国文化创意产业法律体系保护之构建》，载《法学杂志》2011年第1期。张京成等人对文化创意产业作了以下定义：创意产业是指那些具有一定文化内涵的，来源于人的创造力、通过知识产权的开发和运用，借助科技支撑和市场运作被产业化的活动的综合。其本质特征是以文化艺术与经济的全面结合为消费者提供物质和精神上的差异化体验。参见张京成等：《中外文化创意产业政策研究》，科学出版社2013年版，第1页。

[4] 具体参见《北京市文化创意产业分类标准》《上海市文化创意产业分类目录》《深圳市文化创意产业振兴发展规划》《杭州市文化创意产业八大重点行业统计分类》的有关内容，以及香港特别行政区政府统计处、澳门特别行政区文化局网站的有关信息。

[5] “内容产业”是指电影、音乐、戏剧、文学、摄影、漫画、动画、计算机游戏、其他文字、图形、色彩、声音、动作或影像等元素的组合的东西，或通过电子计算机提供与此有关的情报的程序，是指人类创造性活动所产生的东西，属于教育或娱乐范围。

和服务，其侧重“文化产业”的内容功能，与科技含量、数字化技术紧密相连，体现了信息化时代文化创意领域的新特点。而一直被视为文化产业基本领域的广播、电视、文化遗产等“高雅艺术”则没有被纳入其中，因此“内容产业”是一个范围相对较窄的概念。

还有一些国家采用“体验经济”（the experience economy），强调产品给人带来的精神感官享受。与“文化产业”或是“创意产业”不同的是，“体验经济”不限于产品的物质形式，包括了如玩具、体育、旅游等前几个概念不含有的产业门类。〔1〕“体验经济”与“文化产业”视角不同，“体验经济”更多地从消费者角度、“文化产业”的功能出发，但是各行各业的消费者都有“体验”，其对于“文化”的强调尚不够突出。

世界知识产权组织（WIPO）也称之为“版权产业”，认为其直接或间接地与创造、生产、分配有版权的产品有关。〔2〕美国国际知识产权联盟（International Intellectual Property Alliance，IIPA）报告中采用“版权产业”，〔3〕不过这仅是美国国际知识产权联盟提出的概念，其工作属性决定了并未囊括美国所有有关文化或创意的活动。新加坡用金字塔来形容文化产业、创意产业与版权产业的关系。金字塔分三层，顶层是文化产业，上面两层是创意产业，创意产业包含文化产业，第三层是分配产业，三层都属于版权产业。其中文化产业是上游产业。从联合国贸易和发展会议的报告也可以看出，版权产业与文化产业还是存在区别，版权产业的范围要比文化产业更广，但是其与创意产业的范围至少有大部分相同，因为所有的创意都需要版权保护，即使是那些利用版权法保护制度之外的非物质文化遗产作为灵感来源，其产品依旧享有知识产权。因此，从此意义上

〔1〕 See KEA European Affairs, “The Economy of Culture in Europe”, Accessed March 2, 2020, at http://ec. europa. eu/culture/library/studies/cultural-economy_en. pdf.

〔2〕 Source from UNCTAD, “Creative Economy Report 2010: A Feasible Development Option”, Accessed March 2, 2020, at http://unctad. org/en/Docs/ditctab20103_en. pdf.

〔3〕 Stephen E. Siwek Economists Incorporated, “Copyright Industries in the U. S. Economy: The 2013 Report”, Accessed March 2, 2020, at http://www. iipa. com/pdf/2013_Copyright_Industries_Full_Report. PDF.

讲，版权产业与创意产业存在很大部分的重合。

综上所述，文化产业是一个十分庞杂的部门。世界范围内没有一个通行的定义，许多学者和国际组织尝试对其予以一个相对明确的界定，采用了多种多样的界定方法，但是依旧缺乏足够的明确指引。即使是一些国家出台了促进文化产业发展的法律，也仅在立法中采用概括列举的方式对文化产业的宏观轮廓予以描述。从文化产业与其他概念的辨析来看，文化产业的范围相比于创意产业、版权产业来说较小，更能够突出其文化的特征，而文化产业与文化创意产业的内涵之间没有太大的区别，文化创意产业更加侧重“创意”的元素，代表了文化产业未来的发展方向，却相对弱化了“文化”属性。本文中还是采用传统的文化产业的概念，原因在于其内涵相对容易把握，在国际上也普遍得到适用，从其用语上也能够突出“文化”属性的重要地位，符合本文所要阐述的外国直接投资由于文化因素而受到限制的核心论点。

三、文化产业的内容

从上文阐述可以看出，不同国家和地区对于文化产业有不同的侧重点，故而难以归纳文化产业的具体内容，由于“文化”的范围十分广泛并具有地区差异，产业化后的“文化”也因国家和地区的不同而呈现不同的特点，甚至各有特殊的领域，这一切都源于国家和地区意图让哪些产业享受与文化政策有关的待遇。不过，纵然文化产业内容包罗万象，但在有关国家、地区和国际组织描述的范围中，依旧存在共同点。

联合国教科文组织采用统计的方式，对文化产业作了相对明确的界定，并区分了“创意”与“文化”，更加关注文化属性，也未将大量的创意而欠缺文化的产业纳入其中，因此，其对文化产业的界定也相对中肯和广为接受。其从纵向和横向两个维度作了界定，文化产业可以归结为以下几类：纵向上，包括文化和自然遗产、表演和庆祝活动、视觉艺术和手工艺、书籍和报刊、音像与交互媒体、设计与创意服务；横向上分别是非物质文化遗产教育和培训、档案与保存、装备和其他辅助材料。由于横向领域对于文化的生产与传播有重要的作用,并涉及所有的文化领域与相关领域,因此被纳入其中。[1]

从本节讨论的有关国家和国际文件中提炼出对文化产业内部门的界定共同点,可以将文化产业的内容归纳为下属几大类:

新闻出版服务。包括传统出版行业与数字出版行业。传统出版行业如图书、期刊、报纸、音像等。数字出版行业包括互联网新闻、电子书等。

广播电视与电影服务。广播电视包括广播电视服务,如广播电台、电视台;广播电视传输,如有线广播、电视传输网络服务有线广播、电视接收无线广播、电视发射台、转播台无线广播、电视接收卫星传输服务。电影服务,如电影制片厂服务、电影制作、电影院线发行、电影院、剧院等其他放映服务。在这一领域,广播影视业与意识形态紧密相连,在宣传领域起到重要作用。其与资金市场紧密相连,需要极高的资金投入,知识密集程度高、行业准入门槛高,是国家重点监管的对象。

动漫游戏产业。其主要以创意为核心,以动画、漫画和游戏等为表现形式,包含动漫图书、报刊、电影、电视、音像制品,以及基于互联网传播技术手段开发的各种动漫游戏等,还包括相关的衍生产业,如动漫主题场馆、玩具、服装等。

文化休闲娱乐业,与人们休闲生活、休闲行为、休闲需求相关的产业领域,如旅游业、体育业等。旅游业中包括文化遗产保护与服务,还有娱乐休闲行业,如室内娱乐活动、游乐园、大型主题公园、休闲健身娱乐活动等。

创意设计产业,如服装设计、手工艺设计、广告等。

演艺产业,包括上游产业,如剧团、乐队等演艺团体个人;中游产业如策划、经纪公司等;下游产业如剧场、剧院、文艺广场等。

不同国家和地区"文化产业"的范围并不统一,但具有极大共性。很

---

[1] See UNESCO, "The 2009 UNESCO Framework for Cultural Statistics", Accessed March 2, 2020, at http://www.uis.unesco.org/culture/Pages/framework-cultural-statistics.aspx.

多国家对“文化”“娱乐”“休闲”的理解不同，其侧重点就不同。不同国家可能将不同的产业纳入“文化产业”这一大概念中来，一方面能够对抗外国“文化入侵”以及在国家和地区条约义务上得到豁免待遇，另一方面能够充分发挥本国和本地区产业优势，促进经济增长，特定产业享有政策优惠与扶持，能够弘扬本国文化，实现文化多样性。

由于文化产业是一个非常广泛的概念，因此在后文的论述中，尚无法对每一个领域的外国直接投资限制阐述清晰。况且随着文化产业作为新经济增长点的优势凸显，许多国家仅在那些与本国文化、道德和舆论等方面有核心利益的文化产业领域对外资予以限制，而对于其他如动漫、广告、休闲娱乐产业等则没有过多的限制。因此，本章将重点论述那些突出反映文化利益的文化产业领域内外国直接投资所受的限制问题。

四、文化产业的特殊性

文化产业是文化与经济的结合体。文化产业具有经济属性、商业属性。所有的文化产业是将文化生产产业化的过程，文化产业生产出来的产品为文化产品。“产业”的落脚点体现了其经济属性，体现为以文化要素为基础的生产、交换、消费、分配等活动的结合。文化产业以实现经济增长为目标，构成了一个独立的经济门类，已经成为许多国家和地区经济的新增长点、支撑点。文化产业与其他产业相比，其独有的特性就是具有文化属性，这种文化属性具有意识形态的特点。

文化产业的文化属性，来源于文化产品的文化属性。文化产品属于商品，同其他产业产出的商品一样，具有价值和使用价值，凝结了人类的劳动，可以作为商品流通，但文化产品又是一种精神产品，是对特定经济基础与上层建筑的反映，体现了价值观与道德观。文化产品在传播的过程中，必然对其消费者的思想观念、道德感产生影响。

这种文化属性伴随着文化产品生产、传播的整个过程，无论文化产业发展到什么阶段，都必然伴随着文化属性。只要其反映了内容与思想，即伴随着一定的价值观念和道德标准，也反映着对特定环境下的政治、经济、文化的特征。文化产业生产出的文化产品“代表着一种表达、蕴含着一种主张”[1]，只不过不同的文化产品表达与主张的程度不同。

文化产业由于其生产的特殊产品，在无形中对受众施加影响，其外部性特征更为明显。人们无时无刻不受报纸、广播、电视节目、书籍杂志、电影、音乐等的影响，这种影响可能不仅给人带来一时的感官娱乐享受，更可能构成人们的情感、思想的来源。因此，文化产业无时无刻不对人们产生潜移默化的影响，可能不同的影响。生产和传播内容积极向上的文化产品，可以传达良好的价值观和道德观，也可以提升人们审美趣味，甚至有助于国家的历史传承和民族精神的汇聚，而生产和传播消极负面的文化糟粕，则可能向社会传递负面有害的信息，导致价值观扭曲，道德水平低下，不利于社会稳定和谐，对于民族文化的认同感也大大降低。

上述的文化产业的外部性仅是在国家内部产生的影响，但随着经济与文化全球化的影响，文化产业的外部性不限于国家内部层面，还涉及一国与其他国家之间的关系。如果在国内层面关注的是本国人民的价值观、公共道德免受不良影响，那么在国际层面，文化产业则关系一国能否有效地抵御外来文化的不良影响，能否维护本国的文化多样性、民族自豪感和认同感。因此，文化产业的文化属性决定了，国家需要采取手段保证其正外部性的有效运行，限制和降低其负外部性的不良影响，进而需要对外国直接投资予以一定程度的限制。

文化产业除了其独有的文化属性，其商业属性也不可忽视。虽然商业属性几乎是所有产业都共有的特性，但文化产业在以下方面显得尤为突出：第一，文化产业与科学技术关系更加紧密，文化产业的发展水平与一国科学技术发展水平息息相关；第二，文化产业中“创意”成为产业制胜的关键，因此对人才的依赖性更高；第三，由于创意在文化产业中的重要地位，其研发成本偏高，但是复制成品偏低，因此知识产权保护在本产业

---

[1] 参见欧阳坚：《文化产业政策与文化产业发展研究》，中国经济出版社2011年版，第76页。

中显得尤为重要；第四，文化产业与其他产业的关系也十分紧密，文化产业与国民经济的各个部门之间存在相互渗透和融合的关系，尤其是与制造业、互联网、服务业等关系十分紧密。

上述的商业属性特点决定了文化产业在不同国家的发展程度不同。不同国家由于科学技术水平、人才聚集、各产业部门融合发展、知识产权保护程度的差异，发达国家的文化产业相比发展中国家可能更加发达，导致其文化产品和资金的大量输出，也伴随着其所负载的价值观的输出。这对发展中国家来说，可能更加不利于发展本国的文化产业，更无法与发达国家的文化产业抗衡，久而久之会损害本国文化利益和经济利益。为此，也有必要对文化产业领域的外国直接投资予以规制。

综上所述，文化产业的形成与演进过程反映了以下特点：在理论方面，文化产业由饱受批判和否定走向广泛接受与肯定；在现实层面，文化产业的经济价值逐渐得到认可与重视，它依然成为经济的新增长点，受到外国投资者的普遍关注；在概念阐释方面，由“文化”意义占主导地位走向关注“创意”的商业价值，其容纳的范围也不断扩张，由“文化产业”走向“创意产业”。文化产业具有的文化属性和商业属性决定了，国家有必要对文化产业领域的外国直接投资采取必要的限制措施。

第二节　文化产业外国直接投资限制的一般问题

外国直接投资是投资者获取利润，将资本投入东道方，并以获取企业的控制权和参与企业经营管理为目的的投资。外国投资者在东道方进行有关文化产业的投资主要采用两种方式——设立新企业和并购入股，不可避免地受到准入和并购两方面的限制。文化产业外国直接投资的限制主要规定在国际法与国内法两个层面上，并且当前有关国家的实践呈现出愈加自由化的趋势。

本节通过阐述对外国直接投资的界定、文化产业外国直接投资限制的类型、法律渊源以及特点和趋势，旨在对文化产业外国直接投资的基本问题予以揭示，从宏观上展现其基本图景与全貌，为后文需要重点研究的问题奠定基础。

一、外国直接投资的标准及表现形式

投资的概念随着国际经济关系的变化而变化。19 世纪中叶以前，跨境资本流动主要是欧洲的投资者为其他国家的债务人提供借款。[1] 外国直接投资并不是国际投资的主要形式。一国境内的外国资产主要以有形财产和金融利益形式存在。到了 20 世纪中期，以公司股票形式的外国投资占有越来越多的比重，20 世纪后期国际投资形式变得多元化，尤其是专利、商标等知识产权形式的投资越来越有必要进行保护。许多发达的经济体由集中发展制造业转变为重点发展服务业，越来越多的外国资产具有经济价值，被视为外国投资。

外国直接投资的主体可以是自然人、法人、跨国公司或者国家及国际组织。在本书中，主要探讨除国家及国际组织以外的外国直接投资，不讨论国有实体的投资，如主权财富基金的投资或国有企业投资等。本文想探讨的投资主要是直接投资，它通过企业的设立和经营，将金融利益转化为管理经营的利益。外国投资者进行直接投资活动，主要通过设立或者并购企业，或者获得使投资者有控制权的股份。一些国际法律文件规定采取“商业存在”的形式提供服务的，即为本文所研究的外国直接投资。虽然商业存在被视为是提供跨界服务的一种模式，但“商业存在”是服务提供者在其他国家境内设立企业或分支机构，这种通过设立商业实体的形式提供服务本身就构成了直接投资。

（一）“直接”投资的标准

不同国家和国际组织对直接投资的规定也有所不同。世界经济与合

[1] Charles P. Kindleberger, *A Financial History of Western Europe*, New York, Oxford University Press, 1993, pp. 208 - 224.

作发展组织界定直接投资是指,一个国家的居民(直接投资者)在其他国家通过直接投资企业获得持续利润(lasting interest),直接投资者的动机是与直接投资企业建立长久关系,借以保证在对该企业的管理中具有显著影响。"持续利润"指直接投资者至少享有该企业10%的投票权。直接投资企业是持有50%投票权的子公司或投票权在10% ~50%的联营公司,或者是准公司形式,如分支机构。[1] 国际货币基金组织也规定直接投资是某国居民享有对另一国企业管理的控制权或显著影响,与世界经济与合作发展组织的定义一致。[2] 我国《外商投资法》规定,外商投资是指外国的自然人、企业或者其他组织(以下简称外国投资者)直接或者间接在中国境内进行的投资活动,包括新设、并购、投资新建项目和其他方式四种情形,[3]不限于"直接投资",但一般来说,在我国的外商直接投资是指国外及我国港澳台地区的法人和自然人在中国大陆以现金、实物、无形资产、股权等方式进行投资。其中外商直接投资是指外国投资者在非上市公司中的全部投资及在单个外国投资者所占股权比例不低于10%的上市公司中的投资。研究直接投资必然排除投资证券组合,这是因为投资证券组合是纯粹的金融产品,仅享有财产支配权而不具有管理和控制投资的意图,投资者只是希望获得投资回报,而不期待与企业有任何长

---

[1] See OECD,"OECD Benchmark Definition of Foreign Direct Investment(Fourth Edition)", Accessed March 2, 2020, at http://www.oecd.org/daf/inv/investmentstatisticsandanalysis/40193734.pdf.

[2] See International Monetary Fund, "Balance of Payments and International Investment Position Manual(Sixth Edition)", Accessed March 2, 2020, at http://www.imf.org/external/pubs/ft/bop/2007/pdf/bpm6.pdf.

[3] 《外商投资法》第2条规定,"在中华人民共和国境内(以下简称中国境内)的外商投资,适用本法。

本法所称外商投资,是指外国的自然人、企业或者其他组织(以下称外国投资者)直接或者间接在中国境内进行的投资活动,包括下列情形:

(一)外国投资者单独或者与其他投资者共同在中国境内设立外商投资企业;

(二)外国投资者取得中国境内企业的股份、股权、财产份额或者其他类似权益;

(三)外国投资者单独或者与其他投资者共同在中国境内投资新建项目;

(四)法律、行政法规或者国务院规定的其他方式的投资。

本法所称外商投资企业,是指全部或者部分由外国投资者投资,依照中国法律在中国境内经登记注册设立的企业。"

期合作关系。投资证券组合并不利于技术革新,对东道方没有如同其他直接投资一样产生明显的有利影响,因此被排除出本书研究的范围。

有学者对直接投资的定义做了描述,即有一定的持续期、定期的利润和回报、对风险的承担和实质投入,以及有利于东道方发展。[1] 考虑投资风险或者其他因素成了限定投资定义的重要客观标准。美国双边投资协定中多体现了这一点。[2] 国际投资争端解决中心仲裁裁决将前三项视为投资定义中最核心的要素,[3]投资还意味着其资本在东道方要停留一定的时间。[4]

(二)"投资"的表现形式

直接投资主要有以下几种表现形式:(1)新设立企业,也称作绿地投资,外国投资者可以设立全部外国资本的新公司,也可以与当地资本合作共同设立新公司;(2)并购现有企业,即通过购买股权的方式,入股已有的公司,参与企业经营,甚至购买全部股份,收购、兼并当地企业;(3)设立分公司、分支机构、营业所,或者扩大原有的分公司、分支机构和营业所。外资进入的行为以及设立企业的行为都通过特定的实体,而不限于通过资产的流动,如货物或服务的流动。

直接投资设立的企业可能通过两种方式组建,一是与东道方的企业或自然人合作共同组建企业,即合营企业(joint venture);二是不与东道方的企业或自然人合作,无论是技术还是资本全部来源于外国投资者,即外资企业。外资企业所涉及的领域多半不是东道方关键行业、重点行业或者是幼稚产业,东道方没有对外资企业设置过多的限制,与一般东道方其

---

[1] See Schreuer Christoph, *The ICSID Convention: A Commentary*, Cambridge, Cambridge University Press, 2001, p. 122.

[2] See Rwanda- United States BIT (2008) Article 1, "Investment" means every asset that an investor owns or controls, directly or indirectly, that has the characteristics of an investment, including such characteristics as the commitment of capital or other resources, the expectation of gain or profit, or the assumption of risk.

[3] Pantechniki S. A. Contractors & Engineers v. Albania, ICSID Case No. ARB/07/21 [2009], paras. 46 – 49.

[4] Romak S. A v. Uzbekistan, PCA Case No. AA280 [2009], para. 207.

他企业无异。

合营企业是指两个以上的当事人,为实现特定的商业目的,共同投资、共同经营、共担风险、共负盈亏的一种企业形式。国际合营企业就是由不同国籍的投资者举办的合营企业。[1] 采取合营的方式主要是为了更快地融入新市场、扩大生产规模、提高生产效率,吸收新的投资、借鉴先进技术。合营各方各有出资,不过,具体以何种形式出资要看投资者之间的协议以及东道方的法律规定。合营企业可以分为两类,一类是股权式合营,另一类是契约式合营。股权式合营是双方明确约定股权比例,是在资本基础上的合营。契约式合营基于合同约定,在合作基础上的合营,其出资除了资金以外,更多的是无法量化衡量的因素,如劳务等。不同国家对合营企业的法律性质也有不同的规定,合营企业可能有多种组织形式。合营企业的组织形式主要采用公司或合伙两种方式。

外国投资者在中国境内可以全资设立企业,被称为外商独资企业;也可以与中方设立合营企业,主要是中外合资企业、中外合作企业或外商合伙企业。需要注意的是,随着我国《外商投资法》的出台,2020 年正式施行后我国"外资三法"将废止。根据该法第 42 条的规定,该法施行前依照《中外合资经营企业法》《外资企业法》《中外合作经营企业法》设立的外商投资企业,在该法施行后 5 年内可以继续保留原企业组织形式等。这意味着现有的中外合资经营企业、中外合作经营企业和外资企业在 5 年过渡期后要"重新改制并重新变更注册为《公司法》规定的有限责任公司、股份有限公司或一人有限公司,或《合伙企业法》规定的合伙企业。"[2]

从组织方式上看,外国投资者可以设立有限责任公司、股份有限公司和合伙企业。不过,外国投资者在中国境内设立的企业均为中国法人,受到中国法律的管辖和保护,外国投资者要依照中国法律规定的投资形式、

---

[1] 余劲松主编:《国际投资法》(第 4 版),法律出版社 2014 年版,第 34 页。

[2] 孔庆江:《〈中华人民共和国外商投资法〉与相关法律的衔接与协调》,载《上海对外经贸大学学报》2019 年第 3 期。

比例和企业组织形式的规定进行投资。

投资者可以用资金、动产不动产、知识产权等多种方式出资。许多发展中国家对外方投资者的出资具有较多考虑,对一些特殊的行业规定了投资的限制,以保证东道方对特殊行业的控制权。多半规定了一定的上限,如不超过50%或49%,越是涉及国家利益的重要行业,对外资比例的限制就越严格,其外资的比重就越小,设置的上限数额就越低。

外国直接投资进入东道方,应当遵守东道方的法律规定。限于东道方允许的投资,有利于投资者充分获得东道方允许,充分利用当地救济。不遵守东道方法律的投资不能得到东道方的保护。有的国家规定外国直接投资需要履行特定程序,如需要经过东道方官方部门许可或者提供保险等。有的国家对投资进入特定行业有所限制。不少国家都希望能够为中小型企业争取更多外国投资,另外,对于一些特殊领域会对外资进入有所限制,特殊行业需要经过东道方批准,如农业、矿业、制造业、通信广播、文化产业等。

二、文化产业外国直接投资限制的类型

本书主要探讨外国直接投资在文化产业领域所受到的特殊限制,而对于那些同样发生在其他产业领域的限制,不予过多讨论。外国直接投资在文化产业领域,可能受到两种类型的限制,一种是外资准入的限制,另一种是外资并购的限制。

文化产业领域由于其突出的文化属性,东道方出于维护本国公民道德、价值观或者保护本国发展尚不成熟的文化产业,可能对外资进入设置障碍。由于文化产业领域范围很广,外资不会在所有的文化产业领域都受到限制,但是对那些核心的文化产业领域,如广播电视、新闻出版等对公民道德及价值观施加直接影响的领域设置相对严苛的限制。对文化产业的其他领域,尤其是那些突出创意的商业属性强的领域,本国可能由于本国有关产业发展程度低,尚不能完全参与国际市场竞争,或者为了能够借鉴外国先进的科学技术和管理经验,也对外资进入设定一定限制,从而

起到保护和发展本国幼稚文化产业的作用。

文化产业的外国直接投资也可能受到外资并购的限制。如前文所述,外国直接投资可以通过新设企业、并购现有企业等方式进入东道方。在采用并购手段进入东道方时,可能会造成一定程度的垄断。或者在本国的外资企业为了扩大生产规模、降低生产成本兼并或合并其他企业时,也可能造成一定程度的垄断。这些问题在其他行业可能仅仅是市场垄断的问题,但是在文化产业领域却具有特殊性,尤其是在广播电视、新闻报纸等媒体行业,媒体的垄断集中带来的垄断后果不仅扰乱市场秩序,还可能对本国文化的多样性、公众道德、表达自由等利益造成影响。市场上的单一声音,构成了对媒体多元化的侵害,阻碍了言论的自由交换,增加了表达自由的成本。媒体的垄断可能会造成传播负面消息,放大其负面性,给社会秩序造成不利影响,侵蚀公众道德和主流先进价值观。

因此,无论是在外资准入还是外资并购方面,文化产业的特殊性决定了东道方必然要对其予以一定程度的管制。其中外资准入的限制是前提,外资的并购行为除了要满足准入的要求,还要满足反垄断的要求。而外资并购的限制不一定只发生在外资进入东道方的过程中,还包括外资已经进入东道方之后,对东道方的其他企业予以并购的行为。

三、文化产业外国直接投资限制的法律渊源

文化产业外国直接投资限制的法律渊源分为国内法与国际法两个层面。

一国主权包括文化主权,由此衍生出对本国文化及文化产业予以管理的权力。由于不同国家的具体国情各异,对文化产业外国直接投资的国内法渊源鲜见统一的做法。对于那些针对文化产业领域外国直接投资限制有规定的国家,主要有以下几种做法:(1)在一国的外国投资立法中予以规定。如《加拿大投资法》中规定文化类的外国直接投资需要经过加拿大遗产部的批准。(2)在一国的具体文化产业部门立法中予以规定。如《日本广播法》《日本电波法》《新加坡广播法》《新加坡新闻出版法》

《美国电信法》《英国通信法》等都有对相关领域的外国投资限制的规定。(3)在一国《宪法》中予以规定。采用这种特殊性做法的是菲律宾，其在《宪法》中规定了对外国人投资大众媒体和广告等行业的外资比例限制。(4)在一国竞争法中文化产业领域的外资并购予以规定。如 2010 年《澳大利亚竞争与消费法》等。

在国际法层面，一系列的国际法文件认可了依据国内法对文化产业外国投资规制的权利。联合国教科文组织的《保护和促进文化表现形式多样性公约》(以下简称《保护文化多样性公约》)中规定，为了维护和保持文化多样性，缔约国在文化领域享有管理权。文化多样性为各国规制文化产业投资提供了国际法基础。具体到各国际立法文件的规则中，主要体现在 WTO 框架协议中各国在 GATS 中的有限承诺，和对外缔结的自贸区协定中的投资条款、双边投资协定中。在 GATS 框架下，成员方对“视听服务”和“文化娱乐体育服务”两项中以“商业存在”提供服务的方式作出有限承诺，具体承诺以外的领域并不放开外资准入。在双边、多边投资条款框架下，有关国家也对文化产业作出例外承诺，主要体现为两种方式：概括性地排除文化产业领域的适用；将文化产业的有关领域列入负面清单。最后，国际条约还规定了一般例外条款，协定方出于维护公共道德或保护文化遗产所采取的对投资的必要限制措施不构成对条约义务的违反。

国际法渊源并非直接规定文化产业外国直接投资具体限制的法律渊源。它是在极力促成投资自由化的前提下，允许各国对关涉本国的重大利益提出保留。对文化产业外国直接投资的各种具体限制，主要还是依赖国内法调整。然而，国际法渊源不容忽视，这源于文化产业外国直接投资作为一项跨国资本流通活动，必然受到东道方的重重阻碍，而国际法渊源所追求的投资自由化在一定程度上减少了这种阻碍，同时也使东道方披露其国内法规定的限制，提升透明度，为外国投资者提供明确性、可预见性指引和切实保护。

国际法渊源与国内法渊源是消极层面与积极层面的关系。在缔结的双边或多边条约中，对文化管理权的让渡程度决定了一国在该领域的开放程度。目前让渡的程度并没有一个统一标准,根本上取决于国家之间的协商以及区域内文化认同程度。国际法层面对文化产业国际投资准入的规制程度取决于主权国家在这一领域的让渡程度,至于作出保留的部分,国际法充分尊重一国不予让渡的理由,并为其提供法律依据。描绘出国际法规制的消极层面,也就能够了解国内法规制的积极层面的大致图景。

四、文化产业外国直接投资限制的特点与趋势

介于文化产业的特殊性,文化产业领域范围内对于外国直接投资的限制相比于其他产业可能更加严格。不仅如此,文化产业的外国直接投资限制呈现出了下列特点。

第一,立法具有分散性。目前国际上没有专门规定文化产业领域外国直接投资的条约。在国内法层面,也没有一部专门的法律法规对文化产业的外国直接投资作出规定,相关规定分散在相关的文化产业具体部门的立法中。

第二,限制内容具有复杂性,限制的目的指向更加多元。由于文化产业是一个十分庞大的部门,本身包含许多具体门类,又与其他产业如制造业、互联网、零售业等相互渗透融合,因此,对文化产业外国直接投资的限制不仅要区分文化产业内部不同的门类,还要顾及与其他产业之间的关系,尚不能归纳出一套适用于文化产业各个领域,顾及产业各个环节的限制规定。对文化产业的外国投资的限制,不仅要维护本国文化多样性,保护本国发展程度不高的产业部门,还更要促进文化产业的发展,提高科学技术和创新水平。

第三,限制规则的制定和实施主体之间关系复杂。由于文化产业的复杂性,往往存在多个法律政策制定主体,除了外资监管机构,还有广播电视管理部门、文化遗产部门、反垄断部门等。对文化产业的管理由多个主体共同承担,主体之间制定的法律政策容易存在冲突,因此,不少国家规定有关文化部门应当为外资监管部门、反垄断部门提供咨询,或者由文

化部门行使部分监管外资、反垄断的职责,以协调不同主体之间的关系。

第四,反映出国家文化多样性以及国家之间的博弈。各个国家的文化产业处于不同的发展阶段,也反映出各国不同的文化背景,维护不同的文化利益,因此在立法政策制定的过程中,国家往往针对自身的文化特点,设置不同的限制。在对外缔结条约的过程中,对文化产业的争议往往很激烈,尤其是在视听产品服务等问题上,各国利益难以协调。双边、多边谈判过程中对文化产业具体领域的准入限制也成为缔约国之间博弈的难点。

尽管文化产业如此特殊,但是近年来,许多国家对文化产业外国直接投资的限制正逐步放开。主要体现在以下几个方面。

从准入限制上看,目前不少国家已经或者正在逐渐放开文化产业领域中最传统苛刻的领域,即广播电视行业外资准入的限制,如墨西哥引入了广播业外资准入规则,并简化了外国人持股公司的程序性要求,对于其他的商业性活动更是没有外资准入所有权的限制。[1] 印度开始放宽对媒体行业外资准入的限制。而率先重视发展文化产业的英国,对外资进入本国文化领域没有准入上的限制,在 2003 年《英国通信法》第 348 条规定,1990 年《英国通信法》附件 2 第 2 部分"无权持有执照"第 1 条第 1 款的第 a、b 项(有关成员方境外的个人及机构)失效,删除了对非欧盟成员方投资者投资英国广播电视及传媒行业外资准入限制。澳大利亚自 2006 年媒体改革之后,取消了外国人控制本国付费电视、外国人担任企业高管、外国人投资报纸行业的准入限制等。

从并购限制上看,对于文化产业核心领域的媒体行业的并购限制呈现出自由化的趋势。1996 年《美国电信法》掀起了放松管制的高潮,放宽了一个公司能够拥有的广播电台的数量限制、允许媒体跨机构跨行业合并。澳大利亚自 2006 年媒体改革后,允许不同媒体平台之间的跨媒体合

---

〔1〕 See OECD and UNCTAD, "Thirteenth Report on G20 Investment Measures", Accessed March 2, 2020, at http://unctad.org/en/PublicationsLibrary/unctad_oecd2015d13_en.pdf.

并。新媒体的兴起模糊了广播、电视、报纸等传统媒体之间的界限,使外资对媒体领域的并购成了一种难以阻挡的趋势,更加在立法上倒逼放开对外资并购媒体产业的限制。

在立法层面,国际条约越来越倾向采用负面清单的方式对文化产业领域的外国投资限制作出保留。负面清单最初由美国首推,已经得到不少国家的采纳,如澳大利亚、日本、加拿大等。负面清单不仅意味着更高水平的开放,也意味着更高的透明度。负面清单是以"开放为原则,不开放为例外",列入负面清单中的领域意味着限制或禁止准入,而没有被列入清单意味着完全开放。负面清单的构成包括对限制措施的详细描述和披露国内法依据,因此具有更高的透明度。

第三节　文化产业外国直接投资限制的特殊问题

上一节已经展现了文化产业外国直接投资限制基本问题的全貌,但是依旧需要对有关特殊的问题予以深入研究。文化产业的双重属性是对外国直接投资限制的最本质原因,然而,其在国际法与国内法层面还存在具体的表现。因此有必要探究在文化产业领域限制外国直接投资的原因,这种原因也揭示了文化产业的外国直接投资限制的特殊之处。另外,文化产业外国直接投资限制法律渊源之间的关系也尚待进一步厘清,尤其是国际法普遍采用清单的模式对外资准入予以规定。文化产业的复杂性决定了外国直接投资限制的复杂性,因此,有必要予以专门的整理与归纳,抽象出一般规则。

一、文化产业外国直接投资限制的原因

许多国家对于文化产业领域的国际投资都设定了相对于其他产业更加严格的限制,主要原因根源于文化产业的双重属性,其文化属性决定了与一国的文化利益息息相关,其经济属性决定了在一些国家要进行产业

保护,尤其是发展中国家的文化产业尚未得到充分发展,属于幼稚产业,需要更多的政策扶植。

文化产业之所以称作“文化”产业,是因为其具有文化内容,与文化息息相关,成为“产业”意味着具有市场化的特征。但是这仅指“经营方式的市场化,而非文化本身的市场化”[1]。由于文化产业所具有的文化要素,以及在公民精神生活、价值观塑造、国际文化遗产继承与发扬方面的重要作用,导致其与现代社会发展过程中的产业化、商业利益追逐目标形成了一定程度的冲突。而作为产业化、利润最大化的集中代表——外国投资的进入,这种冲突就更加明显,因为外资带来的不仅是产业的巨大发展,也带来了其他族群文化的进入,这种文化之间的碰撞并不一定具有正外部性。东道方为了将外国资本进入的负面影响降到最低,在最大限度引进外资、发展本国产业的同时保有在特殊行业东道方的控制权,因而不得不在扩大引进外资与保护国内利益之间寻求平衡。

虽然文化产业的特殊性构成了文化产业外国投资限制的基础,然而,依旧有以下问题需要进一步明确:在文化产业外国投资领域,文化产业的特殊性具体反映和表现在何处?文化产业领域的外国投资限制与其他领域的外国投资限制相比有何特殊之处?为什么要对文化产业领域的外国投资予以限制?

二、文化产业外国直接投资准入的清单模式

从国际法的角度来说,有关国际投资的法律文件为文化产业领域外国投资准入的限制提供了国际法依据。文化多样性是对文化产业领域外国投资准入予以规制的出发点。不少国际投资法律文件对于文化产业领域的国际投资,多存在不同程度的保留,主要采用的是正面清单或负面清单的模式。从清单的设置来看,这两类清单各自具有何种特点、孰优孰劣,在国际法律文件中具体要“采取哪一种清单模式、如何设置清单”才能既满足东道

[1] 黄虚峰:《文化产业政策与法律法规》,北京大学出版社 2013 年版,第 7 页。

方追求产业发展又不丧失文化领域的控制权？尤其是在面临一些发达国家强大文化输出能力的情形下，如何设置清单，才能够即充分的引入外资，又能维护民族文化的独立性，且不影响国际经贸关系，为发达国家所接受？目前中国正经历着双重身份的转变，既是引入外资大国，也是对外投资大国，如何能够在这种双重身份背景下，设置最符合我国国情的清单？

三、文化产业外国直接投资准入的条件

在国际投资法制背景下，任何国际法上对国际投资的限制措施都要有国内法的依据。世界上大部分国家，无论是发达国家还是发展中国家，对文化产业都十分重视，有很多涉及文化产业领域外资限制的规定。由于文化产业是一个内涵范围很大的概念，不是每一个可以纳入文化产业的行业都有对外资的限制，而是那些核心的、文化要素突出的行业对外国投资有一定限制。这种限制取决于该行业对公民文化生活及价值观塑造的影响程度，其影响程度越深，对外国投资的限制就越多，越不容易对外资开放，其影响程度越小，对外国投资就越是开放。因此，在国内法语境下，究竟有关国家对文化产业领域外国直接投资如何限制、具体有哪些限制，以及这些限制是否合理设置、是否需要放开？我国正在进行外资法改革，在外资法改革的过程中，是否有必要对文化产业领域的外国投资限制进行改革，如何改革才能顺应市场要求、提升行业竞争力又能维护我国社会核心价值观、保护和发扬我国优秀文化遗产？

四、文化产业外国直接投资并购的限制

从国内法角度出发，文化产业相比其他产业，其产业融合的意义更加特殊，这一点由其体现在媒体领域。其他行业领域的融合带来的是市场垄断地位，可能造成市场地位滥用，从而影响企业技术革新和消费者权益的维护。而媒体领域除了市场地位的垄断，还带来了对公民精神生活影响的垄断、对公民表达诉求能力的垄断。如果外资通过并购的方式，不断扩大规模，所带来的媒体垄断相比其他行业外资进入不良后果更加严重。

这也是外资进入文化产业领域的矛盾最激烈之处。因此,有必要对媒体集中予以规制。目前已经有不少国家开始重视外资进入导致媒体集中垄断的问题,也有相应的立法实践,而中国在这一问题上却没有更多关注。因此有必要在这个问题上重点研究,有关国家在这一问题上如何规制。是采用专门规制的方式,还是依旧继续竞争法的规制方法?中国由于特殊的国情,大众媒体主要实行公有制,但是近些年来私有媒体开始兴起,媒体融合趋势凸显,虽尚不能达到发达国家媒体高度私有化的程度,但是我们依旧有必要对外资导致的媒体集中问题予以关注。

本章小结

文化产业的理论流变和概念术语的差异表明了其本身所具有的特点。其由“文化工业”走向“文化产业”的过程说明人类认知从仅认识到其文化属性到逐步接受其商业属性,反映了文化产业的文化与商业双重属性。概念术语的差异表明文化产业的范围十分广泛,包含的领域众多,也决定了对其规制的复杂性。

文化产业的双重属性决定了在文化产业领域,外国直接投资将受到更多的限制,这种限制主要体现为准入的限制和并购的限制。文化产业外国直接投资限制的法律渊源存在两个层面,即国际法层面和国内法层面,国际法层面对文化多样性的揭示进一步确认了国内法规制该问题的深刻内在原因,也厘清了两者在这一问题上的关系,即国际法采取多种方式对该问题予以保留,而具体的限制措施依赖国内法规定。现有的国际趋势是放松管制,实现进一步的自由化,并且在规制模式上采用高透明度的负面清单方式。

在描述了文化产业外国直接投资准入的全貌之后,本书进一步提出问题,需要对以下四个问题予以重点深入研究:文化产业外国直接投资限制的原因、文化产业外国直接投资准入的清单模式、文化产业外国直接投资的准入限制和并购限制,并意图在对上述问题予以深入研究之后探讨对中国的启示。

第二章　文化产业外国直接投资限制的原因

文化产业领域对外国直接投资限制根源于文化产业的特殊性，其经济属性要求积极参与市场竞争，其文化属性要求反映道德、价值观、文化艺术特征的产业不能完全交由市场调控。国家主权要求国家享有对文化领域的管理权，但伴随着全球化程度的加深，各国主权的范围越来越小，文化领域虽然不是铁板一块，但也鲜有松动，尤其是那些具有悠久文化历史传统的国家，这一点表现得尤其明显。有关国家就文化多样性达成共识，不少国际文件尊重国家文化管理权，在国际合作关系日益密切的背景下，确认“一国有权保留一定程度的文化管理权，无须对外让渡”，为国内法充分实现对文化领域外国直接投资的管理提供了法律依据。

如果保护文化多样性更多的是从“文化艺术及文化遗产”方面履行义务，[1]国家文化管理权所维护的文化利益则还关涉与文化有关的产业。在文化产业形成的初期，由“艺术向产业化转变”引起了对“文化工业”以及文化产品属性的极大争论，但是伴随着市场化的不断深入，现有工业化

---

〔1〕 早期有关承认国家对一国文学艺术作品的自主管理权的国际立法文件，如1948年《贝鲁特协定》要求缔约国为进口缔约方“教育、科学或文化性质”的电影和录音制品，在关税、数量限制、进口许可方面予以豁免，1950年《佛罗伦萨协定》约定成员方不能将关税或者其他收费适用于进口图书、出版物和文献，或具有教育科学文化性质的视听产品如电影和录音制品，《内毕罗议定书》规定将范围进一步扩大。不过，上述国际文件中并没有包括娱乐性的文化产品。

下产品成为艺术产品的情形也越来越普遍。文化生产简化为经济生产，然而它引起的争论不是经济欠发达的争论，而是对文化发展的争论。[1]尽管文化产业涉及的领域包括了大量娱乐行业，但是“音像制品在向公众提供信息并因此在形成公共舆论方面发挥着十分重要的作用，还具有教育功效”。[2]也不能武断地认为，那些“精英的”“高档次的”芭蕾歌剧等文化产业要比“通俗的”“低档次”的肥皂剧和娱乐节目更具有文化价值。

对公民文化权利的保护是国家行使文化管理权的重要因素，也是文化多样性的重要内容，其中表达自由与媒体多元化是公民文化权利的重要方面，也是实现文化多样性的重要条件。文化产业皆具有文化价值，反映不同类型、不同内容的文化产业更能够促进民主和多元化。因此，无论是承担维护公民文化权利的义务，还是为了维护国家文化利益而行使文化管理权，目的都是保护和维持本国独特的文化身份，根本上就是为了促进文化多样性。

因此，对文化多样性的维持、对国家文化利益威胁的防御、对公民文化权利的保护，构成了文化产业领域对外国投资限制的原因。

第一节　维护文化多样性

文化是道德与价值观的重要载体，一国文化产业发展带来的不仅是经济上的大量利润，还有无形中传播的核心价值观与道德理念。文化产业所带来的利益不仅是经济上的利益，更体现了国家的创新能力和意识形态输出能力。国家将其道德观与价值观全面植入文化产品中，通过语

---

〔1〕［英］吉姆·麦奎根：《重新思考文化政策》，何道宽译，中国人民大学出版社2010年版，第132页。

〔2〕［澳］塔尼亚·芙恩：《文化产品与世界贸易组织》，裘安曼译，商务印书馆2010年版，第80页。

言文化的输出、文化产品的输出、影视产业跨国垄断等,[1]使进口国家不得不被动接受文化产业所传递的价值观念。美国迪士尼公司在出口动画片的同时,也在各地投资建立主题公园、出版图书、开发电子游戏;德国贝塔斯曼集团创建中国最大的图书俱乐部,并通过合作的方式渗透到出版的各个环节;众多电视剧如《冰与火之歌》《纸牌屋》以及各类好莱坞电影大片吸引全国各地观众,《美国偶像》《极速前进》等综艺节目版权被出售到世界各地。国家正在通过文化贸易、文化投资以及跨国商业运作,将文化产品及附加的价值观快速传播全球。这种浪潮引起了一些国家的警觉,尤其是他们正努力维护本国传统文化、价值观以及保护本国文化产业发展。这种浪潮萌生的冲突,导致在世界范围内形成一场有关"文化例外"以及"文化多样性"的讨论。

一、文化例外

文化例外(cultural exception or cultural exemption)最初是由法国在《关税贸易总协定》(General Agreement on Tariffs and Trade, GATT)谈判中提出的。它考虑文化产品与其他商品的不同之处,主张将文化产品与服务作为国际条约规定中的例外。20 世纪,以美国为首的具有大规模生产能力的国家大肆扩张海外市场,而进口国发现本土文化正在受到外国文化产品的冲击,如果不对本国文化产业采取一定的保护措施,就无法使其与外国文化产品抗争。20 世纪中后期,大型跨国媒体集团纷纷建立,导致文化产业尤其是视听产业"娱乐标准化",这在一定程度上导致对特定国家文明的弱化,尤其是法国这种看重自己语言的国家,希望抵御使用英语为主要语言的国家,尤其是美国的电影产业大肆进入本国。同样,虽然加美两国关系友好,边界互通,但加拿大面对强大的邻国,依旧希望能够保持在文化上的独立性。因此,以法国和加拿大为代表的注重本土文化认同价值的国家提出"文化例外",从而保护和促进主权国家内本土艺术

[1] 参见周凯:《西方国家如何通过文化产业传播价值观》,载《红旗文稿》2016 年第 1 期。

家和本土艺术的发展，对外来的文化产品予以一定限制。

关于“文化例外”存在两种不同观点之争。支持者认为，第一，文化产品所包含的价值不限于一般商品的经济价值，还包括文化价值，这种价值纯粹依靠市场无法完整地传递给受众；第二，文化产品对国家内部的文化认同极其重要，因此有必要对文化产品予以例外保护，以符合公共利益；第三，文化产品仅依靠市场不能保证其多样性，而这种文化产品的多样性对世界的文化多样性十分重要；第四，文化产品可能受到外来进口产品倾销的影响，因此，应当受到竞争法保护；第五，某些文化产业是幼稚产业，因此，要受到一定程度的保护。[1]

反对“文化例外”者认为：第一，对一国内文化产品予以保护将导致市场的不健全发展和效率低下；第二，保护一国内文化产品不过是一些文化利益集团寻求庇护而游说的结果；第三，保护一国内文化产品是对消费者平等自由选择商品权利的剥夺；第四，鼓励文化产品的进口可以促进文化的多样性；第五，文化例外其实更深层次的目的是反美国化、反全球化。[2]

1993 年乌拉圭回合中，从美法两国对话可以看出，这种严重分歧。美国前动画协会主席杰克·瓦伦蒂(Jack Valenti)形容文化“如同口香糖”，而法国前总理弗朗索瓦·密特朗(Francois Mitterrand)却说“创造力不只是商品，不应当被如此对待”。以法国为首的一些国家提出，现有的有关文化产品与服务的 WTO 框架更侧重商业特质，可能导致各国文化独特地位的渐渐丧失，对文化产品与服务应当规定不同于其他贸易产品和服务的措施。法国游说欧盟的其他国家联合起来，用“文化例外”抵御美国自由主义对欧盟文化的影响。最终争议双方达成妥协，将视听服务纳入

---

〔1〕 See Jacques Delacroixand Julien Bornon, “Can protectionism ever be respectable? A skeptic's case for the cultural exception, with special reference to French movies”, *The Independent Review* 9(3), 2005, pp. 365 – 367.

〔2〕 See David Throsby, *The Economics of Cultural Policy*, Cambridge, Cambridge University Press, 2010, p. 160.

GATS 中,允许缔约方对视听产品保有本国自行决定市场准入、国民待遇和最惠方待遇的权利。27 个国家包括加拿大和一些欧盟国家,在 GATS 的最惠方待遇适用上,排除了共同生产、分销电影和电视节目。但是这些例外只能有 10 年限期,并且只适用于加入 WTO 的国家。[1] 根据 GATS 第 19 条逐步自由化的要求,各成员方将对这一问题继续磋商。

对"文化例外"的两种争论实质根本在于文化产品是否能被当作纯粹的商品来对待,这与文化产品的双重属性有关。如果侧重考虑其文化因素,则支持者占了上风;如果侧重考虑经济因素,则反对者占了上风。美国认为文化艺术是可以赚取利润的产业,事实上美国也的确这样做,在文化产业方面几乎没有对外国资本予以太多限制,更多采用放任自流的方式,鼓励市场竞争。与美国注重市场支配与经济效益的"自由主义"理念不同,文化因素和认同感在欧盟内部占有重要地位。根据《马斯特里赫特条约》(又称《欧洲联盟条约》)第 128 条第 1 款规定,共同体应当协助促进各个成员方文化繁荣,尊重各成员方的民族和地区差异,突出共同文化传统。该条约虽然是一项政治、经济和军事同盟的条约,但文化因素被纳入其中,说明文化在欧盟内部的重要地位。欧盟认为,文化是一种包含思想元素的产品,远远超过商业价值的范围。文化产品与服务传递了价值观和认同感,这是一般商业产业和服务所不具备的。

世界经济合作发展组织曾经在 1995 年至 1998 年起草《多边投资协定》(MAI),希望能够在国际投资领域统一规则予以协调。然而以法国和加拿大为首的一些国家基于文化例外理由,对该协议不表示支持,该协议草案最终被搁置。[2] 加拿大、法国和比利时均寻求文化例外条款,法国政府认为,如果没有一项文化产业的例外条款,那些利用新技术的产业将

---

〔1〕 参见[比利时]卡洛琳·鲍维斯、简·鲁瓦森:《WTO 与视听产业:经济自由贸易还是文化交易》,刘亚文译,载金冠军等主编:《国际传媒政策新视野》,上海三联书店 2005 年版,第 227 页。

〔2〕 UK Parliament, "Negotiations at the OECD on a Multilateral Agreement on Investment, select Committee on European Scrutiny Twelfth Report 1999", Accessed March 2, 2020, at http://www.publications.parliament.uk/pa/cm199899/cmselect/cmeuleg/34 – xii/3411.htm.

得不到保护，在视听产业和出版产业方面的语言和国籍标准又与《多边投资协定》的国民待遇和最惠方待遇条款根本抵触。法国政府提出了一项文化例外条款的建议，即该协定中任一条款不能被解释成，阻碍缔约国出于保护和促进文化和语言的多样性目的，而采取的任何措施来管理外国投资活动的行为。美国强烈反对这一提议，美国官方声称，“十分反对一项开放性的例外，任何国家都可能将一个经济问题解释成文化问题”。[1] 尽管美国强烈反对文化例外，但是1994年加拿大在《北美自由贸易协议》中，坚持规定了一条文化例外条款。而美国—加拿大—墨西哥自由贸易谈判的最终成果《美墨加协定》（USMCA）中，墨西哥在第十五章附件15－E“墨西哥的文化例外”中表明对《美墨加协定》的第十四章投资和第十五章跨境服务贸易中的文化产业部门提出保留。[2] 2019年最终被废弃的《跨大西洋贸易与投资伙伴关系协定》（Transatlantic Trade and Investment Partnership，TTIP）。在早期谈判中，法国曾威胁如果不将文化产品排除，将要退出谈判，13个其他欧盟国家附议。最终欧洲议会通过一项决议，将文化视听服务（包括在线）的内容从《跨大西洋贸易与投资伙伴关系协定》中排除出去。[3] 2018年3月亚太地区11个国家[4]签署《全面与进步跨太平洋伙伴关系协定》（CPTPP），加拿大利用美国推出TPP谈判这一时机，提出有关文化产业例外规则，协议中的补贴、投资、跨境服务等规则不适用加拿大的文化产业，而这一要求也被其他10个国家所接受。[5]

---

[1] Alan P. Larson, “The Move Toward Global Rules on Investment”, *Economic Perspectives* 2, 1997, p. 7.

[2] USMCA Chapter 15 Cross-broder Trade in Services.

[3] European Parliament, “European Parliament resolution of 23 May 2013 on EU trade and investment negotiations with the United States of America [2013/2558 (RSP)]”, Accessed March 2, 2020, at http://www.europarl.europa.eu/sides/getDoc.do?type = TA&reference = P7 - TA - 2013 - 0227&language = EN&ring = B7 - 2013 - 0187.

[4] 《全面与进步跨太平洋伙伴关系协定》涵盖亚太地区的11个国家，包括新西兰、澳大利亚、文莱、加拿大、智利、日本、马来西亚、墨西哥、秘鲁、新加坡和越南。

[5] See CPTPP-Side instruments involving Canada, Accessed March 2, 2020, at https://www.international.gc.ca/trade-commerce/trade-agreements-accords-commerciaux/agr-acc/cptpp-ptpgp/text-texte/letters-lettres.aspx? lang = eng.

欧盟和加拿大作为长期坚持"文化例外"的世界两大发达经济体，在《欧盟与加拿大全面经济贸易协定》中更是充分贯彻这一立场。在该协定的序言中就强调双方有权制定和实施各自的文化政策，保持各自文化特性，并在第七章补贴、第八章投资、第九章跨境服务贸易、第十二章国内规制中都规定了文化例外的具体条款。[1]

二、文化多样性

文化多样性具有深刻的内涵，它既包括国内的文化多样性，也包括国际的文化多样性。国内的文化多样性是注重基本人权、文化民主，关注少数民族和土著的文化诉求。国际的文化多样性，侧重于国际交流与参与的公平与平等，以及如何面对全球一体化带来的文化同化。

虽然在 WTO 层面，"文化例外"取得了一定的优势，但是在之后的双边协定当中，这种优势渐渐衰落，不少国家出于自身经济利益的考虑，以及受到美国强势推行"自由市场"的影响，"文化例外"的适用范围大大缩小。全球化正在侵蚀人们的文化身份意识，需要一项公约来评估和强调文化在国际上的重要地位。国际贸易中文化产品和服务贸易的现存机制不能有效运行，亟须一个涵盖文化贸易的单独措施。在此种背景下，以法国和加拿大为首的极力主张"文化例外"的国家，希望能够通过国际法手段来保证国家在文化政策上的绝对管理权。在法国与加拿大的力促之下，2001 年联合国教科文组织通过的《世界文化多样性宣言》(Universal Declaration on Cultural Diversity)，提出人权是文化多样性的保障、文化权利是文化多样性的有利条件，文化多样性的实现与人权密不可分。该宣言第 9 条指出，每个国家都有义务明确其文化政策，并通过其认为合理的方式实施该政策，无论是通过立法规则，还是管理措施。各国政府应当在文化领域予以必要干预，采取措施阻止全球范围内的精神单一化趋势，促

[1] See Comprehensive Economic and Trade Agreement (CETA) between Canada, of the One Part, and the European Union, and Its Member States.

进文化多样性。

联合国教科文组织2005年通过的《保护和促进文化表现形式多样性公约》(以下简称《文化多样性公约》),只有美国和以色列没有加入。该公约序言第18条指出,“确信传递着文化特征、价值观意义的文化活动、产品与服务兼有经济与文化的双重属性,不应仅视为具有经济属性。”欧盟是《文化多样性公约》缔约国,以履行保护和促进文化表达的多样为义务。《欧盟运行条约》(The Treaty on the Functioning of the European Union,TFEU)第167条也规定欧盟应当促进和繁荣成员方文化,尊重各国各民族多样性,保护文化遗产,为鼓励和支持艺术创造采取必要措施。

《文化多样性公约》第2条规定了各国拥有在其境内采取保护和促进文化表现形式多样性措施和政策的主权。第4条对“文化多样性”作出了规定。“文化多样性”,是指各群体和社会借以表现其文化的多种不同形式。这些表现形式在它们内部及之间传承。文化多样性不仅体现在人类文化遗产通过丰富多彩的文化表达形式来表达、弘扬和传承,也更体现在借助各种方式和技术进行的艺术创造、生产、传播、销售和消费。“文化政策和措施”是指地方、国家、区域或国际层面上,针对文化本身或对个人、群体或社会的文化表现形式产生直接影响的各项政策和措施,包括与创作、生产、传播、销售和享有文化活动、产品与服务相关的政策和措施。[1]

《文化多样性公约》第6条还确认了各国通过文化政策或者其他措施支持本国文化部门发展的权利,其中主要包括:(1)各种管理措施,如本国内容配额、使用不同语言提供服务;(2)公共财政支持,如生产基金和税收优惠;(3)建立公共机构如国家或地区的艺术委员会;(4)支持艺术家或者其他从事创意及艺术表达人员的措施;(5)加强媒体多元化,包括公共

---

[1] 该公约对“文化活动、产品与服务”以及“文化产业”作了界定。“文化活动、产品与服务”是指能够体现或者传达文化表现形式的活动、产品与服务,无论其是否具有商业价值。文化活动可能以自身为目的,也可能是为文化产品与服务的生产提供帮助。文化产业则是生产和销售上述文化产品与服务的产业。

广播服务的措施。[1]

《文化多样性公约》的目标不限于国际贸易与投资领域,它与 WTO 的一系列协定也没有上下效力的层级关系,不过在文化产品与服务的态度上需要进一步协调两者的关系。从表面上看,《文化多样性公约》所规定的文化管理权可能与 WTO 有关规则中的市场准入、国民待遇以及最惠方待遇义务相冲突。但是《文化多样性公约》与 WTO 规则实质上并不冲突,因为 WTO 的成员方通过具体承诺的方式保留了缔约方内部对文化产品与服务采取的各项具体措施。根据该公约第五章(与其他法律文书的关系)第 20 条规定,与其他条约的关系是相互支持、互为补充和互不隶属。《文化多样性公约》并不改变各缔约方在 WTO 框架内所作出的各项承诺,但各缔约方在适用或解释 WTO 规则时,应当考虑《文化多样性公约》的有关规定。[2]

三、文化多样性与文化例外的关系

文化例外与文化多样性是两个不同层面的问题。从某种程度来看,

---

〔1〕 该公约第 6 条"缔约方在本国的权利"规定,一、各缔约方可在第四条第(六)项所定义的文化政策和措施范围内,根据自身的特殊情况和需求,在其境内采取措施保护和促进文化表现形式的多样性。二、这类措施可包括:(一)为了保护和促进文化表现形式的多样性所采取的管理性措施;(二)以适当方式在本国境内的所有文化活动、产品与服务中为本国的文化活动、产品与服务提供创作、生产、传播、销售和享有的机会的措施,包括规定上述活动、产品与服务所使用的语言;(三)为国内独立的文化产业和非正规产业部门活动能有效获取生产、传播和销售文化活动、产品与服务的手段采取的措施;(四)提供公共财政资助的措施;(五)鼓励非营利组织以及公共和私人机构、艺术家及其他文化专业人员发展和促进思想、文化表现形式、文化活动、产品与服务的自由交流和流通,以及在这些活动中激励创新精神和积极进取精神的措施;(六)建立并适当支持公共机构的措施;(七)培育并支持参与文化表现形式创作活动的艺术家和其他人员的措施;(八)旨在加强媒体多样性的措施,包括运用公共广播服务。

〔2〕 该公约第 20 条"与其他条约的关系"规定,一、缔约方承认,他们应该善意履行其在本公约及其为缔约方的其他所有条约中的义务。因此,在本公约不隶属于其他条约的情况下(1)缔约方应促使本公约与其为缔约方的其他条约相互支持;(2)缔约方解释和实施其为缔约方的其他条约或承担其他国际义务时应考虑到本公约的相关规定。二、本公约的任何规定不得解释为变更缔约方在其为缔约方的其他条约中的权利和义务。该公约第 21 条"国际磋商与协调"规定,缔约方承诺在其他国际场合倡导本公约的宗旨和原则。为此,缔约方在需要时应进行相互磋商,并牢记这些目标与原则。

文化例外主要是在有关贸易与投资领域的国际协定中,要求专门针对文化产品的贸易和投资开放予以一定保留,保留的目的是促进文化多样性。而文化多样性,则不限于贸易与投资领域,它是联合国倡导的人权的基本内容,更加关注文化遗产保护和少数族群的文化权利。承认文化例外的国家,一般都认可文化多样性,将之作为所追求的目标,但承认文化多样性的国家,却不一定认可文化例外,如美国。

始于2000年的多哈回合谈判中有4个国家对视听服务提交了意见书。日本声称视听服务的自由化对于尊重各国公民自由获取多样化的文化与信息的权利十分重要[1],美国也表示尊重各国采取适当措施培养本土文化环境、促进文化认同的需要[2],巴西明确表示尊重成员方维护与促进文化认同和文化多样性的权利,[3]瑞士也承认捍卫文化多样性的必要性,文化多样性已经成为公共政策目标中平衡全球媒体市场文化机能障碍(cultural dysfunctions)的一项广为接受的准则。[4] 上述4个国家均表达了在最惠方待遇例外、数量限制、国民待遇及补贴上希望进一步实现视听服务自由化的愿望与建议。而加拿大则表示在一项维护各国实现与促进文化多样性的新国际文件出台之前,拒绝作出任何限制其文化政策目标的承诺。[5]

尽管各缔约方关于"文化例外"的观点难以调和,但是支持与反对者双方都承认"文化多样性"的重要性。观察正反双方的观点,可以发现双方对"文化多样性"的实现途径具有不同的理解。支持"文化例外"方认

---

〔1〕 See WTO, Communication from Japan, The Negotiations on Trade in Services, S/CSS/W/42(22 December 2000), p.7.

〔2〕 See WTO, Council for Trade in Services Special Session, Communication from the United States-Audiovisual and Related Services, S/CSS/W/21(18 December 2000), p.7.

〔3〕 See WTO, Council for Trade in Services Special Session, Communication from Brazil-Audiovisual Services, S/CSS/W/99(9 July 2001), p.6.

〔4〕 See WTO, Communication from Switzerland, GATS 2000: Audiovisual services, S/CSS/W/74(4 May 2001).

〔5〕 See WTO, Communication from Canada, Initial Canadian Negotiating Proposals, S/CSS/W/46(14 March 2001) and S/CSS/W/46/Corr.1(23 March 2001).

为过度开放的市场会导致大型跨国文化集团垄断,从而将国内中小文化企业逐出市场,而反对方认为进口限制会阻碍国内消费者享受多样化的文化产品与服务,双方原动力来自对文化多样性的追求。

需要注意的是,文化多样性与"文化保护主义"具有本质区别。"文化保护主义"实质上拒绝了外来文化,对文化多样性的实现多有损益。盲目保护一国国内文化,对外来文化产品与服务予以严格限制并不是文化多样性追求的目标,更不是其要采取的措施,而完全放开的国际文化市场也不是文化多样性所追求的,它依旧要求对少数族群文化、濒危文化予以必要关注。"文化多样性"就是如此中立,甚至巧妙的在"文化例外"与"自由市场"中找到了绝佳平衡点。

当前"文化例外"已经日益被"文化多样性"所取代。"文化例外"有一定的不客观成分,有狭隘的民族主义之嫌。[1] 竭力主张"文化例外"的法国,并没有从中得到太多助益。法国世界经济集团(Groupe d' Economie Mondiale,GEM)科学部负责人帕特里克·麦瑟林(Patrick Messerlin)在2014年出版了一项工作报告,报告指出,法国对于国内电影产业的补贴在过去15年间大量增长,从原有的50%增长到100%,而法国电影产业却日渐衰落、少有起色。主要原因是丰富的补贴容易被滥用,补贴更倾向于大有名气的艺术家,而忽略了需要资助却无名的天才。[2]

国家的确有责任保护过去的伟大作品、艺术传统和民间艺术,并有义务传给子孙后代,保护民族特性。在电影和音像产业,国家与国家之间存在大量不平等,国际社会应当采取一些手段减少这种不平等。与强大的好莱坞相比,任何国家的相关产业都有很多不足,如果没有政府资助和外资管制,国产电影就有消失的危险。政府有义务支持本国的电影和电视产业,在包括音乐、喜剧、舞蹈、视觉艺术、文学等所有艺术和文化领域里

---

〔1〕 Jonathan Buchsbaum,"'The Exception Culturelle is Dead.' Long Live Diversity: French Cinema and the New Resistance", *The Journal of Cinema and Media*47(1), 2006, p. 13.

〔2〕 Sophie des Beauvais,"France: Ending the Cultural Exception", Accessed March 2, 2020. http://www.worldpolicy.org/blog/2014/11/03/france-ending-cultural-exception.

负有责任,应当尽可能地帮助年轻艺术家,改善他们的生活和工作条件,让他们的作品展示给大众。[1] 但是,这些措施并不能成为阻碍国际间贸易和资本流通的障碍。文化多样性是我们应当追寻的目标,即使是秉持自由主义的美国也不能否认这一点。文化多样性在这一问题上,比“文化例外”更具有广泛性和客观性。

WTO 多边协商在文化领域停滞不前,继而双边协定越来越多样,有关国家也逐渐放松对“文化例外”坚定立场。韩国、摩洛哥、澳大利亚和智利在与美国的双边协定中都涉及文化多样性的内容。2006 年韩国一改 40 年来实行的政策,将本国电影在影院放映天数标准由 146 日减少到 73 日。在摩洛哥与美国的自由贸易协定中,文化例外被限制在财政援助上,而不包括管理性措施,如国产内容配额等。2004 年美国与澳大利亚自由贸易协定中,澳大利亚放弃了对本国电影行业的绝对控制,同意与美国协商新媒体规制,原有的本国内容配额规则被严格限制。2003 年智利与美国的自由贸易协定规定,在数字产品贸易上不能够有任何限制,包括所有视听产品。即使是反对文化例外的美国,也在 2001 年的多哈回合谈判中认同文化多样性,在后续的区域贸易协定谈判中允许缔约国通过负面清单的方式列举文化产业领域的限制措施。文化多样性逐渐成为支持和反对文化例外两方冲突立场国家的一致共识。

综上所述,维护文化多样性构成了对文化产业领域外国直接投资限制的原因。文化多样性是国际社会普遍认同的价值目标,其被《文化多样性公约》所确认,同时该公约也确认了国家出于维护文化多样性,有权大力发展本国文化产业并为之采取一系列支持措施。

第二节　维护国家文化利益

文化多样性是一个国家作为整体相比于其他国家而言要维护和追求

〔1〕 参见[法]贝尔纳·古奈:《反思文化例外论》,李颖译,社会科学文献出版社 2010 年版,第 54～57 页。

的多样性,它更侧重于一种国际性的广泛认同,是一国追求的终极目标。文化多样性也不限于维护一个国家的文化多样性,它是跨越国界、跨越民族的一种文化认同。从单个国家来看,文化利益是一国文化多样性的体现,是国家管理文化产业政策的立足点和出发点,它们所要保护的对象一方面包括那些有形与无形的文化财产,另一方面是要保护文化产品和服务的生产和消费活动,关注有关产品、服务和活动的生产和消费的过程。

一、国家文化利益的内容

文化利益包括主流价值观念、民族文化身份、文化产业能力、文化创造力等。[1] 文化产业深刻地反映了国家文化利益的融合,包括主流价值体系的构建、民族文化身份的确认、民族文化产业的发展以及文化创新能力的提升,主要体现在以下几个方面。

第一,对主流价值观的维护。主流价值观反映的是一个国家意识形态和社会道德的基本取向,反映出一个国家主流社会的基本意愿,主要是一个国家用以立国的政治思想理论和道德信仰体系。[2] 主流价值观还意味着审美标准、文化内容的健康向上,文化产业发展要拒绝不良文化产品,拒绝低级趣味的、内容粗俗、格调低下,宣扬黄色暴力的产品和服务。

第二,对民族文化身份的认同。民族文化身份的认同是本民族人民对本民族文化的自豪感,并由此而生的彼此构成同一族群的融入感。民族文化身份的认同需要注重保护本民族特殊的文化遗产和文化资源。城市建设、重点工程、商业开发等不能对文化资源予以破坏,语言文字、风俗习惯、生活方式等依旧保有本民族的特点。

第三,文化产业发展及文化创新能力提升。文化创新能力是决定一

---

〔1〕 参见张玉国:《国家利益与文化政策》,广东人民出版社 2005 年版,第 115 ~ 131 页。
〔2〕 傅才武:《中国文化市场与消费研究》,云南出版社 2014 年版,第 80 页。

国文化产业发展的重要因素，文化产业的高度发展也将极大程度地提升文化创新能力，两者之间相辅相成。一国的文化产业发展程度决定了其在国际市场上的竞争能力，意味着对抗外来文化侵袭的防御能力，因此，国家的文化产业发展和文化创新能力构成了一国文化利益的重要方面。

二、国家文化利益的威胁

对文化利益的威胁并不等同于危害“文化安全”。事实上也不是所有的对文化利益的威胁都达到关涉“文化安全”的程度。只有那些关乎民族生死存亡、牵涉国脉传承的重大文化利益，才能够上升为文化安全。维护文化安全不是“思想保守人士的专利”，所有的国家都重视文化安全，美国这样的超级大国不仅是文化安全的倡导者，也是维护国家安全的实践者。但是对文化利益，则要综合一国实力与外交政策来衡量，文化利益不是绝对的，可以作出让步，体现在国际社会国家交往之中，就是各国在多大程度上对文化利益予以让步。

对文化利益的威胁则可能来自国家的内部或者外部，可能是经济原因、文化原因等。[1] 经济方面的威胁，外部的可能来自国际市场的竞争、文化产品的倾销；内部的原因可能是需求不足、市场萎缩或生产成本高。文化方面外部威胁可能来自一种占主导地位的国家或者语言对于少数语言的排挤；内部方面威胁可能源于消费者对当地文化表达的漠视。如果与国外竞争者相比，本国文化生产规模小、成本高或者本国市场太小、需求不足，加上国内文化产品的生产与消费得不到充分的措施支持，很有可能造成对文化利益的经济威胁。

经济威胁与文化威胁是相互作用的，经济威胁会造成文化方面的影响，大量的外来文化产品倾销伴随着外国强大的经济实力，可能会导致内国文化认同度和文化自尊心的降低，从而导致消费者对本地文化的漠视，

---

〔1〕 See David Throsby, *The Economics of Cultural Policy*, Cambridge, Cambridge University Press, 2010, p. 160.

致使本地文化产业的需求不足而萎缩破产。在这背后还有深刻的政治与外交动机。文化是国家软实力的重要组成部分,文化合作、交流、教育等都是文化软实力,在当今和平世界的大背景下,它比军事力量等硬实力更能作为有效的外交手段。

"对政策制定者来说,最好的重视文化自治的方式也许不是阻止好莱坞影片的流入,而是不断增强本土文化产业的活力,增强竞争力"。[1] 文化产品没有一个统一的文化市场,世界上至少存在了5种不同的文化体系:儒家文化、印度教文化、伊斯兰教文化、基督教和天主教文化。受众并不是有什么文化就消费什么文化,而是更加倾向于选择自己熟悉的文化,但这并不意味着本土文化不会受到外来文化的影响与扭曲,文化具有不断流动性,市场选择在其中依旧起作用。如果外国文化产品在本地坚持了很长时间,本土文化必然会受到影响。一些发展中国家缺乏电影或电视节目的制作经验、制作技术以及较大规模和节目创新,为外国视听产品流入本国制造了条件,因此,在这个领域发展中国家处于明显劣势。

不少发展中国家对文化产业领域设置更为严格的外资限制门槛,除了维护本国文化多样性的原因之外,还在于保护本国发展尚不成熟的文化产业,免其受文化霸权的侵袭。对幼稚产业的保护,源于美国汉密尔顿保护幼稚产业的理论。汉密尔顿认为,独立战争后的美国工业起步晚、基础弱,如果实行自由贸易政策将无法促进美国工业的发展,更难与当时老牌的资本主义国家抗衡,因此,政府有必要对薄弱的工业提供政策支持。这一理论后来被德国经济学家弗里德里希·李斯特进一步发展,李斯特认为应当实现有限的、选择性的贸易保护,对于是否要实行国际自由贸易,应当根据国家的不同发展阶段予以选择。[2] 面对美国"文化巨无霸"的来势汹汹,尤其是美国精良的电影产业大肆进入欧洲市场,对欧洲国家的

---

〔1〕[新加坡]阿努拉·古纳锡克拉等主编:《全球化背景下的文化权利》,张毓强等译,中国传媒大学出版社2006年版,第44页。

〔2〕参见黄基伟:《开放条件下幼稚产业保护问题研究》,中国科学技术大学出版社2014年版,第25页。

电影和电视制作构成威胁，以法国为首的国家提出“文化例外”，希望能够对抗美国的文化霸权，维护本国相关文化产业的发展。在 WTO 体制下，尤其是在 GATS 中，各国纷纷对文化产业中以商业存在提供服务的方式作出诸多保留，体现了在国际法律体制下，对本国文化产业发展的扶持。

如果本土文化产品与外国文化产品在一个绝对自由的市场上展开竞争，那么可能会被外国产品取代。因此有必要对本土文化产品予以政策扶植。但是从另外角度来说，外国产品由于受本土文化本能的选择性排斥影响，结合本地内容创造新的节目来适应受众的品位与需求，外来文化的进入可以刺激本土文化更新换代与升级，这对本土文化产业大有益处。因此，在本土产业成长为真正可以抗衡跨国集团的产业之前，本国可以采取一些措施来抵制外国媒介文化产品的冲击，目的是让本国产业更快成熟，这种措施应当是临时的。

三、国家文化利益的立法表现

不同国家出于本国因素的考虑，在文化利益的追求上也各不相同，不过依旧可以在有关立法上找到维护文化利益的蛛丝马迹。以我国为例，我国《宪法》第 22 条、《出版物管理条例》第 25 条、《广播电视节目制作经营管理条例》第 22 条、《音像制品管理条例》第 3 条、《娱乐场所管理条例》第 13 条等法律条文共同描绘了我国文化利益的最低基准线。我国 2015 年颁布的《国家安全法》更是明确了文化安全的内容，其第 23 条规定：“国家坚持社会主义先进文化前进方向，继承和弘扬中华民族优秀传统文化，培育和践行社会主义核心价值观，防范和抵制不良文化的影响，掌握意识形态领域主导权，增强文化整体实力和竞争力。”

在国际法层面，国际条约中的一般例外条款反映了对国家文化利益的维护。一般例外条款规定在特定国际法律文件中，用以排除对与文化有关事项或者损害公共利益、公共道德措施适用的条款。在外国投资领域，有些部门的开放直接关系到国家主权与安全、政治与文化的敏感问题，导致国际市场尤其是服务贸易市场显示出很强的国家垄断性，包括邮电、通信、铁路、民航以及广播等部门的国家垄断。[1] 因此需要一项"防御条款"来保证本国对关键领域的控制。"一般例外条款"源于 GATT 第 20 条规定,与"重大安全例外条款"相区别。重大安全例外条款主要是涉及一国的根本安全,如恐怖袭击、大规模杀伤武器、流行疾病、自然灾害等关涉一国主权安危的紧急情形。而一般安全例外条款则是主要基于一国的公共利益,如公共道德、公共健康、文物保护、环境保护等。

一般例外条款的表现形式多样,不同于国际协定中的一般例外条款涵盖的范围各有差异,有的只规定单一公共目的的例外,如文化利益例外、环境保护例外,有的则规定了从公共道德、动植物生命健康到自然资源保护的综合例外。[2] "公共利益"的范围十分广泛,为了避免公共利益如此宽泛的概念被东道方任意援引,造成对国际投资不必要的干涉,许多"国际投资协定都很少在文本中直接使用公共利益这一词汇",[3] 而是通过不完全列举的方式来对环境、公共健康、社会道德、国家安全等公共利益进行保护,多采用"本协定不排除……的措施"用语。东道方基于上述理由采取了偏离国际投资协定的措施时,不构成对该投资协定的违反。

GATT 第 20 条规定,"在遵守此类措施的实施不构成情形相同国家之间的任意或不合理的歧视手段,也不构成对国际贸易变相限制这一要求的前提下,本协定的任何规定不得解释为阻止任何缔约方实施以下措施:(a)为保护公共道德所必需的措施……(f)为保护具有艺术、历史或者考古价值的文物所采取的措施。"TRIMs 也援引了 GATT 的规定,根据 TRIMs 第 3 条规定,GATT 第 20 条有关公共利益的例外也被纳入其中,即公共道德、具有艺术历史或者考古价值的文物等。

GATS 第 14 条规定的例外第 1 项规定,本协定不可解释为阻碍缔约

---

〔1〕 参见石静霞、陈卫东:《WTO 国际服务贸易成案研究》,北京大学出版社 2005 年版,第 5 页。

〔2〕 参见张庆麟主编:《公共利益视野下的国际投资协定新发展》,中国社会科学出版社 2014 年版,第 6 页。

〔3〕 吴岚:《国际投资法视域下的东道方公共利益规则》,中国法制出版社 2014 年版,第 32 页。

方采取它所认为的维护公共道德或者保护公共秩序的必要手段。在“美国博彩案”中,美国援引了第 14 条“公共道德条款”,但专家组认为应当对该条款进行“必要性审查”,具体标准是要“不存在与 WTO 义务相一致或违反程度更低的其他替代措施”,因此,美国没有通过必要性审查。不过,上诉机构推翻了专家组的这一论断,认为应当放宽这种标准,考虑美国要实现的公共道德或者公共政策目标,从有关措施实现美国有关公共政策目标的可行性与有效性来审查必要性要求。[1]

2009 年《东盟综合投资协定》(Comprehensive Investment Agreement, ASEAN)第 17 条规定,“下列措施如果不会造成同一情形下国家及投资者之间任意的或不合理歧视,或者不会形成隐蔽的对国际投资流动的限制的情况下,本协定不得被解释为妨碍缔约方采取或者实行这些措施:(1)为保护公共道德或者维持公共秩序所必须的……(5)为保护具有艺术、历史或者考古价值的国家财产所必须的。”2007 年《东南部非洲共同市场投资合作协定》第 21 条也作出了《东盟综合投资协定》第 17 条第 1 款的同样规定。

概括性一般例外条款一开始应用于国际贸易领域,但是随着 GATS 以及 TRIMs 的陆续签订,贸易与投资之间的关系日益明朗。不少自由贸易区协定和双边投资协定中也包含了这些条款。目前,美国 2012 年双边投资协定范本、加拿大双边投资协定范本序言都增加了公共目的保护条款,正文中也规定了一般例外条款,《北美自由贸易协议》《欧盟与新加坡自由贸易协定》《东南非共同体市场共同投资区投资协定》都体现了对公共利益的关注。

一般例外条款反映出,在国际法层面,一国维护国家文化利益的需要,主要体现在维护公共道德以及文化遗产保护层面。一般例外条款在一定程度上实现了价值平衡。国际投资协定本身就是两个国家之间对于具体投资问题作出的主权让步,作为国际法必然造成与国内法的冲突。

---

〔1〕　石静霞:《WTO 服务贸易法专论》,法律出版社 2006 年版,第 106 页。

一般例外条款为缓和国际法与国内法提供了缓冲地带,为国内必要的投资管制提供了合法的依据。但是这仅意味着国内对特殊领域采取一定的限制措施具有合法性,而并不必然意味着其具有合理性。如果违反了合理性,那就要承担违反条约的义务。一般例外条款的实施均有限度,即要求各国采取的限制措施是“必要的”。

综上所述,维护一国文化利益构成了对文化产业外国直接投资限制的原因。在有关国家对外缔结的条约或国内法的规定中也确认了一国的文化利益。一国出于维护本国公共道德和主流价值观、文化遗产及民族文化认同感等文化上的原因,以及提升本国文创能力和保护幼稚产业发展的原因,需要对外国直接投资予以限制。

第三节　维护公民文化权利

公民享有文化权利。《经济、社会及文化权利国际公约》第 15 条规定,本公约缔约国承认人人有权:参加文化生活;享受科学进步及其应用所产生的利益;对其本人的任何科学、文学或艺术作品所产生的精神上和物质上的利益,享受被保护之权利。本公约各国为充分实现这些权利而采取的措施包括为保存、发展和传播科学和文化所必要的措施。缔约方承担尊重进行科学研究和创造性活动所不可缺少的自由。缔约方认识到鼓励和发展科学与文化方面的国际合作的重要性。有学者根据各项国际人权文书,归纳出 11 项文化权,包括:(1)表达自由;(2)教育权;(3)父母为子女教育的选择权;(4) 参与社区文化生活;(5)保护艺术、文学与科学作品;(6)文化发展权;(7)文化认同权;(8)对少数民族传统与语言及文化遗产的认同与尊重;(9)民族享有与艺术、历史及文化财产有关的权利;(10)抗拒外来文化强加其上的权利;(11)公平享有人类共同文化遗产的权利。[1] 其中第6~11项是集体文化权。

国际法承认公民享有文化权利，国家有保障公民的文化权利的义务。《世界文化多样性宣言》行动计划提议，要促进发展中以及转型期国家信息及传播技术的发展；支持媒介内容的多样化，强调公共广播的作用；帮助发展中国家发展文化产业；支持公民参与旨在保护文化多样性的社会政策的制定。[2]《文化多样性公约》承认了各国有采取文化措施的权利。概言之，各国应当承担以下义务：促进文化发展和公民对文化生活的参与；设立或维护文化基础设施，如博物馆、图书馆、剧院、电影院等，完善公共文化服务；营造良好文化环境，促进个人、群体、地区和国家之间的文化认同；重视国家、民族和少数群体的文化遗产保护，促进民众参与保护与传承非物质文化遗产；在大众传播媒介以及通信、媒体方面采取步骤以推进广大民众参与文化生活；保护知识产权、表达自由、提升创造力；加强文化和艺术领域的基础教育与职业教育，以及其他维护、发展和传播文化的措施等。[3]

在文化产业外国直接投资限制方面，直接与之有关的重要公民文化权利为表达自由与媒体多元化。它也是西方国家在文化产业领域，尤其是传媒产业中十分注重的两项价值。表达自由作为一项基本人权，是指公民能够在不损害他人利益的前提下，将其所见所想公开表达出来的自由状态。这种自由反映在传媒产业中，就是传播媒介能够为公民提供自由表达的畅通渠道和信息交换平台。而媒体多元化包含以下几个方面的内涵，如所有权的多样性、信息来源的多途径和内容的广泛性，不过，媒体

---

〔1〕 Lyndel V. Prott, "Cultural Rights as Peoples' Rights in International Law", in James Crawford ed., *The Rights of Peoples*, Clarendon, Oxford University Press, 1988, pp. 96 - 97.

〔2〕 [新加坡] 阿努拉·古纳锡克拉等主编：《全球化背景下的文化权利》，张毓强等译，中国传媒大学出版社2006年版，第13页。

〔3〕 艺衡等：《文化权利回溯与解读》，社会科学文献出版社2005年版，第12页。

多元化更多的专指媒体所有权的多样性。[1] 表达自由和媒体多元化在立法层面已经得到确立,成为文化产业外国直接投资并购限制中有关立法的重要依据。

规制媒体集中的出发点和最终的归宿是实现更高水平的社会民主。社会民主的构建与公民不断的自我认知和积极参与密不可分,公民希望能够进行更高层次的自我认知和自我表达,在表达自身利益诉求时有更超前的驱动力。而大量的信息交换、多种观点和利益诉求的表达等能够对公民积极参与产生深远的正面影响。在此种意义上,表达自由与媒体多元化对社会民主构建与实现起着不可替代的作用。

一、表达自由

表达自由是一项基本人权。表达自由的根基在于充分的思想市场交换、健全的民主参与以及自我价值的实现。具体来说,充分的思想市场交换能够更大程度上获取知识与真理[2],而信息经过充分的讨论和获取是实现民主参与、民主决策的重要程序,个体只有在信息、意见、观念自由流动的过程中,根据自身情况作出最有利决策,才能充分实现自身价值。[3] 表达自由能够增进知识的获取与交换、维持与健全民主政治、促进个人价值,进而能够实现社会稳定和谐与健康发展以及文化的繁荣。

表达自由的关键就在于信息与观点的充分交换,反映在传媒领域,就要求传媒提供畅通的表达渠道。媒体因而具有 3 个重要功能:(1)为公民提供自我表达的平台;(2)为公民提供大量信息;(3)促进公开民众议论。自由和多元的信息提供渠道能够形成更规范、更清晰的观点,加强政治决

〔1〕 Commission of the European Communities, "Media pluralism in the Member States of the European Union, Commission Staff Working Document [SEC(2007) 32]", Accessed March 5, 2020, at http://ec.europa.eu/information_society/media_taskforce/doc/pluralism/media_pluralism_swp_en.pdf.

〔2〕 参见郑晓松:《技术与合理化——哈贝马斯技术哲学研究》,齐鲁书社 2007 年版,第 261 页。

〔3〕 参见王四新:《表达自由——原理与应用》,中国传媒大学出版社 2008 年版,第 30 页。

策的合法性,[1]也能够为公共议论提供足够的空间,加强公众参与,从而促进不同社会群体之间相互理解,实现更好的决策选择,避免恶意敌对,缓和不同社会群体之间的冲突。

而传媒过分集中将会造成信息传递交换以及表达渠道的不畅通。"媒体所有权过分集中所造成的垄断格局势必威胁到信息民主和公民的表达自由。"[2]美国法学家劳伦斯·莱斯格表示,虽然媒体产业中媒体的数量增多了,但是其所有权也越来越集中。[3] "无论是内容融合、网络融合还是终端融合,都体现了垄断寡头的主导性"。[4] 媒体过分集中,"媒介越来越被少数人控制,大多数人越来越失去表达自己意见的手段和机会",[5]将导致公众的信息来源单一化,思想观点市场受到影响,知情权得不到充分实现,甚至接近媒体的权利丧失。

目前,世界范围内形成了3种媒体体制:以美国为代表的私有制主体市场化组织模式;以欧洲和日本等发达国家为代表的公私并存的组织模式;第三世界国家普遍的政府主导的、国有为主的组织模式。我国属于第三种模式,媒体所有权属于国家,除了政府以外,如果要投资传媒产业,就需要经过严格的行政许可。理论上看,公共机构色彩浓厚的公有媒介会通过媒介融合所带来的利好,充分发挥资源优势,更好地实现表达自由。私有化媒介为了追逐市场利益,不断兼并融合,可能会导致公众信息来源的单一化。许多实现媒体高度私有化的国家一直对此忧心忡忡。尽管我国属于公有媒体为主,但随着我国市场经济的深化发展,同样出现了一些私营媒体,外资媒体也尝试用各种方式进入我国市场,而国有媒体也不断

---

[1] See Diana C. Mutz and Paul S. Martin, "Facilitating Communication across Lines of Political Difference: The Role of Mass Media", *American Political Science Review* 95(1), 2001, p. 110.

[2] 邓瑜:《媒介融合与表达自由》,中国传媒大学出版社2011年版,第98页。

[3] [美]劳伦斯·莱斯格:《思想的未来》,李旭译,袁泳审校,中信出版社2004年版,第122页。

[4] 王菲:《媒介大融合——数字新媒体时代下的媒介融合论》,南方日报出版社2007年版,第189页。

[5] 郭庆光:《传播学》,中国人民大学出版社1999年版,第138页。

转型与改革,但这并不意味着我国就完全不需要考虑媒体过分集中给表达自由所带来的消极影响。

二、媒体多元化

媒体多元化是一个复杂的概念,目前没有统一的解释。媒体多元化与以下几个方面内容相关:(1)自由独立自主的媒体资源是媒体多元化的前提;(2)媒体多元源自宽松自由的公共空间,宽松自由的公共空间为媒体多元提供平台,而媒体多元又拓展了公共空间的范围和自由程度;(3)媒体供给内容的多样性,媒体能够保证公众获得不同的观点,提供多种选择。媒体多元化是所有权、表现形式、信息资源、内容范围的多元。媒体多元化不仅反映观点的多元化,也是实际消费文化产品的多元化。公众可以接触一系列不同的声音与题材、表现形式,而不仅拘泥于所需求的题材与表现形式。媒体多元化还意味着实现文化多样性,尤其是反映社会内部不同族群的差异和文化需要问题上,给予不同民族、不同群体以反映自身文化需要的权利,是媒体多元化实现的重要目标。

尽管媒体集中仅是媒体多元化程度的一个变量,但是其依旧是关键变量。[1] 限制同类媒体和跨媒体集中被看作支持和促进多元化的必要手段。对媒体集中的限制提供了观点传播权利的分配方式,从而避免这种权利落入少数人手中被滥用。意大利前总统贝卢斯科尼(Silvio Berlusconi)就是通过控制媒体而对社会生活产生重大影响的例子。在选举前,贝卢斯科尼利用他拥有的广泛传媒权力,大举实施政治活动,他的第四电视频道(Rete Quattro)晚间新闻已经成了"贝卢斯科尼宣传大会",最终身为媒体巨头的他多次当选意大利总理。这一例子证明了,如果一种声音过于强大,就会造成对民主的践踏,因此有必要对传媒集中予以必要规制。

---

〔1〕 实现媒体多元化还取决于市场规模和富有程度、供应商的多元化、资源整合和产品的多样化,公共政策在其中的作用也必不可少。参见[美]吉利恩·多伊尔:《传媒所有权》,陆剑南等译,中国传媒大学出版社2005年版,第11~21页。

媒体多元化与表达自由的关系是一种衍生关系。媒体多元化是实现表达自由的缩影。多元化的媒体为公民提供了更多接近媒体的机会,也提供了更多样的文化产业服务,还提供了更广阔的表达思想的市场,因此,媒体多元化是表达自由的缩影。不过,媒体多元化也并非表达自由的附属概念,表达自由更倾向于一种政治权利,而多元化还有一丝私法上的意味,即独立于经济寡头控制的多样性,以及对其他社会群体的包容性。如果表达自由提供了表达的可能性,多元化则是提供了自由程度的衡量标尺。

媒体多元化与表达自由并不意味着主流价值观的弱化,多元化与自由必然要在法律和道德允许的范围内充分实现,否则将演化成"不自由"。多元化与表达自由不是绝对的,而是相对的,它要服从于公共利益和价值平衡。

限制媒体集中,除了上述的原因之外,还有经济的原因。媒体过分集中可能会对媒体产业资源配置方式造成消极影响,可能会引起重复投资或者阻碍资本市场充分实现资源有效配置最大化。

三、表达自由和媒体多元化的立法表现

表达自由和媒体多元化作为限制媒体集中的重要理论依据,在国际立法文件和区际立法层面都得到了确认。一些国家和地区的法院还通过一系列案例表明,政府有义务去保证和促进表达自由和多元化。

国际公约将人通过多种媒介获取信息的权利视为表达自由的重要方面,为各国保证和促进媒体多元化提供了国际法依据。《世界人权宣言》(The Universal Declaration of Human Rights)第19条规定,人人享有表达自由的权利,其中包括通过任何媒介、不论国界而接受和传递消息的自由。而《公民权利和政治权利国际公约》第19条第2款规定,人人享有表达自由的权利,其中包括通过他所选择的任何其他媒介寻求、接受和传递各种消息和思想的自由。第19条第3款规定,第2款所规定的权利行使应当受到保障国家安全或公共秩序、公共卫生及道德的必要限制。联合

国教科文组织《文化多样性公约》的序言也强调文化多样性通过思想的自由交流得到加强，思想、表达和信息自由以及媒体多样性使各种文化表现形式得以在社会中繁荣发展。

区际公约同样强调媒体多元化对表达自由的重要作用。《美洲人权公约》第 12 条、第 13 条规定与《公民权利和政治权利国际公约》一致。《欧洲人权公约》第 10 条规定，人人享有言论自由，包括在不受公共机构干预和不分国界的情况下，接受和传播信息和思想的自由。

《欧洲基本权利宪章》[1]第 11 条表达自由和信息自由规定，即任何人都享有表达自由的权利。表达自由包括在不受公共机构干预和不分国界的情况下，接受和传播信息和思想的自由；媒体自由和媒体多样性应当得到尊重。有关媒体自由和媒体多样性的规定衍生自表达自由。[2] 2010 年欧盟《关于视听媒体服务的指令》(Audiovisual Media Services Directive, AVMSD)也明确表示，视听媒体服务对社会民主起到越来越重要的作用，尤其是在保证信息自由、观点主张多样性和媒体多元化方面。[3]

欧洲人权法院也通过一系列案例解释了表达自由与媒体多元化的适用范围与条件。[4] 欧洲法院将"没有多元化就没有民主"作为不证自明的公理和出发点。民主的基本特征就是通过和平对话提供解决国家问题

---

〔1〕 该宪章早在 2000 年 12 月 7 日由欧洲理事会郑重公布，但是当时还尚未具有法律效力。直到 2009 年 12 月 1 日，《里斯本条约》生效，该宪章才发生法律效力。为了加强基本人权的保护，使这些权利更加明确具体，符合时代发展变化，欧盟决定制定该宪章。它囊括了所有欧盟法院判例法所确立的权利、《欧洲人权公约》中的权利与自由、欧盟成员方宪法以及国际法律文件中规定的其他权利。该宪章规定了第三代基本人权。

〔2〕 Explanations Relating to the Charter of Fundamental Rights (2007/C303/02), Official Journal of the European Union 14. 12. 2007, C 303/17.

〔3〕 Directive 2010/13/EU of the European Parliament and of the Council of 10 March 2010 on the coordination of certain provisions laid down by law, regulation or administrative action in Member States concerning the provision of audiovisual media services (Audiovisual Media Services Directive), Official Journal of the European Union 15.4.2010, L 95/1.

〔4〕 Vereniging Veronica Omroep Organisatie v. Commissariaat voor de Media, Case C - 148/91 [1993]; TV10 SA v. Commissariaat voor de Media, Case C - 23/93 [1994]; Vereinigte Familiapress Zeitungsverlags-und vertriebs GmbH v. Heinrich Bauer Verlag, Case C - 368/95 [1997]; Vlaamse Televisie Maatschapij NV v. Commission of the European Communities, Case T - 266/97 [1999].

的可能性[1]《欧洲人权公约》第10条所维护的表达自由,是民主社会最基本的组成要素和条件。第10条并非禁止国家或公权力机构对表达自由予以干涉的行为,"干涉"本身并不构成对第10条的违反,但是"干涉"需要满足一系列条件。

在"伦迪亚信息诉奥地利案"(Informationsverein Lentia v. Austria)中[2],欧洲人权法院明确了国家对表达自由"干涉"的必要性条件。原告是私人电视公司,因为无法获得奥地利政府的广播许可证而起诉奥地利政府,原因是奥地利政府立法中规定只授予奥地利公共广播公司许可,其他的私人小型公司无法获得经营许可,构成垄断行为,违反了《欧洲人权公约》第10条,损害了个人通过多种媒体传递和表达观点的权利。欧洲人权法院支持了原告的观点,国家对言论自由予以限制应当满足两个条件:一是通过法律形式;二是有助于推动社会民主。而奥地利的公共垄断行为对言论自由加以极其严苛的、不必要的限制,违反了该条款的初衷,但这并不是推动社会民主所必须的行为,不利于各种不同观点的表达和传播,构成对第10条的违反。

2008年"美禄德公司和莫夫赛扬诉亚美尼亚案"(Meltex Ltd and Movsesyan v. Armenia)中,[3]欧洲人权法院明确了国家立法和实践中对表达自由限制的明确性要求。美禄德公司(Meltex)在政府组织的投标申请频率过程中失败,致使无法获得频率许可证,该公司认为政府并没有说明其不中标的原因,构成了对《欧洲人权公约》第10条表达自由的违反。欧洲人权法院认为,没有给予该公司频率许可证的确干涉了其自由表达的权利,但是政府是否违法的根源在于是否有"合法依据"。援引以往案例规则,这些法律依据应当是明确的,能够被当事人在合理状态下获取的;法律也应当明确规定可自由裁量措施的程度,以及给予当事人足够对

---

[1] Socialist Party and Others v. Turkey, [1998] ECHR 45, para. 41, para. 45, para. 47.

[2] Informationsverein Lentia v. Austria, [2002] ECHR 785.

[3] Meltex Ltd and Movsesyan v. Armenia, [2008] ECHR 531.

抗自由裁量措施的保护措施，充分披露自由裁量的标准和论证过程。[1]而亚美尼亚政府在作出不予许可决定时并没有达到上述透明度的要求，也没有充分说明不予许可的原因，故不能满足“合法依据”要求，构成了对表达自由的违反。

2009年“马洛勒等诉摩尔多瓦案”（Manole and Others v. Moldova）中，[2]马洛勒（Manole）等人控诉摩尔多瓦政府对公有电视台采取控制言论、影响采编独立等手段，违反了表达自由。欧洲人权法院认为摩尔多瓦政府并没有采取积极的措施维护编辑独立和组织自治，构成了对表达自由的违反。法院强调视听媒体领域中表达自由与多元化的重要性，其中视听媒体独立的采编权、行业自治权占有重要地位。

欧洲人权法院认为，新闻和其他新媒体的自由是发现和形成观点思想的最好方式。新闻媒体应当义不容辞地提供有关政治问题和其他公共利益问题的信息和思想。不仅新闻媒体有提供这些信息的义务，而且公众也有接受这些信息的权利。视听媒体，尤其是广播电视，在这一方面担任十分重要的角色。他们具有通过声音和图像传递信息的能力，比纸媒更具有影响力，[3]也更具有可获取性。社会中强有力的经济或政治群体可以获得对视听媒体的支配地位，进而可能削弱媒体人的采编权，影响表达自由。[4] 但是这种限制应当被证明是有必要的。表达自由的实施不在于国家是否对其予以干涉，而在于是否积极地通过立法或实践予以保护表达自由。[5] 国家应当成为多元化的最终捍卫者。在视听领域，国家有义务去保证：公众能够通过广播电视公平准确地获取大量信息，尤其是不同的政治立场；不能阻止与限制媒体人传播信息和观点。国家应当提

---

〔1〕 Glas Nadezhda EOOD and Anatoliy Elenkov v. Bulgaria, [2007] ECHR 804.

〔2〕 Manole and Others v. Moldova, [2009] ECHR 1292.

〔3〕 Jersild v. Denmark, [1994] ECHR 33, para. 31.

〔4〕 VGT Verein gegen Tierfabriken v. Switzerland, [2001] ECHR 412, para. 73, para. 75.

〔5〕 Özgür Gündem v. Turkey, [2000] ECHR 104, paras. 42 – 46; Fuentes Bobo v. Spain, [2000] ECHR 96, para. 38; Appleby and Others v. the United Kingdom, [2003] ECHR 222, paras. 39 – 40.

供国内法和实践来保证媒体提供多元化服务，尤其是私有媒体十分弱小且不足以提供多样化选择、国有或公有媒体占主导地位时，国家更有义务去提供传递公正、独立和平衡的新闻、信息和观点，提供广阔的公共讨论平台来促进民主。[1] 法院援引欧洲理事会部长委员会的有关文件和建议进一步解释国家对媒体人负有的义务。在1994年《未来公共服务广播1号决议》中，有关成员方应当“保证公共广播服务者的独立性，免于政治或经济干涉”；1996年《保证公共广播独立性》的附件中建议“规制公共服务广播组织的法律框架应当明确规定编辑独立和组织自治”等。

在2012年的“欧洲中心7号和斯特凡诺诉意大利案”（Centro Europa 7 SRL and Di Stefano v. Italy）[2] 中，欧洲人权法院重申了《欧洲人权公约》第10条维护多元化国家所负有的积极义务。1999年，意大利政府授予欧洲中心公司（Centro Europa）经营全国范围内地面电视广播执照，允许其安装和运营模拟电视信号网络，并给予该公司3个频率覆盖全国80%的领土范围，并要求其在24个月之内依照国家有关计划安装完毕。2000年，该公司向国务委员会（Consiglio di Stato）行政法院申诉尚未拿到政府分配的频率，法院2008年作出判决推迟频率分配直到政府完成频率调整计划。在此之前，政府允许现有的电视频道扩展其已有频率，这导致该公司在2009年6月之前都无法进行广播运营。欧洲中心在历经一系列国内救济程序无果之后，申诉到欧洲人权法院。欧洲人权法院认为，为了保证实现民主社会内视听领域的多元化，仅提供现有的频道运营商或者潜在运营商以进入市场的机会是不够的，而应当切实允许有效的市场进入来保证所有内容的多样性，尽可能地反映社会中出现的各种观点。[3] 政府不仅有不干涉表达自由的消极义务，还应当采取行动制定政策促进媒体和信息的多元化。[4] 意大利政府不能提供合理的立法行政

〔1〕 Manole and Others v. Moldova, [2009] ECHR 1292, para. 101.

〔2〕 Centro Europa 7 SRL and Di Stefano v. Italy, [2012] ECHR 974.

〔3〕 Ibid., para. 130.

〔4〕 Ibid., para. 134.

框架,来保证媒体多元化的有效实施,故而构成对《欧洲人权公约》第10条的违反。

从上述案例中可见,欧洲人权法院对表达自由的维护具有较高的标准。国家可以对表达自由予以干涉,但要满足一系列的条件。

综上所述,公民享有文化权利,其中表达自由与媒体多元化是公民文化权利的重要体现,这在一些国际条约和案例中也得到确认与彰显。

本章小结

在文化产业领域,外国直接投资相比于其他产业领域的投资受到更多限制的原因在于,文化产业的特殊性要求要保护文化多样性、维护国家文化利益和公民的文化权利。这也构成了文化产业领域外国直接投资的特殊性。

保护文化多样性、维护国家文化利益和公民文化权利之间是相互交织的关系,其分别体现了三个层面的侧重点。保护文化多样性是在国际社会层面,一国作为独立主权国家,相对于其他主权实体所要维护的特有的文化认同感,是一个国家在国际社会中的个性体现。而维护国家文化利益是从国家层面,国家作为个体,从本国文化和经济发展的角度出发,需要维护的主流价值观、民族文化认同等文化上的利益,以及本国文化产业发展、文创能力的提升等产业的利益,且文化与产业之间的利益密不可分,相辅相成。公民文化权利是从国家中的个人角度出发,尤其是在文化产业领域所需要维护的表达自由与媒体多元化,构成文化产业外资并购限制的重要原因。保护文化多样性是维护国家文化利益、保护公民文化权利所要实现的目标,文化多样性体现在国家和个人层面即为国家的文化利益、公民的文化权利,国家为了保护文化多样性、本国文化利益和公民文化权利,有权对文化产业领域的外国直接投资予以限制。

第三章　文化产业外国直接投资准入的清单模式

文化产业投资已经在国际投资领域已经占据越来越重要的地位，对其的法律规制成为无法回避的问题。由于各国经济水平、产业发展的程度，以及不同国家的文化特征不同，文化产业领域的外国直接投资准入，在准入的领域、准入的程度等问题上难以协调统一，在国际法层面，尚没有专门的国际公约规制，有关国际条约通过作出具体的开放外资准入的承诺、负面清单或者规定概括性排除文化产业条款等方式作出保留，将有关文化产业外国直接投资准入问题留给各国国内法规制。在各种保留方式中，以美国为首的一些国家开始推行负面清单模式，并在其对外缔结的双多边协定中大量使用，意图扩大外资准入领域的范围，提高准入程度。一些国家为了与发达国家接轨，在国内法层面也开始尝试采用负面清单的模式管理本国外资准入事项。

文化产业领域内外资准入清单设置相比于其他行业具有明显的特殊性，呈现出了多样化、复杂性的特点。

首先，清单模式选择的多样化。有以 GATS 为代表的正面清单模式，也有以 FTA 或 BIT 为代表的负面清单模式。正面清单对文化产业内的具体部门做出准入承诺，而没有列入清单的部门则意味着不予外资准入；负面清单则是通过列明部分开放或不予开放的行业和部门，对没有列入清单的行业和部门实行完全的外资准入。

其次，清单设置方式的多样化。从当前国际社会实践来看，即使选定了正面或负面清单的模式，对清单的具体设置也存在不同做法。

最后，清单设置考虑因素的复杂性。复杂性的原因之一在于文化产业的内涵广泛。文化产业所容纳的行业和领域众多，并非所有的行业和领域都对国家文化利益至关重要，它与科技发展关系紧密，未来可能容纳的行业和领域以及开放的风险不可预估。另外，一些国家在国内法层面也采用负面清单模式，[1] 这与双边、多边条约中的负面清单设置又有所不同，其所包含的内容、形式、透明度要求也不同，为清单设置的选择增加了难度。因此，文化产业外资准入的清单设置需要考虑行业特色、未来发展、法律渊源、透明度等众多因素，故呈现出复杂的特点。

文化产业具有灵活性、开放性和包容性，产业类别下容纳的行业和领域多种多样，科学技术的发展也为产业类别的扩展提供了更广阔的空间，这意味着该领域外资准入清单的设置并非易事。文化产业领域内的外资应当选择哪种清单模式、涵盖哪些行业和领域才能够既实现产业充分快速发展又维护国家文化利益与安全，兼能为未来出现的行业领域留有足够发展空间？产业发展和国家文化利益的平衡是文化产业外资准入清单设置的目标，更是难点所在。

第一节　正面清单模式

正面清单模式是早期贸易与投资协定中最常见的清单模式，即使负面清单模式已经得到广泛的适用，但由于文化产业的特殊性，正面清单模式并没有就此被冷落，依旧有一些贸易投资协定在通篇采用负面清单的情形下，对文化产业设置专章，采用正面清单模式予以规制。

---

〔1〕 目前有一些国家在国内法层面采用负面清单的模式，如菲律宾、印度尼西亚、巴林王国等。相关学术研究论文，参见申海平：《菲律宾外国投资“负面清单”发展之启示》，载《法学》2014年第9期；顾晨：《印度尼西亚“负面清单”改革之经验》，载《法学》2014年第9期。

一、传统型正面清单模式

现有不少国际条约采用正面清单的模式，对开放的文化产业领域作出有限的承诺。WTO 框架下的 GATS 是采用正面清单模式的典型代表。也有一些自贸区协定或双边投资协定中采用正面清单模式对文化产业的有关领域作出承诺。正面清单有以下几个组成部分：具体承诺开放的部门、对该部门市场准入的限制措施、对该部门国民待遇的限制措施以及最惠方待遇例外等。

（一）《服务贸易总协定》的有限承诺

GATS 项下各国作出的承诺主要采用“正面清单”模式，即对承诺的项目予以开放，开放的程度视各方承诺具体内容而定。成员方主要对 3 个方面作出承诺，即市场准入、国民待遇和最惠方待遇例外。成员方需要对 4 种提供服务的形式（跨境提供、跨境消费、商业存在和自然人存在）作出承诺。有关文化产业的承诺主要集中在两个领域，承诺表第 2 类 D 项的视听服务（audiovisual services）和第十类娱乐文化体育服务（recreational, cultural and sporting services），第十类中不包括视听服务。介于 GATS 中与投资有关的服务形式主要为商业存在，因此，在本部分主要以上述两个领域中商业存在形式为研究对象，主要研究文化产业有关领域中商业存在形式的市场准入、国民待遇和最惠方待遇的具体承诺。

GATS 要求每个成员方对其他成员方的服务和服务提供者所给予的待遇不能低于在具体承诺表中同意和列明的条款、限制和条件。作出承诺的成员方并不在文化产业有关领域内实现全部市场准入和国民待遇。成员方为了保护国内的政治、经济、文化安全，另一方面也为了本国文化企业拥有更多的发展机会，对市场准入和国民待遇作出一定程度的保留。第 16 条第 2 款规定了六种禁止采取的市场准入限制措施。[1]

---

〔1〕 这六种限制措施包括：限制服务提供者的数量；限制服务交易或者资产总值；限制服务业务总数或者产出量；限定特定服务部门或服务提供者的雇佣人数；限制企业的法律组织形式；限制外国资本投资服务企业。

在市场准入方面，主要是对商业存在的形式作出有限承诺，限制措施的第五种是限定服务提供者通过特定的企业形式提供服务。实践中东道方多是规定外国投资者通过商业存在方式提供服务时，应当采取合资或者合作、设立子公司的企业形式，而不是独资、设立分支机构等企业形式。第六种措施是限制外资对特定服务提供的参与程度，通过设定外国股权的最高百分比、最高投资总额等方式来限制外资对本国服务市场的参与程度。实践中，这种参与程度的限制往往与企业形式的限制结合在一起，尤其是在国内敏感部门或者需要保护的幼稚产业领域。

在国民待遇方面，有的是对本国、本地区内容、语言使用或者雇佣本地艺术家有配额要求，还有对少数民族语言文化或本国、本地区幼稚产业予以特定补贴。成员方也出于特殊文化利益考虑，对最惠方待遇提出例外保留，在其承诺的内容中不提供对第三国的最惠方待遇，而对特定国家和地区提供优惠待遇。主要是为了保证双边或者多边投资条约或条款的优先效力，也有的是为了维护特定地区如北欧、欧盟保护同一类型文化与族群的特殊利益，也有的成员方要求在放开的领域只有互惠才能达到较高的准入标准。

1. 视听服务

根据从 WTO 官方网站上收集到的数据，[1] GATS 产业分类中第二类是通信业，其中 D 项是视听服务。视听服务包括：(A) 电影和电视录像制作和分销服务；(B) 电影放映服务；(C) 广播电视服务；(D) 广播电视传送服务；(E) 录音服务；(F) 其他。视听服务是 WTO 成员方作出承诺最少的部门。作出承诺的多为视听服务发达的国家。对电影有关的服务作出的承诺要比对广播电视有关的服务多得多。

有成员方对境内商业存在的组织形式作了例外承诺。有承诺只能采取分支机构形式，如印度；有承诺只能采取法人形式，如俄罗斯，俄罗斯还

---

〔1〕 Statistic from WTOservices, Accessed March 2, 2020, at http://i-tip. wto. org/services/searchresultgats. aspx.

涉及一定程度的公共利益考量。

有成员方规定了对外资比例和雇佣人员的限制,还有对外资并购的限制。美国对视听服务的全部领域作了开放承诺,包括电影与录像的制作分销、电影放映、广播电视及传送、录音以及其他视听服务。但在上述领域,美国并非没有任何限制,主要有以下两种限制:第一,跨媒体集中的限制,[1]在广播电视传送上,单个企业禁止在同一本地市场拥有大型的跨报纸、广播和电视的媒体集团。第二,外国投资股权比例限制。广播和电视执照不能发放给:外国政府;非美国公民担任高管、超过20%股份由非美国公民所有的,依照外国法律成立的公司;根据美国法成立的企业,其超过25%的股份由非美国公民或外国政府所有,或是由非美国公民持有超过25%股份的公司所有。

有的成员方还要求互惠。如进入意大利的外国资本或超过公司资本或者投票权的49%需要互惠。还有的成员方要求共同体内部追求文化目标而制定的各项措施、行动计划的例外。这一点在北欧和欧盟尤为突出。由于这些国家之间存在相对高的文化认同,国内市场又相对狭小,因而出于共同利益考虑,这些国家之间会相互提供便利条件。

2. 娱乐、文化及体育服务

GATS产业分类中第十类产业是娱乐、文化和体育服务(排除视听服务,因为视听服务落于第二类通信业下D项),分为A、B、C、D、E 5个子项目。A是娱乐服务,包括剧院、现场乐队、马戏服务;B是新闻机构服务;C是图书馆、档案馆、博物馆或其他文化服务;D是体育和其他娱乐服务;E是其他类型。对A类作出承诺的有49个国家,对B类承诺的有31个国家,对C类承诺的有23个国家,对D类承诺的有4个国家,对E类承诺的有4个国家。澳大利亚对B和D子项作了承诺,日本对A、B、C、D 4个子项作了承诺,新加坡对C子项作了承诺,我国台湾地区对B和D子

[1] 跨媒体集中限制是指在媒体领域,为了防止媒体过分集中垄断对社会言论和公众知情权造成不良影响,对特定实体同时拥有不同媒体种类和类型予以一定限制的制度。跨媒体集中限制制度是外国投资并购媒体领域中十分重要的问题,这一制度在后续章节会有详细讨论。

项作了承诺,美国对 A、B、C、D 4 个子项作了承诺。[1]

有成员方对外资进入本地新闻媒体行业的资本、股权或投票权作出限制。欧盟国家中,法国要求外资参与法语出版印刷公司的资本或投票权不能超过 20%。意大利对日报出版和广播领域适用特殊的反集中规则,对跨媒体所有权也有特殊的限制。外国企业不能控制出版或广播企业,外国资本不能超过 49%。葡萄牙对外国自然人或法人参与出版企业,包括报纸行业,其资本不能超过 10%,并不享有投票权。新闻公司在葡萄牙注册为"Sociedade Anónima"(股份公司),应当有记名股票形式的社会资本。

有的成员方为了促进本国艺术家能够拥有更多就业机会,要求有本国艺术家的数量配额。还有的成员方为了保证媒体领域能够受到国家有效监管,要求公司的高管应当具有本国国籍。秘鲁对娱乐服务作了承诺,包括戏剧制作、合唱团、乐队、管弦乐服务;作家、作曲家、雕刻家、演艺人员以及其他个人艺术家提供的服务;其他辅助的戏剧服务;马戏、游乐园等类似服务;舞厅以及跳舞指导服务。在市场准入的商业存在方面,秘鲁对现场娱乐规制的法规是第 19479 号法令和最高 13 - 87 - ED 号法令。在公共场所的艺术生产和娱乐表演,秘鲁籍表演者的比例不低于 80%,其他的 20% 为外国人,但应当持有艺术家执照或具有相应许可与资质,外国演出团体除外。俄罗斯在新闻机构商业存在的市场准入方面要求,大众传媒的建立者应当是俄罗斯的公民。娱乐服务的商业存在市场准入应当是俄罗斯法人。也有成员方提出互惠要求。欧盟对新闻机构服务提出最惠方待遇的两项例外:进入法国市场需要互惠;外国参股法国从事法语出版物服务的公司,如果资本或投票权超过 20%,其市场准入需要互惠。[2]

虽然参与 GATS 的国家和地区中已经有不少陆续放开了有关行业服

---

〔1〕 Statistic from WTO services, Accessed March 2, 2020, at http://i-tip.wto.org/services/ReportResults.aspx.

〔2〕 Statistic from WTO services, Accessed March 2, 2020, at http://i-tip.wto.org/services/SearchResultGats.aspx.

务的市场准入,但 WTO 并不止步于此,而是寻求更加开放的准入与合作。在始于 2000 年 1 月的新一轮磋商中囊括了视听服务。美国、瑞士和巴西均提交了有关视听服务的磋商建议。2005 年有关视听服务的联合声明由我国香港特别行政区、日本、墨西哥、我国台湾地区和美国共同作出。代表们呼吁视听服务的进一步自由化,并提出了希望放开的有关措施,如内容份额、所有权限制的“经济需要测试”(利用经济标准来决定是否批准市场准入)、国籍或者住所地要求、最惠方待遇例外等。代表们承认视听作品所包含的经济和文化属性。[1]

(二)自由贸易协定或投资协定的承诺

目前一些自由贸易协定或者投资协定中依旧采用了正面清单的模式,其内容也和 GATS 承诺中包含的内容基本一致,包括具体承诺部门、对市场准入和国民待遇的限制规定,以及最惠方待遇的例外。

《中国与韩国自由贸易协定》中的中韩两国依旧采用正面清单模式。韩国在出版服务方面,排除了报纸和期刊出版,没有其他限制。在视听服务方面,承诺了电影和录像制品生产和分销服务以及录音制品分销服务,予以全面准入和国民待遇,但不包括有线电视广播服务。中国与新加坡、新西兰、秘鲁的自由贸易协定采用的也是正面清单具体承诺表方式。

2015 年生效的《智利与泰国自由贸易协定》同样采用正面清单模式,不过,其中开放的文化产业领域非常少。如在“体育和其他娱乐服务”项下,智利承诺在国民待遇方面,国内法可能存在对外资投资体育企业的所有权份额限制。泰国承诺在广告行业的完全外资准入。[2]

值得注意的是,欧盟对外谈判与签订的 FTA 中也有部分采用正面清单模式,明确排除视听服务的适用,而文化产业中其他行业和部门的外资准入依照相关承诺。在 2011 年生效的《欧盟与韩国自由贸易协定》中采

---

〔1〕 See Chairman to the Trade Negotiations Committee, Special Session of the Council for Trade in Services, World Trade Organization TN/S/20, adopted on 11 July 2005, p. 8.

〔2〕 See Free Trade Agreement between Chile and Thailand.

用正面清单模式,第 7.4 条"范围与定义"明确规定排除视听服务,[1]交由韩国与欧盟签订的文化合作议定书规制。[2] 类似的还有已经谈判结束的《欧盟与新加坡自由贸易协定》第 8.3 条、[3]《欧盟与越南自由贸易协定》"服务、投资和电子商务"子协议第二章"投资"中第 1 条第 2 款[4]等。

二、文化产业例外正面清单专章

我国对来自港澳台地区的投资,除专门规定外,参照适用我国有关外资准入的规定。我国内地与我国港澳台地区也签订了一系列的经贸关系安排,尤其引人注目的是 2015 年《内地与香港 CEPA 服务贸易协议》,虽然整体采用了负面清单模式,但对文化产业、电信产业设置专章,依旧采取正面清单模式。

2015 年 11 月 27 日,内地与香港特别行政区签署了《CEPA 服务贸易协议》,该协议是首个内地全境以准入前国民待遇加负面清单方式全面开放服务贸易领域的自由贸易协议。但是该协议中内地承诺表 4 是文化专章,依旧以正面清单方式规定开放措施。《CEPA〈服务贸易协议〉常见问题》中解释了为何在通篇采用负面清单模式背景下,对文化服务领域却依旧采用正面清单的模式。由于文化服务领域的开放在任何自由贸易协议中都是较为敏感的内容,这些领域有特殊的行业属性,相关的法律法规繁杂,监管压力大,同时还可能涉及公共利益和安全,因此,继续采用正面清单方式开放。[5]

---

[1] See 2011/265/EU, Council Decision of 16 September 2010 on the signing, on behalf of the European Union, and provisional application of the Free Trade Agreement between the European Union and its Member States, of the one part, and the Republic of Korea, of the other part.

[2] See Protocol on Cultural Cooperation, Official Journal of the European Union 14.5.2011.

[3] See Free Trade Agreement Between the European Union and the Republic of Singapore, Authentic Text as of May 2015.

[4] See EU-Vietnam Free Trade Agreement: Agreed text as of January 2016, Trade in Services, Investment an E-Commerce.

[5] 详细内容,参见《CEPA〈服务贸易协议〉常见问题》,载我国香港特别行政区工业贸易署网站:http://www.tid.gov.hk/tc_chi/aboutus/faq/files/FAQ_Chi.pdf,最后访问日期:2020 年 3 月 19 日。

在文化服务方面,该协议是在《内地与香港 CEPA 关于内地在广东与香港基本实现服务贸易自由化的协议》先行试验的基础上形成的,该协议约定双方同意就逐步减少歧视性措施保持磋商。内地承诺的文化领域专章包括印刷出版服务、图书、报纸、杂志、文物的批发和零售、音像制品分销、电影院服务、有线电视技术服务、华语和合拍影片、合拍电视剧、电影制作、文娱服务、图书馆档案馆博物馆和其他文化服务等服务。该协议囊括了以往 CEPA[1] 中的有关承诺,并在文化及娱乐方面有以下新发展:对于同一香港服务提供者如果在内地累计开店超过 30 家,如经营商品包括图书、报纸杂志等商品,且上述商品属于不同品牌,来自不同供应商的,允许其以独资合资形式从事图书报纸杂志的零售服务,不再受以前股权比例 65% 的限制;允许在广东独资设立娱乐场所;允许香港服务提供者在内地从事游戏游艺设备销售服务。[2]

综上所述,正面清单作为文化产业外资准入管理制度中最为传统和占据重要地位的准入模式,其逻辑的基点是"以不准入为原则,准入为例外",能够很好地把握住对外资开放的节奏,也能够最大限度地防止和减轻由于外资的大量涌入而对本国或本地区文化利益和文化多样性造成的损害。故而,这种清单模式在国内法规定重重限制的文化产业领域备受青睐,就连通篇采用负面清单模式的《内地与香港 CEPA 服务贸易协议》都对文化产业设置了正面清单专章,可见,采用正面清单在文化产业外资准入管理模式中早已成为根深蒂固的做法。

---

〔1〕 内地与香港特别行政区自 2003 年起就开始签订经贸协议,并不断开放和扩大服务贸易范围,截至 2012 年共签署了 9 个补充协议,陆续作出了 9 个《内地向香港开放服务贸易的具体承诺补充和修正》。内地与澳门特别行政区自 2004 年开始签订经贸协议,截至 2012 年共签署了 9 个补充协议,陆续作出了 9 个《内地向澳门开放服务贸易的具体承诺补充和修正》。这种协议是在一国领土内的不同关税区之间的协议,不同于在其他不同国家之间不同关税区之间的协议。中华人民共和国的全部关税领土是指"内地全部关税领土",不包括香港特别行政区关税领土、澳门特别行政区关税领土以及台湾、澎湖、金门、马祖关税区(中国台湾地区)。

〔2〕 参见《内地与香港关于建立更紧密经贸关系的安排》附件一"内地向香港开放服务贸易的具体承诺",载我国香港特别行政区工业贸易署网站:http://www.tid.gov.hk/tc_chi/cepa/legaltext/files/sa27-11-2015_annex1_c.pdf,最后访问日期:2020 年 3 月 19 日。

伴随着进一步开放服务贸易和投资自由化的呼声，原是“铁板一块”的文化产业领域也出现了松动，文化产业领域的外资准入水平也越来越开放，正面清单列举的部门和措施也可能越来越长。另外，从国际上正面清单普遍规定的内容来看，多是列举或者笼统概括对领域内国民待遇、市场准入和最惠方待遇的限制，并没有披露限制措施所依据的国内法规定，甚至没有披露详尽的限制措施，因此在透明度要求上普遍偏低。

第二节 负面清单模式

负面清单模式总是与“国民待遇提前至外资准入前阶段”相联系。早期国际投资条款中东道方承诺是基于外国投资者准入后国民待遇，在外资进入本国或本地区之后，在运营阶段予以保护，保证东道方不会滥用征收行为，对征收行为予以相应赔偿和补偿。晚近以来，国民待遇范围开始延伸到了准入前阶段，[1]外国投资在设立、并购、扩大、运营方面都享有与国民同等待遇。这从侧面反映了经济全球化和资本自由流动的需求，外资在进入一国时意图尽可能不受限制。然而，对一国需要保护的幼稚产业或需要维护的敏感行业，则要作出保留，保留的形式即负面清单模式。在负面清单内的行业，缔约方对其投资与贸易作出对不符措施的保留，在负面清单外的行业一律实现自由化。而对于文化产业，是否适合采用负面清单的方式予以规制，可能尤其需要谨慎。新加坡—澳大利亚FTA被澳大利亚媒体娱乐艺术联盟(The Media, Entertainment & Arts Alliance, MEAA)视为较好的负面清单保护范本。2015年2月在其呈递

---

[1] 有学者指出，这种“准入前”的国民待遇，应当是“市场准入的国民待遇”，“待遇”总是与特定事项相联系，“准入前国民待遇”也要明确在何种事项上给予内资外资相同待遇，目前从美国的投资范本上看，与设立、并购和扩大方面相联系的待遇，仅依靠时间先后来表述，是难以确定有关国家在国民待遇上的权利义务。但是将国民待遇前置到市场准入阶段，也不意味着外资可以在市场准入阶段享受与东道方投资者相同的待遇，因此需要与负面清单相结合，对那些不能在市场准入阶段予以国民待遇的领域列出清单。参见车丕照：《中国(上海)自由贸易试验区的“名”与“实”——相关概念的国际经济法学解读》，载《国际法研究》2014年第1期。笔者十分赞成这种观点，但为了叙述方便，依旧采用“准入前国民待遇”这一表述。

给澳大利亚外事贸易部(The Department of Foreign Affairs and Trade, DFAT)关于条约缔结的文书中,MEAA 明确提出,正面清单对文化产业的保护程度更加适当,如果政府追求负面清单形式,则更应当深思熟虑提供保护。负面清单应当明确规定广泛的文化例外或保留,具体应当考虑以下因素:技术中立(technology neutral);允许政府未来采取保护性立法,以适应未来科技发展;允许政府采用保护性干预,以维持、加强文化产业有关部门的发展、制造、分配等。[1]

一、国际条约中的加减码清单相结合

现有的国际条约实践中,一般都同时规定两种类型的负面清单:一种是清单内所列的行业,现有国内法对其规定的限制措施与条约规定义务不符,多规定于附件Ⅰ,为“既有措施清单”(以下简称减码清单);另一种是清单内的行业,对事后政策法律的更新没有限制,可以继续保持原状,也可以更加严格,规定在附件Ⅱ,为“可变措施清单”(以下简称加码清单)。[2]

(一)减码清单

减码清单在形式上主要列举了以下内容:文化产业中具体禁止或限制的部门;涉及违背条约中的具体义务如国民待遇、最惠方待遇、履行要求等;不符措施所依据的国内法规定名称;不符措施的详细描述。

以美国为例,美国对无线电的国民待遇作了保留,保留限制无线电执照所有权份额的权利,其中无线电包括广播。在美墨加协定中,负面清单I(减码清单)—美国中规定,美国限制无线电执照的持有份额,无线电站许可不授予外国政府或外国政府代表机构;广播电台、普通承运人或航空

---

〔1〕 See Media Entertainment & Arts Alliance, “Commonwealth's Treaty-making Process Submission”, Accessed March 2, 2020, at http://www.aph.gov.au/DocumentStore.ashx?id=014f5ecf-f22b-40b6-af3b-8ad7fc04245f&subId=304160.

〔2〕 See Gilbert Gagné, “*Free Trade, Cultural Policies, and the Digital Revolution: Evidence from the U.S. FTAs with Australia and South Korea*”, *Asian Journal of WTO and International Health Law and Policy* 9, 2014, p.265.

承运人电台执照的持有人不能是外国人、根据外国法成立的公司、外国人或外国公司持有15%以上股份的公司;除公共利益要求外,若某公司直接或间接地被另一公司控制,而该控制公司的1/4的股权或投票权由外国人、外国政府或代表机构、外国公司持有,则不能授予广播许可。[1] 2008年美国与卢旺达的双边投资协定也作了类似规定。美国在媒体领域,尤其是广播电视行业依旧予以保留,在无线与广播执照方面,依照美国法典以及FCC的有关规定。[2] 美国与乌拉圭在2006年生效的投资协定附件Ⅰ的规定,乌拉圭对平面媒体(print media)作出保留,只有乌拉圭籍人才能担任乌拉圭报纸、杂志、期刊的责任编辑或经理。在广播电视方面,免费无线电视和广播服务只能够由乌拉圭籍人提供,所有提供广播服务的广播企业的股东或者合伙人应当是在乌拉圭有住所的乌拉圭国人。广播企业的高管、董事会成员、责任编辑或经理应当具有乌拉圭籍,付费订阅电视企业的责任编辑或经理应当具有乌拉圭国籍。

再以澳大利亚为例,2004年订立的《美国—澳大利亚自贸协定》已经极力平衡注重文化多样性的澳大利亚与自由市场至上的美国之间的利益。《美国—澳大利亚自贸协定》附件Ⅰ规定,[3]澳大利亚政府对涉及报纸、广播、通信等媒体行业对外国投资进行审查。具体为:(1)在通信领域,外资比例不超过35%,外国个人投资比例不超过5%。董事会主席和高管应当具有澳大利亚国籍,且该企业的总公司、主要营业、公司注册地应当在澳大利亚。(2)在广播领域,外国人不能享有商业电视广播执照的控制权。两个或两个以上的外国人不能享有超过20%的公司利益,公司外国高管人数不能超过总数的20%。外国个人不能享有超过公司付费电视广播执照利益的20%,如果是多个外国人,总比例不超过35%。(3)在

---

〔1〕 See Agreement between the United States of America, the United Mexican States, and Canada, Annex I Investment and Services Non-Conforming Measures-United States, adopted on 30 May 2019.

〔2〕 See 47 U. S. C. 310 and Foreign Participation Order 12 FCC Rcd 23891(1997).

〔3〕 United States-Australia FTA, Annex I-Australia, adopted on 2005.

报纸领域,对国家级或者大都市级别报纸的外国直接投资(不包括投资组合)最大比例为30%,如果是个人则最多不超过25%。对地区级或者乡村城郊报纸的最大比例则不超过50%。

2007年订立的《美韩自由贸易协定》(KORUS)中,韩国在附件Ⅰ中大量的规定了文化产业的内容。在通信领域,外国政府及其代表、外国个人不能获得或者持有广播站执照,外国人不能提供跨界的公共通信服务,除非与韩国本土有资格的服务提供商签订商业协议。在韩国的外国新闻机构不能由下列人员设立:(1)外国政府;(2)外国个人;(3)根据韩国法设立的企业其CEO没有韩国国籍或在韩国没有住所;(4)外国人持有韩国企业25%以上的利益。外国公民或者韩国公民在本地没有住所的,不能担任新闻机构的编辑或者CEO、韩国联合通讯社(Yonhap News)的高管或者新闻机构促进委员会(News Agency Promotion Committee)成员。[1]期刊出版企业的发行人或者主编应当具有韩国国籍。外国政府或个人、依照韩国法设立的企业的CEO无韩国国籍或者该企业外国人持有超过50%的股份或者利益,不能在韩国出版期刊。在获得韩国文化旅游观光部(Culture and Tourism of South Korea)部长的授权之后,外国期刊出版商可以在国内设置分支机构。外国政府或者个人,不能持有:(1)地面广播运营商、有线中继系统运营商、多种类型节目或新闻播报提供商的企业利益;(2)卫星广播服务运营商超过33%的总发行股票权益或企业利益;(3)有线系统运营商、信号传输系统运营商、非从事多类型节目或新闻播报节目服务提供商的超过49%的总发行股权权益或企业利益。在FTA签订三年之内,韩国允许"拟制外国人"(deemed foreign person)[2]在非从事多类型节目或新闻播报、家庭购物服务提供商持有100%企业利益。出于透明度目标,个人不能持有地面广播运营商或从事多类型节目或新闻播报服务提供商超过30%的总发行股权权益或企业利益。[3]

---

〔1〕 United States-Korea FTA, Annex I-Korea, adopted on 2012.

〔2〕 是否为"拟制外国人",取决于该企业持有的外国投资股份或者利益比例。

〔3〕 United States-Korea FTA, Annex I-Korea.

(二)加码清单

加码清单中列举了那些将来可能出台新的或者更加严格措施的领域。其在形式上包括具体部门、涉及的条约义务、不符措施的描述。与减码清单的形式相比,加码清单缺少列举国内法依据这一项。由于加码清单中所涉领域的限制措施可能发生变化,因此尚且无法将有关国内法依据一一列明,故仅在清单中作出不符措施的描述。这种清单的好处在于,对那些发展迅速的又与国家利益息息相关的领域,可能目前尚无法预见到将来出现的新型服务形式,故有必要予以列明,为将来出台限制措施留有余地。这种清晰明了的形式,一方面提高了缔约国之间对未来限制措施的可预见性,另一方面也降低了缔约成本,缔约国之间不用在因为国内法措施的修改而再进行冗长的谈判磋商。这种形式尤其适合文化产业这种发展迅速又关涉国家利益的领域,从有关实践也可以看出,在加码清单当中,对文化产业有关部门的列举相比其他产业在数量上有绝对优势。

例如,《美国与韩国自由贸易协定》中,韩国对广播服务的国民待遇、履行要求、高管与董事会组成、市场准入作出保留。规定将来可能出台限制跨媒体集中的措施、要求广播服务提供商的董事会组成成员为韩国国籍或永久居民等。在加码清单中,相对于其他行业,韩国对文化产业领域的有关服务作出最多的保留,涉及广播服务、视听服务、数字音频与视频服务、报纸出版、动画片及广告后期制作、博物馆及其他文化服务等十余项文化产业具体领域。[1] 在美国与乌拉圭的双边投资协定中,在负面清单附件Ⅱ中,乌拉圭保留采取或维持任何有关组织或发展国家传统节日的权利,美国保留有关有线电视的权利,即采取或维持对任何国家的公民限制有线电视系统所有权的平等措施。[2]

大多数的区域贸易或投资协定都同时将文化产业的不符措施规定在

---

〔1〕 Free Trade Agreement between the United States of America and the Republic of Korea, Korea Annex Ⅱ: Non-Conforming Measures for Services and Investment.

〔2〕 See Treaty between the United States and the Oriental Republic of Uruguay Concerning the Encouragement and Reciprocal Protection of Investment, adopted on November 2005.

加码清单和减码清单中,但重点列明保留未来出台文化产业限制措施在加码清单当中却占有不少篇幅。2017 年修订后的《新加坡—澳大利亚自贸协定》中,减码清单中澳大利亚只用一页列举了娱乐文化和体育产业的本地化要求,而在加码清单中,则用 1/7 达 4 页以上的篇幅,详细列举了娱乐文化体育产业、广播和视听服务未来可能出台的不符措施。在通信服务、娱乐文化和体育服务方面,澳大利亚有权在以下领域采取或维持有关措施:创意艺术、文化遗产及其他文化产业,包括视听服务、娱乐服务与图书馆、档案、博物馆及其他文化服务;广播与视听服务,包括规划、许可与频谱管理方面的措施。[1] 新加坡将“广播、娱乐和文化服务”列入负面清单,保留对创意艺术、文化遗产以及其他文化服务采取措施的权利,并未披露现有措施和所依据的具体国内法律规定名称。[2]

二、国际条约中概括性排除文化产业适用

注重文化产业发展的加拿大,虽然也在对外缔结的条约中采用负面清单形式,但是依旧沿袭以往传统,概括性地将文化产业从条约中整体排除。早在 1989 年《美加自由贸易协定》中,第七部分“其他条款”的第 2005 条第 1 款规定,本协定排除文化产业,并在第 2012 条阐述了文化产业的定义。文化产业是指下列活动:(1)出版、分销、销售书籍、杂志、期刊、报纸(纸质版以及其他方式可读版本),但不包括纯粹的打印和排版行为;(2)生产、分销、销售或展览电影及视频录像;(3)生产、分销、销售或展览音像制品;(4)出版、分销、销售、展览或其他可读形式的音乐;(5)公共接收的无线电通信、所有的广播电视、所有的卫星节目和广播网服务。[3] 1994 年《北美自由贸易协议》第 20 章第 2107 条[4]中也继续沿袭

---

〔1〕 See Singapore-Australia FTA, Annex 4-Ⅱ(A) Australia's Reservations to Chapter 7(Trade in Services) and Chapter 8(Investment).

〔2〕 See Singapore-Australia FTA, Annex 4-Ⅱ(B) Singapore's Reservations to Chapter 7(Trade in Services) and Chapter 8(Investment).

〔3〕 See Canada—U. S. Free Trade Agreement, article 2012.

〔4〕 See The North American Free Trade Agreement.

了其规定。《中国与加拿大政府关于促进和相互保护投资的协定》第四部分第33条[1]也作了同样规定。

在2014年生效的《加拿大—洪都拉斯自贸协定》中,整个协定采用负面清单模式,但依旧在第22.7条中明确排除文化产业领域投资的适用。[2] 类似的规定如2015年生效的《加拿大—韩国自贸协定》第22.6条。[3] 2013年生效的《加拿大与巴拿马自贸协定》第23.06条、[4]2009年《加拿大与秘鲁自贸协定》第2205条。[5] 且各协定中对文化产业概念的界定与前述文化产业定义一致。

不过需要注意的是,尽管《加拿大—韩国自贸协定》中排除了文化产业,但是韩国依旧在附件Ⅱ"对未来措施的保留"中对加拿大文化产业定义范围外的文化产业领域做了保留,如博物馆及其他文化服务、动画制作、广告、报纸出版、数码视听服务等。

主张排除视听服务的欧盟和主张排除文化产业的加拿大在缔结自贸协定时产生了特别效应。在欧盟与加拿大之间的自贸协定中,在加拿大要求下,欧盟第一次采用负面清单形式缔结自由贸易协议。该协定第8.2条"范围"第3款规定国民待遇、最惠方待遇、市场准入、履行要求等条款不适用于欧盟的视听服务和加拿大的文化产业,并且在协定第一章第1.1条中对文化产业作了界定。[6] 该协定将"概括性排除文化产业适用"的做法发挥到极致,在该协定的序言中,首先,明确地提出《文化多样性公约》以及文化例外对缔约双方的重要意义;其次,依照加拿大以往的实践界定文化产业的含义;最后,对文化产业领域的排除适用于所有该协

[1] See Agreement Between the Government of Canada and the Government of the People's Republic of China for the Promotion and Reciprocal Protection of Investments.

[2] See Canada-Honduras Free Trade Agreement.

[3] See Canada — Korea Free Trade Agreement(CKFTA).

[4] Free Trade Agreement Between Canada and the Republic of Panama, article 23.06.

[5] Free Trade Agreement between Canada and the Republic of Peru, article 2205.

[6] See Comprehensive Economic and Trade Agreement(CETA) between Canada, of the One Part, and the European Union, and Its Member States.

定的章节。[1] 欧盟本身只规定"视听服务"例外存在一定的局限性，[2] 而纳入加拿大式的文化产业概括性排除条款则能够在一定程度上弥补这种不足。由于双方都持文化例外的立场，因而该协定采用负面清单形式对双方没有实质性影响，但为重视文化多样性的国家设置负面清单提供了新思路。

三、国内法上的负面清单

负面清单不仅是国际条约中列明投资承诺的方式，也有国家将其作为国内法上管理外国直接投资的手段。从大部分国家的立法与实践来看，在国际条约中积极主张和采纳负面清单的国家，如美国、澳大利亚并没有在国内法上设置负面清单，仅有少数国家，如菲律宾、印度尼西亚采取了国内法意义上的负面清单的管理模式。我国也开始采用负面清单的模式管理外资准入。

菲律宾在国内法上采用负面清单模式管理外国直接投资准入，是早期唯一在名称中使用"负面清单"表述的国家。[3] 2015 年出台的第十版负面清单取代了之前的第九版负面清单，2018 年推出第十一版负面清单。菲律宾的负面清单分为 A、B 两种，A 清单中列举的行业来自《宪法》或专门立法对外资份额限制的强制性规定，B 清单中列举是出于国家安全与国防、公共健康、公共道德以及保护中小企业利益的目的，限制外资份额的行业。A 清单的修改应当伴随着有关立法的修订而及时更新，而 B 清单的修改则不能过分频繁，最短每两年修改一次。菲律宾负面清单中规定的都是对外资份额的限制，在 A 清单中分为绝对禁止外资进入（份额为 0）、不超过 20%、25%、30%、40% 份额 4 类；B 清单中规定的是外资份

---

〔1〕 Gilbert Gagné, "The World Trade Organization and Preferential Trade Agreements: The Case of Cultural Goods and Services", in Rioux M. and Fontaine-Skronski K. eds., *Global Governance Facing Structural Changes*, New York, Palgrave Macmillan, 2015, p. 87.

〔2〕 Bregt Natens, "Chronicle of a Death Foretold? The Cultural Exception for Audio-Visual Services in EU Trade Negotiations", *Legal Issues of Economic Integration* 41(4), 2014, p. 370.

〔3〕 申海平：《菲律宾外国投资"负面清单"发展之启示》，载《法学》2014 年第 9 期。

额不超过40%的行业。其中涉及文化产业被规定在A清单中，除了录音以外的大众媒体不允许外资进入，广告行业外资份额不超过30%，私人广播通信网络外资份额不超过40%。[1]

与国际条约层面的负面清单相比，菲律宾的国内负面清单具有以下特点。首先，负面清单中所列的文化产业部门分类相对笼统。大众媒体也包含了大量的子行业，而这些行业在许多国际法层面的负面清单中并不是一概禁止外国资本进入的。其次，菲律宾的负面清单的限制手段仅为外资份额的限制，相比于国际法层面的许多负面清单，限制手段僵化而严格。它其实是“一刀切”地限制了国民待遇和市场准入，而许多行业可以通过限制企业组织形式、高管的国籍住所或者是履行义务要求等，不一定全部通过限制外资比例的手段，况且菲律宾所规定的文化产业领域的外资准入份额也很低，最多不超过40%。再次，菲律宾负面清单中值得肯定的是，其对清单列举的行业都附上了相应国内法规定的名称和具体的条文编码，这有利于外国投资者查询相应的措施，透明度水平较高。虽然其没有如同国际条约中负面清单一般，对限制措施作出具体的描述，这是国内法负面清单本质使然，其能够给予外国投资者明确指导并提供条文索引供外国投资者查询，已经能够实现管理外国投资准入的目的。最后，菲律宾将对文化产业的限制规定在《菲律宾宪法》中，这不符合文化产业的发展所需。宪法作为国家的根本大法，修改程序要比一般的行政规范复杂得多，不能对文化产业的迅速发展和对外融资需要作出及时反应，制约了菲律宾文化产业领域的外国投资进一步对外开放进程。

印度尼西亚也采用负面清单的方式管理外资准入，现行的负面清单是2016年的负面清单。相比于2014年负面清单，2016年清单有以下三点变化。第一，清单形式由原来的两个附件，增加为三个附件。附件一依旧是禁止投资的领域清单，将原有的附件二拆分成附件二和附件三，将专

---

〔1〕 The President of the Philippines Executive Order No. 65, Promulgating the Eleventh Regular Foreign Investment Negative List, Accessed March 2, 2020, at http://www.officialgazette.gov.ph/downloads/2018/10oct/20181029 - EO - 65 - RRD. pdf.

门为小微企业合伙以及合作企业形式设置的有条件开放清单设为附件二,其他有条件的开放投资领域清单列为附件三。附件一中,禁止投资的文化产业领域为公共博物馆、文化遗产以及博彩业。附件二中专门规定旅游代理、民宿、艺术工作室、旅游向导、社区电视广播、家庭有限电缆和网吧限于小微企业。第二,除了附件形式变化之外,分类也更加明确和详细。将文化产业主要归位于“旅游和创意经济部门”和“通信信息部门”,并对每一个部门中的具体行业都加以列明,甚至对酒店按照星级和类别分别列举。第三,外资比例的提升。在附件三中,对旅游和创意部门的外资比例由最多不超过51%(2014年负面清单)增加为67%,一些领域东盟国家投资可以达到为70%。[1]

从印度尼西亚负面清单的内容可以看出,其最大的特点就是将内资与外资一并规定在清单中。其设置的限制条件中,还侧重考虑小微企业以及在特定的区域投资的利益。总体来说,印度尼西亚的负面清单设置相对精巧,但是内资与外资一并规定更增加了清单的复杂程度。与菲律宾的负面清单相比,印度尼西亚的负面清单设定的限制措施不限于对外资份额的规则,更加灵活多变,是对本国提升就业水平、促进地区经济发展的考虑;在透明度要求上,印度尼西亚的负面清单并没有充分的披露其国内法依据。不过,有学者也指出,印度尼西亚在负面清单改革的过程中,呈现出了“立法先行”[2]的特点,负面清单的修改每次都是先行立法,使其有法可依、依法执行。另外,印度尼西亚的负面清单具有明确的法律地位,是正式的法律渊源,其通过总统条例发布,而在印度尼西亚的法律体系中,总统条例的效力列于《宪法》、国家最高权力机关决议、法律、紧急

---

〔1〕 See Presidential Regulation of the Republic of Indonesia Number 44 of 2016 on List of Business Fields Closed to Investment and Business Fields Open, with Conditions, to Investment, Accessed March 2, 2020, at https://www. indonesia-investments. com/upload/documents/Negative-Investment-List-May-2016-Indonesia-Investments. pdf.

〔2〕 顾晨:《印度尼西亚“负面清单”改革之经验》,载《法学》2014年第9期。

状态下总统制定的法规、政府法规之后,是正式的法律渊源之一。[1] 从其整个负面清单的规定来看,在罗列具体的部门清单之前,其负面清单以立法条文的形式对后续的各项规定措施作了界定和解释,充分体现了立法的严谨性特点。

综上所述,负面清单作为当今越发流行的立法模式,在国际条约层面和国内法层面都有深刻体现。国家对清单模式的选择充分体现了国家意志,也反映了国家的议价能力和一贯的文化政策。加拿大和欧盟向来重视“文化例外”和“文化多样性”,对外签订的双边、多边条约将文化产业或视听服务排除出条约适用范围。而美国推行贸易投资自由化,认为文化产品与服务不能越出这一范围,极力限制将文化产业纳入负面清单,“通过大量的自由贸易区协定谈判协商实现了文化产品与服务自由化的目的,借此规避国际社会为文化多样性付出的努力”。[2]

从清单本身的内容来看,负面清单模式优势更加明显。首先,正面清单能够把握外资开放节奏,最大限度地减轻外资大量涌入对本国文化利益的负面影响。而负面清单也并未导致外资开放的失控,加码清单能极大地弥补减码清单中“不列举即开放”的僵化,灵活地对重要领域做出保留,既提高了开放水平,也提升了可预见性。其次,正面清单很少披露各类限制措施所依据的国内法规定,甚至没有披露详尽的限制措施,透明度低,而负面清单不但对限制措施有详细描述,还全面地披露了限制措施的国内法依据,并不限于针对市场准入、国民待遇和最惠方待遇的不符措施。

本章小结

本章集中探讨了两种清单模式。正面清单在 WTO 框架体制内被广

---

〔1〕 参见申海平:《市场准入负面清单的印度尼西亚经验及其启示》,载《东方法学》2018 年第 4 期。

〔2〕 Gilbert Gagne', "Free Trade and Cultural Policies: Evidence from Three US Agreements", *Journal of World Trade* 45(6), 2011, p. 1269.

泛运用,也有一些跨境自贸区协定或投资协定采用正面清单模式。我国《内地与香港 CEPA 服务贸易协议》尽管采用负面清单模式,依旧设置文化产业的正面清单专章。目前不少国家开始探索采用负面清单模式,[1]而负面清单在国际条约中被越来越频繁地使用,一些国家在国内法层面采用负面清单模式管理外资,且各具特色。

正面清单与负面清单本质上并没有好坏之分,不过是立法模式效率的选择。“两种模式都有助于投资自由化,只不过分别体现了自上而下与自下而上的不同路径”。[2] 负面清单更加适合限制少、鼓励放宽的行业,正面清单适合限制多、开放需谨慎的行业。负面清单模式缔约方承担的义务水平要求更高。[3] 在正面清单模式下,如果某产业不在清单之内,东道方可以自主决定是否允许外资进入,而负面清单模式是“一次性协议”,一旦协议达成,除了清单列举的部门外资准入有限制外,其他部门自动自由化,实质上是“将原本可以自行决定的问题转换为必须与缔约对方协商确定的事项。”[4]负面清单列举能力有限,不可能将未来发展产业全部纳入其中,各国在设置负面清单时尤其谨慎,将来一旦更改清单,涉及国家间利益的再平衡,将要付出更多成本。为此,不少国际条约中除了既有措施的负面清单以外,还设置了可变措施清单,为将来产业发展及国家重要政策措施留有余地,大大提升了负面清单的可预见性。

然而,无论是正面清单还是负面清单,都并非国际上绝对通行的模式,每一种模式下都存在变通方法。首先,同一个国家,签署不同的双边、

---

〔1〕 目前采用负面清单模式的非发达国家有两类,一类是国内经济和产业发展基础薄弱,希望与美国等发达国家以负面清单方式换取本国其他方面利益,也希望能够在充分市场竞争中发展本国产业,如越南;另一类是经济实力强、开放程度高,但是本国产业体系并不完整,如新加坡,旨在高度开放中提升本国优势产业。参见聂平香:《中国实施负面清单管理面临的风险及对策》,载《国际经济合作》2015 年第 1 期。

〔2〕 See UNCTAD,“Preserving Flexibility in IIAs: The Use of Reservations”, Accessed March 2, 2020, at http://unctad.org/en/Docs/iteiit20058_en.pdf.

〔3〕 韩冰:《准入前国民待遇与负面清单模式:中美 BIT 对中国外资管理体制的影响》,载《中国经济评论》2014 年第 4 期。

〔4〕 车丕照:《中国(上海)自由贸易试验区的“名”与“实”——相关概念的国际经济法学解读》,载《国际法研究》2014 年第 1 期。

多边条约可以采用不同模式，如欧盟在与韩国、越南进行自贸区谈判时采用正面清单模式，但与加拿大进行谈判时则采用负面清单模式；韩国与欧盟订立自贸区协议采用正面清单模式，同美国的自贸区协议则采用负面清单模式。其次，即使是确定选择负面清单模式，不同国家也存在多种选择，如通过订立不同类型的负面清单、规定概括性排除条款甚至文化专章的形式维护国家文化核心利益。最后，在同一个条约协定中，不同的国家和地区可以采用不同的清单模式，如《澳大利亚—中国自由贸易协定》中，澳大利亚采用负面清单模式，而中国依旧采用正面清单模式。[1]

尽管如此，设置负面清单已经成为外资准入立法的潮流。有关国家实践也反映出，各国在设定清单时要尤其谨慎，要根据东道方自身的特殊监管与发展环境以及国内产业的竞争力设置限制条件。[2] 国际条约中的负面清单与国内立法层面的负面清单存在较大区别。国际条约中的负面清单，由于缔约时间长、涉及各方利益，因而清单一旦列明则不易修改，因此，在设置清单的过程中，要注意提高透明度要求和可预见性：在减码清单中，尽可能详细描述不符措施和披露国内法依据；在加码清单中，切实考虑到本国或本地区产业的发展和重要利益的维护，为将来更新措施或出具更严格措施留有余地。而对于国内负面清单的设置来说，作为本国或本地区管理外资准入的重要手段，可以顺应该国和该地区市场需要而变动，可以更好地把握外资开放的节奏，逐步扩大引入外资规模和利用外资水平，为本国或本地区产业经济和区域发展服务，给予外国投资者明确指引。

---

〔1〕 See China-Australia Free Trade Agreement, Annex Ⅲ Part 1: Schedule of Non-Conforming Measures Referred to in Chapter 8(Trade in Services) and Chapter 9(Investment) Schedule of Australia Section B.

〔2〕 See UNCTAD,"Preserving Flexibility in ⅡAs: The Use of Reservations",Accessed March 2, 2020, at http://unctad.org/en/Docs/iteiit20058_en.pdf.

第四章　文化产业外国直接投资准入的限制条件

自2010年以来,我国文化企业海外投资呈现迅速增长趋势,我国文化产业海外投资的行业领域不断扩展,企业"走出去"步伐不断加快。著名的文化对外投资事件如:在影视行业,如温州西京集团收购英国螺旋桨(PROPELLER)卫星电视台,北京松联国际传媒与天星传媒联手收购美国天下卫视华语电视台,俏佳人传媒并购美国ICN国际卫视,凤凰卫视设立欧洲美洲分公司,东方卫视在日本、澳洲、北美、亚洲、欧洲设立分台,万达以26亿美元并购了美国第二大影院AMC;在新闻报刊与演艺服务领域,昆明新知集团在柬埔寨、老挝、马来西亚投资书局,北京天创国际演艺并购美国白宫剧院;在网络游戏领域,腾讯先后并购韩国洪氏工作室(StudioHon)、重载工作室(ReloadedStudios)、顶点(Topping)、下一局(Nextplay)、眼识游戏(Eyedentity Games)、GH希望岛(GH HopeIsland)等企业。[1] "一带一路"倡议实施以来,我国国内文化企业在"一带一路"沿线国家对外文化投资成为一大亮点,如安徽出版集团在波兰投资建立马尔沙维克出版公司,北京求是园文化传播公司在格鲁吉亚独资建立格鲁

---

〔1〕 参见中央文化企业国有资产监督管理领导小组办公室、中国社会科学院文化研究中心编:《中国文化投资报告(2014)》,社会科学文献出版社2014年版,第20~23页。

吉亚文化出版社等。[1]

我国文化企业“引进来”却没有如“走出去”那般如火如荼。尽管也有不少外资流向我国企业的事件，如我国香港特别行政区 TOM 集团收购华谊兄弟 35% 股权，美国新闻集团购买国内电影发行商博纳影业 19.9% 股权等，但公共财政补贴和国内民间资本依旧在我国文化企业资本来源中占绝对比例。中国加入 WTO 以后逐步允许外国资本进入文化产业。2005 年《关于文化领域引进外资的若干意见》出台，全文只有 13 个条文，却是我国目前唯一针对文化领域引进外资的框架性描述。该意见对开放以及禁止外资进入的文化领域予以列举，并对开放领域外资进入的方式作了规定，如股权比例要求中方控股、企业组织形式为合作或合资形式以及审批要求与程序等。

无论是“引进来”还是“走出去”都绕不开国家对外国投资进入本国文化产业领域的限制。传媒大亨默多克拥有横跨澳大利亚、英国、美国的庞大传媒帝国，当年为了进军美国广电行业，不得不放弃原有澳大利亚国籍，原因是美国法律规定非美国公民无法成为美国电视台的所有者，非美国公民无法取得许可执照。这一例子只是国家限制境外文化投资的“冰山一角”。介于文化产业的特殊性，为了维护本国利益，国家对外国资本投资文化产业设定各式各样的限制。外国资本通过商业存在形式进入本国后，国家尤其关心外国资本对企业的控制权是否会对本国利益造成负面影响。各国在对外缔约过程中，通过有限承诺或保留的方式，力保本国重要文化利益和产业利益不对外让渡。对外保留的立足点都有明确的国内法依据，因此，在外国直接投资准入问题上，无论如何都绕不开对国内法的深入研究。

党的十九大报告指出，要“推动文化事业和文化产业的发展”，“健全现代文化产业体系和市场体系，创新生产经营机制，完善新型文化业态”，

---

〔1〕 陈明敏、彭兴莲：《“一带一路”背景下我国对外文化投资：机遇、挑战及策略》，载《对外经贸实务》2019 年第 8 期。

“推进国际传播能力建设，提高国家文化软实力”。这要求文化产业对内要满足“人民日益增长的美好生活需要”，提供更为优质的精神文化资源，对外要积极响应“一带一路”重大倡议，积极“走出去”，参与境外文化力量竞争，增强文化自信。西方国家文化产业经过长期积累，已经形成巨大的“航母”效应，而我国文化企业欲在国际竞争中取得优势，需要大量融资、拓展域外渠道和影响力、吸收先进管理经验和制度，而域外资本恰恰能够提供这些资源。不过，外资在带来产业优势效应的同时，也对我国文化资源造成负面冲击。因此，如何充分利用外资，又能够减少其带来的负面影响成了一个十分重要的问题。

了解和研究域外立法经验，对完善我国文化产业外资立法具有重要意义。但是目前国内对文化产业领域内外国直接投资的国内法制度研究尚未引起足够重视，与我国目前大量文化企业“走出去”与“引进来”的现状存在隔阂。文化产业在国际投资领域被视为敏感行业，各国都对外资进入予以一定程度限制。不同国家对于这一问题的规制采用了不同的立法模式，设置了多样化的限制条件，其蕴含的价值理念和制度方法值得我国借鉴。当前研究文献主要是从外资对行业的影响、针对具体国家介绍文化产业政策等角度阐述外资准入问题，少有专门针对域外立法模式和限制条件的阐述。本章将从立法模式和立法规定的具体限制条件两个方面，总结有关国家的立法经验，以求对我国相关外资立法的完善有所助益。

第一节　文化产业外国直接投资准入条件的立法模式

国际条约对于这一领域的外国直接投资没有采取直接规制的方式，而是通过多种保留形式，将其留给国内法规制。国内法对于这一问题的规制也采用了不同的立法模式，根据不同国家的不同情形，主要体现为三种类型：(1)没有特殊规定适用一般外资准入规则；(2)适用有关文化产业专门的个案审查规则;(3)通过专门成文立法对限制条件作出具体规定。由于文化产业所容纳的范围十分广泛,外资准入也并非在文化产业的所有领域都受到限制。因此,本节选取其中最具有代表性的领域,如广播电视、报纸出版、视听服务等,它们直接影响着一国的公共意识与公共道德,故而国家对该领域的外国直接投资限制尤其突出。

一、适用一般外资准入规则

一些国家尚没有专门规定针对这一领域予以特别限制,适用与其他行业相同的外资准入标准,如英国和新西兰。尽管有些国家在文化产业领域对外国直接投资没有特别限制,但是外资准入依旧要在该国外资管理制度框架内进行。较大规模的外资设立或者并购国内企业等行为可能依旧要受到事先审查或者获取相应许可资质方能继续进行。这种限制并不专门针对文化产业领域,而是所有外资都要履行的义务,因此在本章中并不作为重点问题予以讨论。

英国没有在文化产业领域对外国直接投资予以特殊规定,因此在文化产业领域的外国直接投资适用于与其他领域的外资相同的规则。英国《2003 年通信法》(Communications Act)删除了对非欧盟成员方投资者的限制规定,[1]导致美国迪斯尼、时代华纳和维亚康姆等大公司在英国电视行业占有一席之地。[2] 英国主管广播媒体网络等服务的机构是英国通信管理局(Office of Communications, Ofcom)。公司若要提供电视或者广播服务需要英国通信管理局的许可证,公司在变更股权或控制权时有通知英国通信管理局的义务。正是由于英国对文化产业领域的外国直接投资较为开放,加上本国对文化产业的大力支持,英国成为全球文化产业

---

〔1〕 英国《2003 年通信法》第 348 条规定,《1990 年通信法》附件 2 第 2 部分“无权持有执照”第 1 段第 1 款的(a)项和(b)项(有关成员方境外的个人及机构)失效。

〔2〕 Australian Government Department of Communications, “Media Control and Ownership Policy Background Paper No. 3”, Accessed March 2, 2020, at http://www.presscouncil.org.au/uploads/52321/ufiles/Control _ Background _ Paper _ Australian _ Government _ Department _ of _ Communications.pdf.

最具影响力的国家,也是最激烈的投资市场。

新西兰对文化产业领域的外国直接投资准入同样没有专门规定,但依旧要受到事先的外资管理审查。《2005 年新西兰海外投资法》(Overseas Investment Act 2005)规定,[1]外国直接投资需要得到新西兰海外投资办公室(Overseas Investment Office, OIO)的许可。海外投资办公室获得国土信息部行政长官的授权,代其依照《2005 年新西兰海外投资法》审查外国投资是否涉及敏感土地(包括与文化遗产有关的土地)或重大经营资产等敏感事项。"重大经营资产"是指:(1)个人通过证券持有获得 25% 以上的所有权或控制权,并且该证券的价值或收益超过 1 亿新西兰元;(2)在新西兰设立营业机构,从事该营业连续或总共超过 90 日并且法定资本额超过 1 亿新西兰元;(3)在新西兰诚信合法经营或者获得其他无形资产而取得的财产,并将其用于在新西兰从事营业的,总价值超过 1 亿新西兰元的。[2]

这种将文化产业的外资准入与其他领域一视同仁的做法与这些国家所具有的良好的自由市场竞争环境和高度发达的文化产业程度有关。不过,仅对外国直接投资准入方面的限制予以放开,并不意味着在文化产业领域,外资的各项活动没有任何障碍,在后一章中将会提到,外国直接投资进入文化领域还可能受到其他限制。

二、适用数额或净收益标准的个案审查

一些国家对文化产业领域的外国直接投资准入采取个案审查的方式。实践中有一些国家专门对文化产业领域设置特殊的个案审查标准,如澳大利亚、加拿大。澳大利亚对文化产业领域的审查标准相比其他领域更加严格,而加拿大则突出地表现为专门针对文化产业领域的多个行业规定了具体的净收益规则。

---

〔1〕 2018 年新西兰修订了该法,禁止外国人购买新西兰住宅用地,对文化产业外资准入的影响并没有发生变化。

〔2〕 See Overseas Investment Act 2005, Section 13.

(一)澳大利亚个案审查的数额标准

澳大利亚对文化产业外国直接投资采取逐案审查的方式,认为文化产业属于“敏感行业”,超过5%的外国投资应当得到事前批准。所有的外国个人投资者,无论是否是自贸区协定中规定的投资者、无论投资额度多少,只要在媒体领域投资比例达到5%及以上就需要获得事先许可,而其他的行业则需要达到较高的投资数额才需要获取事先批准。媒体领域是指日报、电视、广播以及提供上述服务的互联网站。财政部部长有权在30日内决定是否批准申请,在情形复杂或需要更多信息的情形下,可以再延长90日。申请者将在决定作出后的10日内获悉决定结果,可能有3种类型,即许可、附条件许可、不予许可。

1975年《澳大利亚外国并购与接管法》(Foreign Acquisitions and Takeovers Act 1975)规定,财政部部长有权审查外国投资申请是否违背澳大利亚的国家利益。外国个人投资者若获得或控制价格超过2.52亿澳大利亚元的澳大利亚营业的实质利益之前,应当呈报获得事先许可,若其意图获得在澳大利亚有子公司或者其资产总额超过2.52亿澳大利亚元的离岸公司的实质利益也要呈报获得事先许可。澳大利亚与智利、日本、韩国、新西兰和美国签订的自由贸易协定中规定的投资者,达到10.94亿澳大利亚元才需要报批,但若从事敏感行业,超过2.52亿澳大利亚元的投资依旧需要申请。

除此之外,澳大利亚对文化产业外国投资进行事后监管,澳大利亚通讯媒体局(The Australian Communications and Media Authority,ACMA)根据1992年《澳大利亚广播服务法》(Broadcasting Services Act 1992)第74D条,要求每一个财政年度持有澳大利亚媒体资产达到2.5%及以上的外国所有权人应当履行报告义务。2018年12月10日,澳大利亚议会通过了2018年《澳大利亚外国影响力透明度计划法案》(Foreign Influence Transparency Scheme Act 2018, FITS),要求在2019年3月10日之前,在澳大利亚经营企业的人员,如果有外国政府所有权或控制权,在从事部分传媒活动时需要进行登记。[1]

(二)加拿大的文化产业净收益标准

加拿大对文化产业的重视程度不仅在国际条约文件中有所体现,在国内立法与政策层面体现得更加明显。加拿大遗产部(Department of Canadian Heritage)是专门审查文化产业的国际投资的机构,并且采取了极其特别与详尽的审查标准——文化产业领域的"净收益规则"(Net Benefit Test)。加拿大区分文化产业类投资与非文化产业类投资,并对每种投资采用不同的"净收益"规则。

根据《加拿大投资法》(The Investment Canada Act),外资被划分为两类:一种是只需通知的投资,另一种是需要审查的投资,即需要联邦政府审查的投资。联邦政府主要审查以下三种投资:(1)投资者来自 WTO 成员方,投资类型为获取所有权或控制权的直接投资,投资领域为非文化类行业,资产超过 6 亿美元。[2] 对于非 WTO 成员方的投资者,超过 500 万美元的直接投资或 5000 万美元的间接投资;(2)投资类型为直接投资,投资领域为文化类行业,资产超过 500 万美元,或加拿大政府认为该种文化类投资将影响到公共利益的;(3)加拿大政府认为该投资可能有损于国家安全的。

非文化产业的"净收益规则"是指:(1)该投资对加拿大经济活动的影响;(2)加拿大人在该投资活动中的参与程度;(3)该投资对加拿大生产力、生产效率、技术发展、产品更新以及产品多样化的影响;(4)该投资对竞争的影响;(5)该投资与国家工业、经济、文化政策的兼容性;(6)该投资对加拿大全球竞争力的贡献。加拿大工业部部长需要咨询各地方政府、其他联邦部门以及加拿大竞争署的多方意见,还要详细审查外国投资

[1] See Herbert Simith Freehills, "Australian Foreign Investment Review", Accessed March 2, 2020, at https://www.herbertsmithfreehills.com/latest-thinking/australian-foreign-investment-review-2019.

[2] 对于 WTO 成员方只审查直接投资,并且其资产额度门槛随着 GDP 的增长将有所调整。6 亿美元额度是 2015 年 4 月 24 日确定的;2017 年 4 月 24 日,额度提高到 8 亿美元;2019 年 4 月 24 日提高到 10 亿美元,到了 2021 年将每年调整一次。

者在加拿大未来的商业计划，投资者需要作出有法律约束力的保证（如增加就业机会、进行研发设计活动或增加新的投资等）来证明对加拿大有净收益，综合以上各项因素才能批准该投资申请。第三种类型的投资，根据《加拿大投资法》并没有关于“国家安全”的定义和考虑因素，这赋予了政府决策极大的灵活性。如果不属于上述三种投资，非加拿大的投资者只需告知加拿大工业部的有关部门，并提供相应信息即可。

第二种文化类的直接投资，需要经过加拿大遗产部的批准。自 1999 年 6 月起，文化产业类的投资审查都由遗产部处理。根据《加拿大投资法》第 14.1 条，文化类营业主要包括出版、发行或销售书籍、杂志、期刊、报纸、音乐，还包括生产、发行、销售、展览电影或其他视听产品、唱片等，以及公共广播、电视、付费电视广播和卫星广播服务。“净收益”规则除了要考虑上述的各种因素外，还要考虑该投资与遗产部有关政策的兼容性。

1. 文化产业领域一般性净收益规则

加拿大遗产部网站上详细列出了文化类投资需要考虑的“净收益”规则，主要有四项：（1）促进加拿大内容的传播（Promoting Canadian Content），该投资应当通过传统或新媒体形式，促进那些反映加拿大传统的文化产品的创作、生产、分配、流通和保存；（2）加强文化参与（Cultural Participation），该投资应当注重培养和雇佣本土人才，推动本土公司高管自治的企业氛围，为员工提供更多学习机会，密切与本土公司或研究机构的合作，特别是通过技术知识、电子商务、培训实习等方式加强本土基础设施建设；（3）活跃公众参与（Active Citizenship and Civic Participation），为文化培训机构、研习活动、计划项目等提供慈善捐助或实物礼品，以优化本土市民生活；适当时候，加拿大遗产部会要求投资者提供关于某一项目的报告，投资者应当用文字和统计数据来说明某本土制造产品相比外国制造产品的不足之处；除了部门战略目标，加拿大遗产部致力于兼顾投资审查程序的透明化与保密性，在特殊情况下会要求投资者将其核心项目信息向公众披露；尽管投资者在投资审查时作出的承诺是定量有限的书面形式，但加拿大遗产部相信，投资者将通过实际行动履行承诺，持续不断地为本土文化生活做贡献；（4）加强本土人民之间的联系，通过分配与流通反映本土文化的产品、赞助文化活动及项目，该投资将充分展现加拿大人民的智慧，加强本土人民之间的联系。[1]

与非文化产业领域的净收益规则相比，文化产业领域的净收益规则具有以下特点：（1）审查机构不同，文化产业领域有专门的审查机构，即由遗产部审查，而其他领域的由工业部予以审查；（2）文化产业领域的净收益规则具有兼容性，它只是在文化产业领域的一般性规定，在投资审查时还需要考虑与文化产业其他政策的兼容性；（3）文化产业领域的净收益规则不限于国家发展经济的需要，更加侧重本土化内容的传播、公众参与等文化利益，旨在增强文化认同感和促进本国文化的发扬，不仅仅追求经济利益；（4）文化产业净收益规则除了一般性的规定以外，还有专门针对具体文化产业领域的净收益规则。

2. 具体文化产业领域附加净收益规则

加拿大除了规定在文化产业领域总的“净收益规则”以外，还针对文化产业领域内的不同部门，结合不同部门的特点，分别规定了附加“净收益规则”。

在图书出版与发行方面，如果是收购现有的加拿大控股企业，必须有足够的证据证明：（1）该企业陷入明显的财政危机；（2）加拿大人有充分和公平的收购机会，否则非加拿大国籍人不得收购。如果非加拿大国籍人是最终成功的中标者，则他应当满足下述的附加“净收益”规则。同理，若非加拿大国籍人要出售现有的加拿大企业，也要保证加拿大国籍人有公平和充分的竞标机会；若非加拿大国籍人中标，同理应当遵守附加“净收益”规则。如果是间接收购，则需要依照《加拿大投资法》第 20 条规定来审查决定其是否其满足对加拿大和对加拿大目标公司的“净收益”。加拿大投资局还会要求外国投资者作出特别承诺：承诺致力于加拿大作者

[1] See Canadian Heritage, “Net Benefit Undertakings and Canadian Cultural Policy”, Accessed March 2, 2020, at http://www.pch.gc.ca/eng/1360158482694/1360158670409.

发展,如与加拿大出版商成立合营企业,将与出版商有合作的加拿大籍作者推向国际或国内新市场;承诺支持图书发行系统的基础建设,如通过加拿大出版商或代理商分配进口资格、在加拿大为重点图书和再版书维护完整的仓储与订单操作系统、积极参与行业合作;保证企业在加拿大营销设施的可接触性,使其能够吸引加拿大出版商并与之兼容;为出版业的科研机构及研究项目提供财政和技术支持。[1]

在电影发行方面,为了支持本土发行产业:(1)不允许收购加拿大国籍人所有或控制的发行企业;(2)在加拿大建立新的发行企业只能限于从事专有产品(Proprietary Products, 即进口人完全拥有该项权利或者是主要投资者)的进口和发行活动;(3)外国发行企业在加拿大进行直接或间接收购的前提应当是,投资者依照国家政策和文化政策,对其在加拿大的营业进行再投资;(4)所有在1987年2月13日以后的申请都应当依照新政策。[2]

在期刊出版方面,加拿大政府意识到期刊应当密切联系本土生活与文化、反映本土视角、满足本土读者的信息需求。因此,加拿大重视加强本土期刊的出版发行能力,由多个出版商在多个区域出版发行不同题材的期刊。许多政策框架围绕着增强本土期刊实力、保证和促进加拿大本土期刊发展而开展实施;同时也注重期刊内容本土市场化与广告收入的关系。投资者不允许收购加拿大所有或控制的期刊出版企业。对于期刊的发行,主要有以下几点政策:首先,要符合对加拿大的净收益,外国投资者的营业应当保证每种期刊大部分的内容都是针对加拿大本土的原创内容,其数量要依照各期刊本身的版面而定。原创内容(original editorial content)是指不含有广告的:(1)作者为加拿大籍人,不局限于作家、记者、

---

〔1〕 See Canadian Heritage,"Investment Canada Act: Revised Foreign Investment Policy in Book Publishing and Distribution", Accessed March 2, 2020, at http://www.pch.gc.ca/eng/1359570626539.

〔2〕 See Canadian Heritage,"Investment Canada Policy on Foreign Investment in the Canadian Film Distribution Sector", Accessed March 2, 2020, at http://www.pch.gc.ca/eng/1359658212774/1395330258203.

插画师、摄影师或;(2)面向加拿大市场,没有在加拿大以外的地方发表过的内容。其次,净收益还包括:(1)有关在加拿大的投资或业务拓展所雇佣的编辑或其他雇员是加拿大居民;或(2)所从事的发行业务是在加拿大编辑、排版、印刷的。[1]

这些具体领域的文化产业净收益规则主要是针对非加拿大国籍人收购加拿大人所拥有或控股的企业而设置的。这些净收益规则是附加的净收益,即在满足上述文化产业领域一般的净收益规则以外,在特定情形内还需要满足的净收益规则。这些规则伴随着履行义务要求,旨在提升本国艺术家的就业水平,提升艺术家的创意技能,保证本国获取国外先进经验与技术,发展本国市场所需。

综上所述,同为个案审查的立法模式,澳大利亚与加拿大的个案审查却有很大区别。首先,两者审查机关不同。加拿大是遗产部进行审查,而澳大利亚是外国投资审查委员会审查。澳大利亚外国投资审查委员会(Foreign Investment Review Board,FIRB)具有半官方特点,由 1 名全职执行成员和 4 名兼职成员,兼职人员分别为投资、银行、税务及贸易等领域专家。FIRB 主要职责向财政部部长及政府就外资政策及监管措施提供建议。[2] 其次,两者审查标准也不同。澳大利亚审查的标准基于“国家利益”,对于何为“国家利益”审查机构具有较大的自由裁量权,体现在文化产业领域,则有具体的数额限制。加拿大的审查标准基于“净收益”,对“净收益”有明确的政策指引。文化产业具有不同于一般产业的“净收益”要求,文化产业领域的“净收益”主要是为了促进本国内容传播、本国文化行业人员的就业与发展以及本国公众参与,并且文化产业的“净收益”在不同的子行业内部呈现出不同的政策考量。

---

〔1〕 See Canadian Heritage, “Canadian Content in Magazines, A Policy on Investment in the Periodical Publishing Sector”, Accessed March 2, 2020, at http://www.pch.gc.ca/eng/1359658949974/1359659050050.

〔2〕 参见施明浩:《中国(上海)自由贸易试验区外资安全审查机制的探索与创新》,载《亚太经济》2015 年第 2 期。

三、适用文化产业专门立法规定

除了上述两种类型的立法例以外,还有一些国家选择对文化产业领域的外国直接投资准入采取专门立法规定的模式,这种立法例在实践中被广泛运用。虽然有关国家实践中鲜见专门的文化产业法典,但是在文化产业具体领域的专门立法中,往往对该领域外国直接投资准入问题作了规定。

专门立法规定的法律渊源具有分散性的特点。这些规定主要分散在广播电视、期刊报纸、电影等专门的立法规定中,如《日本广播法》《日本电波法》《新加坡广播法》《韩国广播法》《韩国报纸促进法》《韩国期刊促进法》等,还有的国家在宪法中规定了媒体行业的外国投资准入问题,如菲律宾。

与个案审查的立法例不同,这些立法规定具有明确性和可预见性的特点,赋予行政机构的自由裁量权十分有限,给予投资者以十分明确的投资指引。这些专门的立法规定设置了外国直接投资进入文化产业有关领域的具体限制条件,外国投资者若想要对有关领域予以投资,就应当满足立法规定的条件,否则无法获得相应许可。这些条件将在下一节中具体阐述。

第二节 文化产业外国直接投资准入限制的具体条件

文化产业外国直接投资准入限制的具体条件多源于文化产业具体领域的专门立法规定。大部分国家对于文化产业门类中,尤其是广播电视、报刊、图书出版等行业均通过法律法规设定了明确限制。不同国家设置的限制有别,主要体现为4种限制:限定国际投资比例、限定高管国籍与住所、限定企业组织形式、设定特殊管理股制度。其中限定投资比例最为常见,不少国家均有此类限制,并根据行业的不同设定不同的外资股权比例。部分国家要求高管应当为本国居民或在本国有住所,还有一些国家为了学习外国先进经验和技术要求外国投资企业应当采取合营形式。少数国家,如新加坡对媒体行业设置特殊管理股制度,以保证政府对敏感行业的控制权。

一、设定国际投资比例限制

一些国家对文化产业有关领域内的投资比例设置了具体的数额限制。一般规定某领域内的外国直接投资不能超过一定数量的百分比。百分比的单位根据不同国家规定的不同,可能是指外国投资数额占企业资产总额的百分比,或者是占投票权或股权份额的百分比等。

日本规定了广播行业外国投资的投票权比例的限制。日本主管媒体的部门是内部事务与通信部(Ministry of Internal Affairs and Communications, MIC)。《日本广播法》第 93 条规定,外国投资人可以获得包括卫星核心广播的核心广播公司(Core Broadcasters)20% 的投票权。《日本电波法》第 5 条,外国投资者可以获得受广播公司委托的无线电台供应商 1/3 的投票权。外国个人或企业投资者如果超过上述的最大比例,不能成为股东,也无法享有日本法上股东所享有的权利。然而,对于一般广播公司和非广播媒体(如报纸)没有特别限制。

韩国对于文化产业领域国际投资准入规定的更加详细。外国个人、企业、组织或者政府机构实体等,在韩国发行报纸或在线报纸等其他出版物需要有韩国代理人。免费广播及电视不得由以下组织机构和个人投资或捐助:(1)外国政府机构或组织;(2)外国人;(3)外国政府机构或组织以及外国个人拥有 50% 以上份额的经营实体。接受外国组织为促进国际关系以教育、体育、宗教、慈善等类似目的的捐助,但要经过韩国广播通信委员会(Korea Communications Commission, KCC)的批准。对有线电视(Cable TV),外国人不能拥有综合有线电视广播公司超过 49% 以上的份额,外国人不能拥有转播有线广播公司(relay cable broadcasting company)

20%以上股权份额。[1] 外国个人、实体和组织不能拥有报纸出版商50%及以上的股权份额,而日报出版商不超过30%。[2] 有关投资的细节应当向知识经济部(Ministry of Knowledge Economy)报告,有关的文件证明应当提交到有关地方政府部门。其他的出版行业,外国个人、实体和组织不能拥有出版商50%及以上份额。[3]

《菲律宾宪法》第十六章一般条款第11条规定外资不能进入大众媒体。[4] 从事广告行业的外国投资所占份额限于30%。类似的还有美国对广播行业限制,在广播领域,外国投资不能享有超过25%的投票权。法国对于非欧盟成员方的投资限制在,日报、地面法语电视广播不超过20%的资本份额。全国无线电视、地方无线电视、地面广播方面,外国投资份额不能超过20%。[5]

具体的比例数额限制,各个国家情形不同,并无规律可循。但是一国文化产业领域的外国投资比例限制并非无依据的设定比例限制,主要是综合考虑一国的公司法制度。国际上通行的外国资本比例达到为10%以上才能称为直接"投资",一些国家将25%作为外资有效控制的最低比例,在此比例下的为被动投资者。[6] 除此之外,开放比例的多少也视该领域对于国家文化安全和公共利益的重要性,以及市场化程度而定。如果某领域关涉一国重大利益,则对外开放的外资比例很低;如果对重大利益影响不大,受市场化影响很深,则可以完全放开。

---

〔1〕 See Republic of Korea Broadcasting Act, article 14.

〔2〕 See Republic of Korea Act on the Promotion of Newspapers, article 13(4).

〔3〕 See Republic of Korea Act on the Promotion of Periodicals Including Magazines, article 20(3).

〔4〕 参见陈云东主编:《菲律宾共和国经济贸易法律选编》,中国法制出版社2006年版,第34页。

〔5〕 臧具林、卜伟才:《中国广播电视"走出去"战略研究》,中国国际广播出版社2014年版,第50页。

〔6〕 王宏军:《印度外资准入制度研究——兼论外资法的建构》,法律出版社2013年版,第92页。

二、设定高管国籍住所限制

一些国家对外商投资企业中的高管的国籍或住所有限制，保证本国人或本国居民在企业的董事会中占有多数地位，或者董事会主席、首席执行官等重要职位由本国人、本国居民担任，继而能够在企业的各种决定事项中处于主导地位，以维护本国文化利益。

新加坡立法对广播企业的董事会成员住所有限制规定。新加坡外资进入新加坡媒体行业需要得到媒体发展部（The Media Development Authority, MDA）的批准，无论外资来源于外国政府、外国个人还是外国公司。如果媒体发展部认为该外资是基于善意商业目的进入本国，则将予以许可。在广播电视领域，《新加坡广播法》第33条规定，新加坡的广播企业至少半数的董事都为新加坡居民，除非媒体发展部另有许可，媒体发展部有权任命广播企业的首席执行官、董事和董事会主席。第44条规定，外资持有比例或投票权不得超过49%。[1]

我国香港特别行政区对企业高管住所的限制在其法律制度中体现得尤为明显。《香港特别行政区广播条例》第8条[2]“可批给牌照的人”第4款规定，就本地免费电视节目服务牌照或本地收费电视节目服务而言，公司每次董事会议的法定人数中，过半数董事均是在当时属通常居于香港特别行政区，并曾于一段不少于7年的连续期间通常居于香港特别行政区的个人；该公司过半数董事及该公司过半数主要人员（包括负责挑选或制作电视节目或安排电视节目播放时间的主要人员）均是在当时属通常居于香港特别行政区，并曾于一段不少于7年的连续期间通常居于香港特别行政区的个人，但经管理局事先以书面批准者除外；就非本地电视

---

〔1〕 See Singapore Broadcasting Act.

〔2〕 第8条前3款规定如下：(1)行政长官会同行政会议可应任何公司以指明格式向其提出的申请，按照本条例批给牌照，以准许提供本地免费电视节目服务或本地收费电视节目服务；(2)管理局可应任何公司以指明格式向该局提出的申请，按照本条例批给牌照，以准许提供非本地电视节目服务或其他需领牌电视节目服务；(由2011年第17号第28条修订)(3)在不抵触第(4)款的条文下，如任何公司属某法团的附属公司，则本地免费电视节目服务牌照不得批给该公司。

节目服务牌照或其他需领牌照的电视节目服务而言,不少于一位该公司的董事或主要人员是在当时属通常居于香港特别行政区,并曾于一段不少于 7 年的连续期间通常居于香港特别行政区的个人。

《香港特别行政区电信条例》第 131 条还明确规定了"不合资格的人",如果不是"通常居于香港特别行政区,并曾于任何时间连续居于香港不少于 7 年;或是通常居于香港特别行政区的公司",则属于不合资格的人。如不合资格的人对持牌人有表决权的股份或在该股份中直接或间接享有任何权利、所有权或权益,则该有表决权股份的总和,在任何时间均不得超逾持牌人有表决权股份总数的 49%。

相比于新加坡的有关规定,我国香港特别行政区规定更加严格,除了该人在我国香港特别行政区有惯常居所以外,还对其中的时限予以规定,在香港特别行政区连续居住的时间不能少于 7 年。虽然也有不少国家立法对高管的国籍住所予以限制,但这种限制通常与外资比例限制规定相结合,极少情况下单独使用。至于国籍与住所的认定,还要依据该国有关国籍的法律规定。

三、设定企业组织形式限制

一些国家还对外国直接投资设立的企业类型予以限定。根据越南加入 WTO 的承诺,在广告服务领域,外国投资者在越南若要从事广告行业,应当与越南合伙人建立合营企业(Joint venture)。在特定的视听服务领域,涉及动画片制作、动画片分销、动画片播放(Projection)服务,外国实体应当与官方许可的越南籍合作者缔结商业合同或成立合营企业。动画片播放服务方面,越南的文化中心、电影中心、公共电影俱乐部以及移动放映团队等不能与外国服务提供者缔结商业合同及设立合营企业。[1] 加拿大对图书出版与发行方面的绿地投资,也限于加拿大方控股的合营

〔1〕 See Vietnam GATS commitments on audiovisual services, Accessed March 2, 2020, at http://i-tip.wto.org/services/DetailView.aspx/? id = Viet%20Nam&isGats = 1&sector_code = 2.D.

企业。

不少国家都乐于对外资进入的企业组织形式予以限制,大部分都是采取“合营”方式。对东道方来说,可以在获取外国强大资本与技术支持的前提下又保有对敏感行业或幼稚产业的控制。采取合资形式,主要是为了获得大量的资金;采取合作方式,则主要是为了获取先进技术和管理经验。东道方也可以利用外国投资来扩展国际市场,促进本国产品出口,扩大外汇收入来源,加快本国企业走出去进程。对于海外投资者来说,与东道方政府或者私人合营,一般皆可以取得东道方法人资格,享受东道方国民待遇和投资优惠政策,避免进口关税负担和其他贸易壁垒阻隔。由于合营也有东道方的资本参加,可以减少由于东道方政策法律变化而带来的政治风险。另外,外国投资者可以通过合营的形式了解当地政治、经济、文化情况,有助于因地制宜地进行生产与销售活动,有助于减少由于不了解当地政策法律而难以获取当地信贷融资的情形,充分利用当地便利化条件,降低成本,提高效益。从而最终有助于扩大企业品牌在东道方的辐射和影响,占领市场。[1]

四、设定特殊管理股权限制

特殊管理股主要源于政府在国有企业私有化过程中以及文化传媒企业在上市后创始人保留控制权的工具,与“同股同权”“一股一权”相对,是指股份所享有的权利不均等的股权管理模式。特殊管理股有很多表现形式,常见形式如黄金股(golden share)、管理股(management shares)等。特殊管理股的目的“通常是政府为了达成某些政策目标,这种政策目标的理由是为了公共利益”,[2]或者是企业创立者或高层管理者为了确保对公司的控制权,免于恶意收购。

黄金股制度最早源于欧洲,国家可以在企业享有名义股份,如 1 英镑

〔1〕 参见甘培忠:《企业与公司法学》,北京大学出版社 2014 年版,第 119 ~ 120 页。
〔2〕 张立省:《欧洲黄金股研究及对我国的启示》,载《管理现代化》2012 年第 1 期。

的股份,从而在公司享有一票否决权,以避免涉及民生的关键行业,如国防、交通、能源、通信等被海外收购。管理股制度是在企业内部设置特殊股权制度,设置普通股与管理股,普通股代表的投票权通常为一股一权,管理股所代表的投票权要远高于普通股,从而保证少数人对企业的控制权。

在立法层面,新加坡在新闻报纸和其他出版物领域规定了管理股制度,外国人不能持有管理股,以保证国家对于新闻舆论的有效管理。在《新加坡新闻出版法》(The Newspapers and Printing Presses Act, NPPA)第10条明确规定,报纸企业设立双重股权——管理股(management shares)和普通股(ordinary shares)。无论是发行还是转让,管理股只能由新加坡居民或者特许的公司持有。企业发行管理股应占其所有发行股份或资本的1%及以上。管理股每股代表200个投票权,用于企业人事任免事项。[1]

在实践层面,许多报业大亨,如美国《纽约时报》《华盛顿邮报》,英国《每日邮报》《每日电讯报》以及谷歌(Google)和"脸书"(Facebook)也都设置了管理股制度,将重要表决权的股票由企业创始人及其家族持有,其他股票上市流通,以保证创始人或其家族对公司的控制权。新浪微博的母公司新浪同样获得了3倍于普通股的投票权,因此获得了新浪微博80%的投票权。[2]

不过,特殊管理股制度的合理性也存在诸多争论。反对特殊管理股制度者主要认为其限制股权流动与并购,阻碍资本自由流动,挑战了传统公司法中的同股同权、股东民主原则,导致管理层利用控制权获取不当收益或作出损害中小股东的决策。而特别管理股的优势也在于能够保证公共利益的有效实现和管理者反并购的需求,也能够保证原始投资人或创始人对企业的控制权,更能够放开企业吸收外来资金的能力,满足投资者

---

〔1〕 See Singapore Newspaper and Printing Presses Act, article 10.

〔2〕 李朱:《特殊管理股制度的理论与实践思考》,载《江西社会科学》2014年第6期。

的多样化需求。部分投资者并无意愿参与企业管理，只是想获得利润收益，同股不同权制度正好满足了他们的需要。

特殊管理股制度在欧洲国有企业股份制改造过程中发挥了比较积极的作用，作为一种有效的制度创新在欧洲各国广为流传。然而，它意味着政府可以行公共利益之名来阻止任意一场海外收购，被视为与欧盟立法相悖，违反了资本自由流动原则。随着欧盟一体化进程的加速，特别是1994 年《马斯特里赫特条约》生效后，欧盟委员会开始参照该条约的第 56 条“禁止在欧盟成员方之间以及欧盟成员方和第三国之间对资本和支付进行任何限制”的规定，先后在 1997 年和 2004 年进行了两次调查，并责成各国限期修改其政府特权的限制性规定。在欧盟的压力下，部分国家修订了有关法律和法规，也有国家认为黄金股是为了国家和社会公众的利益并未违反欧盟法律的相关规定，并由此产生一些诉讼。欧盟委员会陆陆续续向欧洲法院提起针对意大利、葡萄牙、法国、比利时、西班牙、英国及德国的黄金股诉讼。不少国家败诉后不得不撤出本国政府所有的黄金股。

由于被欧盟委员会起诉，意大利被欧洲法院要求出具更加明确的规则，从而为有关企业实现预估可能受到的限制提供更多的可参考性和预见性。故而2012 年3 月意大利发布第21 号令，对黄金股的有关制度予以限制和更加明确的规定。其中黄金股限于在与国家安全有关的具有战略意义的行业，主要是能源、交通和通信行业，规定只有在严重损害本国根本利益时才能够适用一票否决权。[1] 可见，欧盟并不绝对反对各国使用黄金股制度，但是要足够克制和足够的透明度。

特别管理股制度的确存有争论，虽然在欧洲黄金股制度已经走向没

---

〔1〕 Guido Inzaghi and Alessandro Piermanni, “From ‘Golden Share’ to ‘Golden Powers’”, Accessed March 2, 2020, at https://www.dlapiper.com/~/media/Files/Insights/Publications/2012/07/Italy%20From%20golden%20share%20to%20golden%20powers/Files/From_golden_share_to_golden_powers_EN/FileAttachment/From_golden_share_to_golden_powers_EN.pdf.

落,但是在亚洲地区则并不会就此消亡。[1] 由于亚洲国家普遍还在发展中阶段,资本的自由流动尚比不上欧美发达地区,加上长久以来的政府集中管制的悠久传统,因此,特殊管理股制度在亚洲地区依旧可以发挥很大作用,尤其是在传媒产业领域,虽然不少国家对于传媒领域外资准入十分严格,但是依旧可以通过特殊管理股制度,放开外资限制,引入资本的同时又能够保证政府的控制权。

本章小结

综上所述,除了少数国家没有专门限制以外,大多数国家还是对文化产业领域外国直接投资准入予以限制。在立法模式上主要体现为3种方式:适用一般外资准入规则、适用个案审查方式、适用专门的立法规定。不过,个案审查方式与成文法专门规定这两种途径并不相互排斥,由于文化产业领域众多,一国可能在不同领域分别采用上述两种路径;一国可以在同一领域中同时采用上述两种规制模式。对于外国直接投资准入的具体条件,主要体现为4种限制,即股权比例、高管国籍住所、企业组织形式、设定特殊管理股。这4种限制也往往被有关国家立法混合使用。即使是采用净收益标准个案审查的加拿大,也有企业组织形式的要求,如在图书出版与发行领域,绿地投资需要设立加拿大控股的合营企业。除了特殊管理股限制以外,另外3种限制都十分常见,特殊管理股只是在部分国家如新加坡有规定。虽然特殊管理股不是国家专有的管理方式,不少家族企业也如此,但是这种制度依旧值得我国借鉴。

---

[1] 我国台湾地区2000年修订"公营事业转移民营条例"时,在第17条明文引进"黄金股"制度。韩国在经历东南亚金融危机重创后,在2006年考虑实行黄金股制度,以协助本国企业抵御敌意收购企图,防止原始资产在金融危机中被贱卖。

第五章　文化产业外国直接投资并购的限制

文化产业经营正在走向高度的集中化和垄断化、多元化和全球化，这种趋势在欧洲和北美尤其明显。德国著名出版商贝塔斯曼控股卢森堡广播电视公司（Radio-Tele-Luxembourg，RTL）集团中90.4%的股份，成为欧洲受众最广、盈利最多、规模最大的广播电视集团。2007年，德国最大电视公司ProSiebenSat.1以33亿欧元收购荷兰SBS广播集团100%的股份，成为欧盟国家第二大电视和广播公司。2008年欧洲委员会和美国反垄断监管机构批准了加拿大汤姆森公司收购路透集团的交易。2010年，美国迪斯尼公司宣布与韩国最大的通信运营商SK电讯合作，成立TMK合资公司。我国文化企业对外并购浪潮也十分热烈。万达并购了美国影院AMC，温州西京集团收购英国螺旋桨（PROPELLER）卫星电视台，北京松联国际传媒与天星传媒联手收购美国天下卫视华语电视台，北京天创国际演艺并购美国白宫剧院，等等。

可见，在文化产业领域，跨国并购早已成为外国资本进入东道方的重要方式。不过，与“绿地投资”相比，外国资本进入东道方除了受本书前述的具体准入条件的限制外，还可能由于采用并购方式投资造成一定程度的垄断而受到东道方的严格审查。这些严格审查可能不仅针对外国资本的并购行为，但是作为文化产业领域的外国投资却受到相比其他外资并购更加严格的限制。至此，本章重点研究文化产业领域不同于其他产业的、对外国资本并购的限制，并以最突出的传媒领域为例，研究并购导致的媒体集中的限制规则。

传媒产业“在行业准入方面，国家实行严格管制，准入条件也比其他产业更严格”。[1] 传媒产业包括报纸期刊、图书音像出版、广播电视等，它是社会系统的重要组成部分，具有信息传播的功能，为公众快速地获取大量信息提供有效渠道。它是“社会的排气阀”，是缓和社会矛盾，协调各种观点和意见的平台。除此之外，它还有文化传承、引导舆论等重要功能，兼有巨大的商业价值。传媒产业生产的产品传达了思想和价值取向，对社会有巨大的影响力，因此在该领域的外国资本并购会受到更多限制。

当前中国国际地位和国际影响力不断提高，而文化“软实力”却没有伴随国家“硬实力”的优势齐头并进。中国文化产业要加速发展就必然要参与国际市场，而媒体在其中理应承担更多的角色重任。目前，我国尚没有如欧美一般大规模的跨国传媒巨头，如果想要参与国际市场竞争，就必然要积极“走出去”。不过，“走出去”面临两大困难：一是各国对文化产业，尤其是传媒行业都有一定的准入壁垒，在外国投资并购方面有特殊的规则；二是目前“西强东弱”，西方媒体产业发达强势，而我国媒体产业实力相对弱小，“走出去”竞争力偏弱。西方着手探索媒体集中的实践已经进入寻求政府规制与自由发展的平衡阶段，而我国媒体集中的实践才刚刚起步。“我国传媒资本积累和融资脱节，产业资本积累低，投融资能力相对弱，在国际传播市场上的总体竞争力偏弱。”[2] 鉴于此，深入了解和研究西方针对媒体外资并购的规制方法，能够推动眼下我国媒体行业深化改革，前瞻性地对我国媒体行业长远发展起到借鉴作用。

---

[1] 田韶华等：《传媒产业法律规制问题研究》，中国传媒大学出版社 2009 年版，第 6 页。

[2] 臧具林、卜伟才：《中国广播电视“走出去”战略研究》，中国国际广播出版社 2014 年版，第 72 页。

第一节　文化产业外国直接投资并购限制的立法模式

作为文化产业重要部门的媒体产业，最能体现文化产业特殊性，也最能反映国家规制在文化产业中的突出特点。媒体最能够突出的反映文化产业的双重属性——政治文化属性和商业属性。这双重属性决定了对该领域外资并购的管制存在两个层面：一是保证其政治文化属性，保证表达渠道畅通有效；二是从商业属性出发，鼓励竞争，对不正当竞争、滥用市场地位予以规制。这两个层面反映在立法上即衍生出两种立法模式：一是出于维护表达自由和媒体多元化而有专门立法予以特殊规定；二是为了防止媒体过分集中而通过竞争法予以规制。

如果基于媒体多元化的考虑作出专门规定是体现了其政治文化属性，那么采用竞争法的方法则是反映了其经济属性。但是专门规定与竞争法规定在作用上不能完全等同，竞争法保护作为消费者个人的经济利益，保证消费者能够在合理的层面作出有价值的选择。因此，从这个角度来说，竞争法防止垄断，在一定程度上有助于实现媒体多元化。而社会作为一个整体，仅依靠竞争法并不能满足个人作为民主社会公民的全部需求。市场的趋利性导致媒体只为那些能够负担消费的人提供服务，会导致媒体只提供能够吸引眼球的信息，而社会则是希望所有人都能够获得服务，且所有多元化的新闻和信息都能够被提供。因此，二者在某种程度上并不能相互替代。本章节将对媒体领域的外资并购专门规定和竞争法规定两种路径作出探讨，并归纳总结两种路径之间的关系。

一、适用专门立法的特殊规则

英国、加拿大、澳大利亚、美国、德国对媒体集中有专门规定。在外国投资领域，为了实现表达自由和媒体多元化，主要是对同类媒体集中和跨类媒体集中进行规制。同类媒体集中，主要是电视、广播、报纸等行业在本行业内进行的兼并与收购行为;跨行业媒体集中是不同的媒体行业之间进行的兼并与收购行为,如报纸与广播的合并。

这些特殊的规则一般规定在有关国家专门的行业立法之中,如《澳大利亚广播服务法》、1996 年《美国电信法》、2003 年《英国通信法》、1991 年《加拿大广播法》和 1993 年《加拿大电信法》等。总结有关国家立法与实践,对于同类媒体集中主要适用“最少声音规则”,主要是指在一个特定区域内存在的媒体数量不能少于某具体数额,从而保证在一个区域内有一定数量的媒体表达声音。跨类媒体集中主要适用“3 选 2”规则,即只允许报纸、广播、电视三种媒体中的两种合并。上述规则仅从各国规定中抽象出的一般规则,不同国家的规定依旧呈现出不同特点,将在本章下一节有详细论述。

二、适用竞争法规则

一些国家对于外资并购媒体集中没有专门规定,仅适用竞争法规制。如新西兰对媒体集中没有专门的特别规定,一并采用国内竞争法予以规制。新西兰曾经对于外资进入媒体领域有所规制,但是 1989 年《新西兰广播法》(Broadcasting Act 1989)废除了这些规定,自此有关媒体集中的限制全部由 1986 年《新西兰商业法》(Commerce Act 1986)规定。媒体并购需要得到新西兰商业委员会(New Zealand Commerce Commission, NZCC)批准。

不过,专门规定与竞争法规制并不是相互排斥的。不少国家不仅对媒体集中有专门规则,同样也不排除竞争法规则,只不过在反垄断的审查中侧重考虑媒体的有关因素。如 2003 年《英国通信法》修改了 2002 年《英国企业法》中企业并购中“公共利益”的规定。2010 年《澳大利亚竞争与消费者法》规定了媒体兼并的考虑因素等。这将在本章第三节进行详述。

三、特殊规则与竞争法规则的关系

欧盟规制媒体集中的纠结态度很好地反映了特殊规则与竞争法规则

的关系。欧盟曾想通过制定专门规定的方式,对大量的跨境媒体集中予以特殊专门规制,但这一计划由于施行难度大而不得不搁浅。

早在20世纪90年代欧盟开始关注跨境媒体集中损害媒体多元化的问题,并作了几次积极尝试来规制这一问题。1992年欧盟委员会起草了《有关"内部市场的多元化和媒体集中"绿皮书》(以下简称《绿皮书》),其中提出了3种可能性:在共同体层面没有特别行动;只为提升各国规定的透明度的行为;统一各国立法的行为。《绿皮书》出台之后,各方的反映大不同,欧盟出版理事会(the European Publishers' Council, EPC)认为欧盟层面不应当在出版行业有过多干涉,国际新闻工作者联合会欧盟分会(European Group of the International Federation of Journalists, EGIFJ)赞成在欧盟层面有统一的规则,而独立电视协会(Independent Television Association, ITV)则反映了大多数人的心态,认为《绿皮书》的目的不明确,本身就处在自由市场和媒体多元化控制的两难境地。[1]

1994年欧盟委员会对《绿皮书》作了修改:相比自由市场,更加关注规则的统一协调;增加了信息社会的有关事项;采取了用户占有率,而不是市场占有率作为评判市场集中的标准。1997年欧盟委员会又对此作了修改,起草了"媒体所有权指令",其中有两项明显的修改:不再以"多元化和集中"作为题目,而是采用"媒体所有权"(media ownership),更关注自由市场、消除内部市场壁垒;引入了"灵活条款",允许成员方驱逐它们认为损害该国媒体多样性的媒体所有权人,即使它们没有达到指令规定的门槛。这带来一个严重的问题就是,灵活条款可能架空指令的规定,各国规定不一,成员方完全可以依照本国更加严苛的限制驱逐媒体所有人。[2] 况且,很难找到合适的门槛来规制媒体集中,例如1994年草案采用30%的用户占用率作为评判媒体集中的标准,然而,欧盟不少成员方市

[1] L. P. Hitchens, "Media Ownership and Control: A European Approach", *The Modern Law Review* 54, 1994, p. 596.

[2] Gillian Doyle, "Regulation of Media Ownership and Pluralism in Europe: Can the European Union Take Us Forward?", *Cardozo Law's Arts & Entertainment Law Journal* 16, 1998, p. 471.

场规模小，仅有的两家电视台的用户占用率必然超过30%，出台一个统一的规制媒体所有权的指令并不现实，就此欧盟用统一指令规制媒体所有权的尝试不得不搁浅，目前欧盟依旧采用竞争法规制。

欧盟层面目前针对媒体事项用竞争法规制，但是各个成员方对于媒体多样性、信息自由有管辖权。媒体行业在评估合并兼并时其营业额门槛要低于其他行业。2004 年《欧盟合并条例》(Merger Regulation 139/2004)第 21 条第 4 款规定成员方可以为了保护媒体多样性施加更多的条件。[1] 虽然有不少评论说欧盟可以放开对媒体集中的管制，但是由于欧洲市场自身条件的限制，如市场范围小、语言障碍等还尚不能达到区域性的自由流动。为此，《欧盟电视无国界指令》(Television without Frontiers Directive)仅主张欧洲电视节目在各成员方之间的自由流动，以维护重要的公共利益，如文化多样性、保护少数民族等。

从整个欧盟规制媒体集中所作的种种努力来看，无非就是在自由市场与媒体多元化之间作出选择。目标是自由市场则以竞争法规制，目标是媒体多元化则以特别规定规制。1992 年的《绿皮书》就是由于目标不明而引发各利益集团的议论。暂且不谈欧盟内部各种复杂因素导致不能够在区际层面作出统一的规定，自由市场与媒体多元化并不具有清晰的界限，也很难划出一条清晰的界限，两者各有所长，在目标上是“不排斥可互补”的关系。

对媒体集中有特别规定的好处在于，给投资者清晰明确的行为指引，而采用竞争法则审查标准不明确，依靠个案排查。不过，特别规定依旧有不足之处：首先，过于明确导致不能够囊括所有的媒体形式，尤其是新兴媒体，也不能伴随经济发展迅速对各种审查量化标准作出反应，具有严重的滞后性；其次，特别规定的规则设计是基于媒体平台的数量和覆盖率，而不是影响力，仅是数量上的计算，而不考虑各个平台是否能够提供大量

---

〔1〕 Commission of the European Communities, “Media pluralism in the Member States of the European Union”, Accessed March 2, 2020, at http://ec. europa. eu/information_society/media_taskforce/doc/pluralism/media_pluralism_swp_en. pdf.

有影响力的内容。例如，不少商业广播多半提供音乐欣赏服务，只有少部分涉及新闻时事，而商业电视的晚间档可能提供各种各样的服务，不限于新闻，还包括娱乐等。报纸印刷业集中提供新闻服务，而不少互联网的门户网站除了提供新闻时事服务之外还提供大量的娱乐消息。不同媒体影响力不同，对于民主社会中媒体多样性和表达自由的作用也不同。

竞争法规制的不足主要在于没有考虑到媒体集中的特殊性，个案因素考量的审查方式无法给予投资者以明确指引。竞争法的门槛普遍过高，不少媒体可能还没有达到竞争法审查的门槛，就已经造成过度媒体集中，从而损害了媒体多元化。

介于以上原因，特别规定和竞争法均可对媒体集中作出规定，不过竞争法可能是限制媒体集中的最后一道门槛。企业即使满足了对于媒体集中的特别规定，也不意味着其能够符合竞争法的规定，依旧可能要受到有关机构的审查。审查机关在审查过程中应当充分考虑与媒体有关的因素，需要专业从事媒体行业的人员与机构的参与。英国的做法是咨询英国通信管理局，德国的做法是设立专门规制媒体集中的机构并赋予其竞争法的职能。由于竞争法考虑因素的不确定性，有关机构可以出具报告，明确列举出考虑的各种因素，为投资者提供明确的政策指引。

第二节　文化产业外国直接投资并购专门立法的特殊规则

总结限制媒体集中的特殊规则的一般规律不是一件容易的事。欧盟曾经尝试建立一套统一的规制媒体集中的评价体系，但是最终不得不放弃。每个国家都有权依照本国市场的性质和特点规制本国的媒体集中行为，各国由于语言和文化的多样性、市场大小不同导致对媒体集中规制的门槛不同、采用的手段不同，统一规制十分困难。不过，有关国家基本上都对两类媒体集中予以专门规制，一类是同类媒体集中，适用“最少声音”规则；另一类是不同类型的媒体集中，也称跨类媒体集中，适用“3 选 2”规则。

一、“最少声音”规则

“最少声音”规则是从有关国家立法规定中,根据其立法目的抽象概括出来的规则,在不同国家有不同的表现形式,本质上是为了保证区域内的“表达声音”数量。现实生活中,可能一个媒体即为一个“表达声音”,或者同时被一个所有人所有的几家媒体为一个“表达声音”。“最少声音”规则是出于保护媒体多元化和表达自由的目的,防止媒体过分集中,规定在特定的区域内,媒体的数量不能低于某个具体数值,或者特定区域的多家媒体背后的所有权人不能低于某个具体数值。最具有代表性规定的国家有澳大利亚、美国和法国。

澳大利亚直接规定了特定区域的最少媒体数量。澳大利亚视媒体行业为敏感行业,所有的外商投资都要由澳大利亚财务大臣(Treasurer)批准。澳大利亚有关媒体集中和多样性问题争议了有10年之久,直到2007年4月,1992年《澳大利亚广播服务法》修正案通过。新《澳大利亚广播服务法》出台后,有以下规定:废除了商业电视和付费订阅电视领域外商投资关于广播节目的限制,废除原有的跨媒体集中限制,废除外商投资政策中有关报纸行业外商所有权的特别规定。确立了以下规则:(1)“5/4规则”,即在大型城市商业电台牌照区域,至少有5家独立的媒体,在区域商业电台牌照区域,至少有4家独立媒体;(2)“75%覆盖率规则”,即同时拥有一个或几个公司的高管或股东,不能对受众覆盖率超过75%澳大利亚人口的公司行使控制权;(3)“一区一证”规则,同时拥有一个或几个公司的高管或股东,不能在某一牌照区域持有一个以上的商业电视执照;(4)“一区二证”规则,同时拥有一个或几个公司的高管或股东,不能同时在同一牌照区域持有两个以上的商业广播执照。需要注意的是,牌照区域不是按照地理区域严格划分的。另外,在此处的“控制”不是所有权,只要个人享有企业超过15%的份额才能构成了“控制”。除了享有公司份额,其他行为也可能构成“控制”,例如,执照的持有人,或者在执照持有人所拥有的项目中发挥重要作用的人,能够任命或选举超过一半董事会成员的人等都构成“控制”。[1] 不过,2016 年 9 月,澳大利亚政府意图修改 1992 年《澳大利亚广播法》,主张废除“75% 覆盖率规则”和“3 选 2”规则,认为这样的规则限制了传统媒体优化业务范围与格局、获取资源、资金以及从其他类型媒体获取经验,改变规则能够使传统媒体更好适应正在变化的媒体格局。[2]

不同于澳大利亚作出的直接正面规定,美国从侧面规定了所有权人能够控制的最多的媒体数量。美国联邦通信委员会(Federal Communications Commission, FCC)每 4 年审查一次媒体集中规则,看其是否符合公共利益,是否要废除过时的规则。有关媒体集中的限制主要规定在 1996 年《美国电信法》(Telecommunication Act 1996)中。其他的规定还包括:(1)“最少声音”规则(minimum voices),即在地方电视方面,一个公司实体在一个指定媒体区域只能拥有两家地方电视台,这两家电视台服务的区域不能重叠,2 家中至少有 1 家不是四大最高评级的电视台,在合并之后至少能够保证有 8 家独立的商业或非商业广播电视台。在地方广播方面,如果市场上有超过 45 个商业广播台,当事人只能拥有或控制最多 8 家商业广播台,其中不超过 5 家提供相同服务;如果市场上有 30 ~ 44 个广播台,一个公司最多可以拥有 7 个商业广播台,其中不超过 4 家提供相同服务;如果市场上有 15 ~ 29 个商业广播台,当事人可以控制最多 6 家商业广播台,其中不超过 4 家提供商业服务;如果市场上少于 14 个商业广播台,当事人只能最多拥有 5 个商业广播台,不超过 3 个

---

〔1〕 Australian Government Department of Communications, “Media Control and Ownership Policy Background Paper No. 3”, Accessed March 2, 2020, at http://www. presscouncil. org. au/uploads/52321/ufiles/Control _ Background _ Paper _ Australian _ Government _ Department _ of _ Communications. pdf.

〔2〕 See Department of Communications and the Arts of Australian Government, “Updating Australia’s Media Laws”, Accessed March 2, 2020, at https://www. communications. gov. au/publications/fact-sheet-updating-australias-media-laws.

提供相同服务,同时占有每个电台的份额不超过50%。[1] (2)用户覆盖率规则,全国性电视台所有者不能享有超过全国39%的用户覆盖率。[2] (3)双头垄断规则(dual network rule)禁止澳大利亚境内ABC、CBS、Fox、NBC四大媒体巨头合并。

法国则是综合规定所有权人能够拥有的执照的数量和股权份额。法国视听理事会(Conseil Superieur de l'Audiovisuel, CSA)是负责媒体部门的最高机关。该理事会负责监管媒体所有权和集中事项。竞争管理部门有义务向该理事会咨询媒体兼并的有关事宜。股东若持有超过10%的股份有义务向该理事会报告。在电视和广播方面,个人不能拥有超过49%份额的全国电视频道,或者超过33%份额的地方频道,并且频道每年平均用户占有率达到2.5%。如果个人持有两家执照,则第二个执照不能拥有超过15%份额,如果持有3项执照,则第三个执照不能拥有超过5%的份额。个人不能拥有超过1个的模拟信号(analogue)的执照或者7个数字领域(digital)执照,不能拥有超过两个卫星执照,禁止拥有2项地方电视执照,如果用户超过600万就只能拥有1个执照。对于广播来说,一个实体若用户超过1.5亿,就不能控制有1个或者更多的电台及网络。报纸所有权方面,公司若并购新报纸后增加日销量超过30%,则不允许并购一家新的报纸。

从以上规则来看,我们可以从中总结出以下几点:(1)各国对于同类媒体集中的规定区分不同领域,如报纸、广播、电视等,除了区分不同领域,还区分不同地域层级全国和地方、大型城市和中小城市。(2)"最少声音"规则在不同国家有不同的侧重点。美国的"最少声音"规则主要针对企业,即一个企业在特定的区域所能够拥有媒体的最大数量限制,如果一家公司代表一种声音,则能够保证特定区域内最少可以拥有几种声音。

---

〔1〕 Michael McEwen, "A Report to the CRTC: Media Ownership; Rules Regulations and Practices in Selected Countries and Their Potential Relevance to Canada", Accessed March 2, 2020, at http://www.crtc.gc.ca/eng/publications/reports/mcewen07.htm.

〔2〕 1996年《美国电信法》规定的是35%的用户覆盖率,FCC提议将其提高至45%,而美国国会介入最终决定限制在39%。

澳大利亚的“最少声音”规则，即“5/4 规则”其实是从另一角度阐释，规制的主体是市场，是对牌照颁发机关颁发许可行为设置的最低标准。至于如何设置最少声音的数量，则依照一国具体国情规定。(3)“最少声音”规则往往与用户覆盖率规则结合使用。针对企业规定用户覆盖率规则，企业不能够控制达到一定用户覆盖率的其他企业，或者自身覆盖率不能够超过一定比例。虽然“最少声音”规则和用户覆盖率规则都是旨在保证市场上存在一定数量的媒体、表达不同的声音，但是两者针对性不同，“最少声音”主要针对特定区域，而覆盖率则更倾向于针对全国范围。

除了对媒体数量进行限制的规制方法外，还有从持有比例角度进行限制。美国的“最少声音”规则是对企业拥有媒体数量的限制，而法国的规定则是侧重于持有比例的限制，主要是从股权和资本额角度规制。相比于美国和澳大利亚，法国的规定更具有综合性，融合了数量、持有比例和覆盖率的限制。它不仅规定了个人可以持有执照的数量，还规定了对每个频道所持有的权益比例，并且还对频道的覆盖率作出限制。

二、“3 选 2”规则

“3 选 2”规则在有关国家被广泛地适用，是指在广播、电视、报纸三种类型的媒体中，仅允许其中两类媒体的合并，是规制跨媒体集中最基本的规则。虽然大多数国家都规定了“3 选 2”规则，但是不同国家对其中两类媒体的合并依旧设置了不同的限制条件。

英国规定了两类媒体合并中各项媒体的份额限制。2003 年《英国通信法》附件 14 是关于媒体集中规则规定，即“20/20”规则：如果报纸所有者经营全国性报纸或者地方性报纸并占有（独自占有或共同累计占有）全国或地方市场份额的 20% 以上，不得持有 Channel 3 的执照，也不得参与持有该执照超过 20% 的份额。[1] 2011 年《英国媒体所有权（无线广播和

〔1〕 Select Committee on Communications, “Media Plurality 24, 1st Report of Session 2013 - 2014”, Accessed March 2, 2020, at http://bufvc.ac.uk/copyright-guidance/mlr/index.php/site/387.

跨媒体)命令》删去了地方报纸所有者持有 Channel 3 执照的份额限制,也删去了持有多个无线多路(Radio Multiplex)执照的限制。而 Channel 3 的执照的持有者也不能参与全国性报纸运营商超过 20% 的份额。参与报纸所有者份额 20% 的法人团体不得参与持有 Channel 3 的执照 20% 以上份额。此外,英国还规定了"公共利益测试"标准来防止媒体过分集中而影响多样性;禁止特定的人,如广告机构或政治实体持有广播执照,以防止利用媒体造成的不正当影响。

美国起初则是规定了两类媒体合并中不同媒体的数量。美国联邦通信委员会在 2006 年的审查中希望放开跨媒体集中的限制,但是该提议被法院驳回,美国当时禁止覆盖范围相同的提供全面服务的广播台或者日报之间的合并。在地方广播和电视台交叉方面,考虑市场大小:(1)如果市场拥有至少 20 家独立媒体,一个实体可以最多拥有 2 家电视台 6 家广播台,或者 1 家电视台 7 家广播台;(2)如果市场拥有至少 10 家独立媒体,一个实体可以最多拥有 2 家电视台 4 家广播台;(3)在最小的市场,一个实体可以拥有 2 家电视台和 1 家广播台。[1] 而 2017 年美国联邦通信委员会取消了上述的跨媒体集中的禁止性规定,主要体现在:(1)广播台与日报如果两者辐射范围与市场重合则可以合并;(2)广播与电视之间如果有相同市场,也可以合并。如同澳大利亚的媒体改革一般,同样是为了应对现代媒体市场的娱乐、新闻和信息资源的多样化。[2]

上述国家均采用了"3 选 2"规则,在报纸、广播与电视三者之间选择其中的两项经营。虽然在主要问题上各个国家采取一致的做法,但是具体规制还有所区别:美国主要是规制具体媒体的数量,结合市场现有的媒体数量,区分不同情形规定一个实体可以拥有的具体的不同媒体数量;英国则规制市场份额和所有权比例,如"20/20"规则,而在当前互联网时代

---

〔1〕 Federal Communications Commission,"FCC's Review of the Broadcast Ownership Rules", Accessed March 2, 2020, at https://www.fcc.gov/guides/review-broadcast-ownership-rules.

〔2〕 Federal Communications Commission,"FCC Broadcast Ownership Rules", Accessed March 2, 2020, at https://www.fcc.gov/consumers/guides/fccs-review-broadcast-ownership-rules.

背景下，新媒体的兴起使一些国家开始考虑放松“3 选 2”规则的限制，美国和澳大利亚已经明确表示放弃了这类规则，而英国也正在考虑改变现有的媒体规制框架，但由于英国“公共利益测试”标准的灵活性，目前还尚未出现明显重大的规则变化。[1]

综上所述，虽然各国规定有异，但是在媒体集中问题上，依旧可以发现以下共同点。首先，上述国家从媒体多元化的角度出发，普遍关注国内市场的最低媒体数量，对媒体过分集中的行为予以规制。其次，上述国家界定“控制”都是从经济利益（所有权）或对其他媒体企业影响力角度出发，关注企业的市场影响力和受众获得媒体服务的覆盖率，同时还要符合该国对外资比例的限制。

第三节　文化产业外国直接投资并购竞争法规制的特殊因素

一些国家出于媒体多元化原因，对媒体集中通过专门立法规定对其予以限制，还有部分国家对于媒体集中没有特殊规定，而仅采用竞争法方法规制，如新西兰。但是，一些有专门规定的国家同样也有相应的竞争法规制方法，且在竞争法上对媒体集中作了更特殊的规定与考虑。不过有关国家的做法并不相同，难以用明确的类别区分与列举，本小节仅阐述具有显著特点的四个国家对该问题作出的特殊规定与考量。

一、特殊的审查程序

英国对媒体集中规定了“公共利益标准”的特殊审查程序。2003 年《英国通信法》对媒体集中有专门的规定，修改了 2002 年《英国企业法》。原有的《英国企业法》对于企业并购只是规定了公平交易委员会（Office

〔1〕 See OFCOM, “The operation of the media ownership rules listed under Section 391 of the Communications Act 2003”, Accessed March 2, 2020, at https://www. ofcom. org. uk/__data/assets/pdf_file/0030/127929/Media-ownership-rules-report-2018. pdf.

of Fair Trading, OFT)和竞争委员会(Competition Commission, CC)予以审查和调查的权利,以及英国国务大臣(实践中多为贸易与工业部大臣)依据"公共利益"的理由予以介入的权利。但是根据《英国通信法》,国务大臣介入的"公共利益"是专门针对新闻和广播媒体的利益考量,被规定在《英国企业法》第58条第2A项至第2C项。其中,第2A项和第2B项是针对报纸行业的规定,第2C项是针对广播媒体或者跨媒体(报纸与广播媒体之间)的规定。在英国国务大臣介入之后,英国通信管理局有提供咨询的义务。其中利益考量包括报纸类利益考量和广播媒体或跨媒体利益考量。第58条第2A项和第2B项规定新闻报纸利益考量有:(1)准确的陈述新闻;(2)言论自由;(3)多样化的观点。第58条第2C项规定的广播媒体利益考量有:(1)足够多数多样的人控制媒体企业来服务英国每一个不同的观众、每一个特定的地区;(2)英国范围内有大量的广播能够提供高质量的节目、满足多样化的品位需求;(3)从事媒体行业的人能够真正信守承诺,履行2003年《英国通信法》第319条规定的基本目标。[1]

审查并购的一般标准主要有二:(1)营业额规则,即被兼并的企业营业额超过7000万英镑,或者(2)供应份额规则,即兼并后将在英国境内创造或提升至少25%的市场供应额度。如果满足上述标准,则落入一般的公共利益审查体系,英国国务大臣要考虑该并购是否影响到公共利益,如果有则需要介入并购,英国通信管理局将提供有关新闻报纸或媒体利益的考虑。英国国务大臣将考虑是否要将并购基于公共利益提交竞争委员会。如果国务大臣认为不需要介入并购,则由英国公平交易委员会基于竞争法的有关理由来考虑。

如果不满足上述的一般标准,则落入特殊公共利益审查体系(Special

[1] 这些基本目标是,电视广播所提供的节目内容能够满足下列要求:保护18岁以下未成年人;不含有鼓励煽动犯罪、扰乱社会秩序的行为;公正、准确;合理限度的宗教节目;为公众人物提供充分保护免受负面信息侵犯;禁止政治广告;禁止误导、有害、冒犯性质的广告;遵守英国有关广告的国际义务;禁止不宜的捐赠节目;没有过度歧视广告主;不存在在观众没有意识到的情形下向其传递影响其思想的信息。

Public Interest Regime),这时要考虑该并购是否涉及英国境内报纸或广播行业25%的市场供应额度。如果有,则要考虑是否涉及公共利益,若涉及公共利益,则国务大臣会介入,Ofcom将提供有关新闻报纸或媒体利益的考虑的咨询意见。国务大臣将考虑是否将并购基于公共利益提交竞争委员会。

2007年12月英国反垄断委员会(UK Competition Commission)要求英国天空电视台(BskyB)将其在ITV的权益减少17.9,保持在7.5%。[1] 虽然之前的持有行为没有违反2003年《英国通信法》的规定,但是这种行为明显减少了市场竞争,因此被要求减持。可见,竞争法是媒体集中规制的一道门槛,其标准可能要比媒体集中的专门特殊规则还要严格。但是竞争法规制的缺点就在于不确定性,不过,2014年2月英国上议院通信特别委员会的主席发表讲话强调,建议英国通信管理局在媒体集中规制上发挥主导地位,反垄断审查与媒体多样性政策之间要有一条清晰的界限,将不同的审查依据予以明确化。[2]

二、专门的审查机构

德国设置了专门的审查机构,审查并购所造成的媒体集中问题。根据《德国宪法》,德国的联邦州(Länder)有权管理境内的广播行业。[3] 虽然德国有欧洲最大的媒体市场,但却高度区域化,报纸行业完全地方化,全国性的报纸出版只占很少比例。[4] 广播完全由各州自主管理,即使是

---

[1] Alison Harcourtand Robert G. Picard, "Policy, Economic, and Business Challenges of Media Ownership Regulation", *Journal of Media Business Studies* 6(3), 2009, p. 1.

[2] Lord Inglewood, "Final say on media transactions for Ofcom, not Culture Secretary", Accessed March 12, 2020, at http://www.parliament.uk/business/committees/committees-a-z/lords-select/communications-committee/news/plurality-report/.

[3] Hans J. Kleinsteuber & Barbara Thomass, "Media Landscapes: Germany, published on European Journalism Centre 2014", Accessed March 12, 2020, at http://ejc.net/media_landscapes/germany.

[4] David Ward, "A Mapping Study of Media Concentration and Ownership in Ten European Countries", Accessed March 12, 2020, at http://77.87.161.246/wp-content/uploads/2013/08/A-Mapping-Study-of-Media-Concentration-and-Ownership-in-Ten-European-Countries.pdf.

重要的公共广播也由各州自主管理。[1] 唯一由国家管理的电视电视台是 Deutsche-Welle，主要是为海外提供电视和广播服务。地方立法规制媒体集中，以防止其形成垄断地位影响公共观点的表达。[2] 由于广播公司管理的地方化，各州对地方广播公司的规定各有不同。由此，全国性的广播公司受到《德国跨州广播协议》（Interstate Broadcasting Agreement, RSTV）规制，该协议在国家政策层面协调媒体所有权和多样性规定，以保证用户能够从多渠道获取信息的权利，防止出现一个广播公司占据绝对垄断地位。

德国媒体集中委员会（German Commission on Concentration in the Media, KEK）是一个全国性独立的管理机构，旨在保证全国传输的私人电视所表达观点的多样性，是在广播领域统领地方媒体所有权与竞争规则的中央机构。如果企业并购后市场份额达到 25% ~30%，则要受到德国媒体集中委员会的评估，还要考虑其他公司所涉及的媒体利益。每年平均用户覆盖率达到 30% 将视为对媒体多样性有实质控制影响。[3] 媒体合并兼并受到 2005 年《德国反限制竞争法》（2018 年修订）（2005 Act Against Restraints of Competition, GWB）规制，主管机关是德国卡特尔局（German Cartel Office, BKA）。根据《德国反限制竞争法》，如果预备合并的双方企业营业额超过法律限制，应当通知德国卡特尔局，对于媒体企业，即使营业额达不到一般企业的门槛，也考虑到多种因素而要受到审查。《德国反限制竞争法》规制范围包括报纸和广播行业，另外广播行业

---

〔1〕 Hans J. Kleinsteuber & Barbara Thomass, "Media Landscapes: Germany, published on European Journalism Centre 2014", Accessed March 12, 2020, at http://ejc.net/media_landscapes/germany; Canadian Radio-television and Telecommunications Commission, "Media Ownership: Rules Regulations and Practices in Selected Countries and Their Potential Relevance to Canada (Germany)", Accessed March 12, 2020, at http://www.crtc.gc.ca/eng/publications/reports/mcewen07.htm.

〔2〕 Die Kommission zur Ermittlung der Konzentration im Medienbereich (KEK) n. d, "The Constitutional principles mandating diversity of opinion in television", Accessed March 12, 2020, at http://www.kek-online.de/commission/constitutional-principles.html? L = 1.

〔3〕 Rundfunkstaatsvertrag (RStV) 1996 (Interstate Broadcasting Agreement), Article 26 (1), (2).

也要受到德国媒体集中委员会规制。同一市场的印刷出版业和广播业如果要合并,应当不超过24.5%的市场份额。对于非欧盟成员方的外国投资者没有外资准入的限制。[1]

三、特别关注的因素

2010年《澳大利亚竞争与消费者法》(Competition and Consumer Act 2010, CCA),主管机关是澳大利亚竞争与消费者委员会(Australian Competition and Consumer Commission, ACCC)。媒体兼并适用2010年《澳大利亚竞争与消费法》第50条,在媒体领域,澳大利亚竞争与消费委员会特别关注下列三个因素:内容的获取;内容的提供;对广告商提供广告的机会。当涉及媒体兼并时,澳大利亚竞争与消费委员会会考虑竞争者竞相提供的程度,如新闻内容等。[2] 澳大利亚竞争与消费委员会会考虑媒体兼并对市场的影响、市场中媒体数量和市场份额,其他媒体进入市场的难度以及兼并后的媒体能否滥用市场地位提供低质量的内容服务。如果企业合并满足了媒体集中的特殊规则,但是依旧可能因为违反了2010年《澳大利亚竞争与消费法》第50条而不能完成兼并行为。

四、默许并购与豁免

美国也用竞争法来规制媒体所有权,但美国对于媒体集中采用相对自由开放的态度。美国主要的规制机构是美国联邦贸易委员会(Federal Trade Commission, FTC)和美国司法部反垄断局(Department of Justice

---

〔1〕 Katholieke Universiteit Leuven, Jönköping International Business School, Central European University and Ernst & Young Consultancy, "Independent Study on Indicators for Media Pluralism in the Member States-Towards a Risk-based Approach", Accessed March 12, 2020, at http://ec.europa.eu/information_society/media_taskforce/doc/pluralism/study/germany.pdf.

〔2〕 Australian Competition and Consumer Commission, "Media Mergers", Accessed March 12, 2020, at https://www.accc.gov.au/system/files/Media%20Mergers%20-%202011.pdf.

Antitrust Division),普遍的趋势是对于媒体集中采取默许的态度。[1] 其原因在于,跨媒体并购审查主要是个案审查[2],美国联邦通信委员会发放一定数量的豁免,允许大型市场的并购行为[3],在一些城市允许报纸与电视台之间的并购。另外一个原因是共享服务协议(Shared Service Agreements, SSA)的运用,大型媒体公司购买广播电台并约定共享服务协议条款,不享有广播电台全部所有权份额。[4] 共享服务协议允许新的广播电台共享资源,如雇员、行政服务或者是新的服务器(helicopter)。不过在"普罗米修斯广播诉 FCC 案"(Prometheus Radio Project v. FCC)[5]中法院不支持美国联邦通信委员会的规则,认为媒体所有权的多样性是为公共利益服务的,它通过促进节目和观点表达的多样化、阻止不正当的市场集中行为,保证公共利益。

综上所述,尽管上述的国家对于媒体集中都有专门的立法规定特殊规则,但是竞争法规制手段也必不可少。而竞争法手段中,往往体现了对媒体集中的特别关注。首先,对媒体集中的利益影响予以考虑。英国明确将媒体多元化和表达自由纳入"公共利益"的审查标准当中,澳大利亚也考虑到媒体的传播功能和商业价值,关于其内容的获取与提供以及对广告商提供的机会等。其次,在程序设置上,媒体集中相比其他行业具有特殊性。英国及考虑了媒体集中规模可能尚无法达到竞争法规定的门槛就已经构成对媒体多元化和表达自由的损害,故设置了两套审查程序,若

---

[1] Pew Research Centre's Project for Excellence in Journalism,"State of the News Media 2013: An Annual Report on American Journalism", Accessed March 12, 2020, at http://stateofthemedia.org/2013/overview-5/key-findings/.

[2] Andrew S. Wise, "Broadcast Ownership Rules and Innovation", Accessed March 12, 2020, at http://hraunfoss.fcc.gov/edocs_public/attachmatch/DOC-308510A1.pdf.

[3] Reuters,"FCC withdraws proposal to relax media ownership rules", Accessed March 12, 2020, at http://www.reuters.com/article/2013/12/17/us-usa-fcc-mediaownership-idUSBRE9BG15R20131217.

[4] Rockefeller, "letter to the Chairman of the Federal Communications Commission", Accessed March 12, 2020, at http://www.freepress.net/sites/default/files/resources/Rockefeller_letter_to_Wheeler_SSAs_11_25_13.pdf.

[5] Prometheus Radio Project v. FCC, 373 F.3d 372(3rd Cir. 2004).

达不到竞争法规制的营业额门槛，则启动特殊的审查程序。德国专门设置了媒体集中的管理机构处理媒体集中的有关事宜，欧盟也设置了媒体多元化与媒体自由中心来监测欧盟境内的媒体集中情况。

第四节　文化产业外国直接投资并购限制的发展趋势

尽管各国针对媒体领域的并购规定了多重限制，但随着新兴科学技术发展以及全球化的影响，一些国家逐步放开了对媒体集中的限制规定，在立法上呈现出自由化的趋势。同时科学技术的发展催生了新媒体的兴起，新媒体加速了媒体集中的进程，更是加速了跨国媒体并购的趋势。不过，目前各国针对新媒体领域的投资与并购依旧适用现有的法律框架。

一、立法上放松限制的自由化趋势

20 世纪 90 年代以来，西方国家对媒体集中规制的立法从严格控制走向日益开放。有关国家纷纷修改相关立法，放宽或取消对特定类型媒体集中的限制。

1934 年《美国通信法》奠定了美国媒体管制的基本框架，规定单一媒体只能拥有不超过 7 家电台，全国市场占有率不超过 25%；不能同时持有有线电视和无线电视执照。1970 年美国联邦通信委员会通过了《有线/无线电视交叉所有权规则》(cable/brocast TV cross-ownership, CBCO)，不允许有线系统在其市场内拥有无线电视台，同时它还禁止广播电台和电视台的合并。1975 年美国联邦通信委员会禁止日报出版商在其市场范围内拥有广播电台。不过，自 20 世纪 70 年代起，美国联邦通信委员会开始放松对媒体集中的管制，废除了禁止拥有一家以上广播网的公司拥有其他附属广播台的规定。1985 年将一家公司可以在全国拥有电视台、广播台的数量上限由 7 家提高到 12 家。

1996 年《美国电信法》掀起了放松管制的高潮。1996 年《美国电信法》替代了 1934 年《美国通信法》，主要在以下方面放开限制：(1)放宽了一个公司能够拥有的商业广播台用户覆盖率限制;(2)“废除了一家媒体机关最多只能拥有12家电视台的规定”,[1]也废除了一家媒体拥有广播台数量的限制;(3)放松了有限广播的跨媒体集中限制,允许媒体跨机构、跨行业兼并;(4)“将广播执照期限从5年延长到8年”[2]。2001年美国联邦通信委员会放宽了双头垄断规则,允许美国四大电视网ABC、CBS、NBS、Fox与较新的电视网络如WB和UPN合并。[3] 2003年美国联邦通信委员会宣布新的跨媒体集中规则,意欲放开广播/电视、广播/报纸之间的跨媒体集中限制,但是被联邦上诉法院否定了效力。不过,在美国,电子媒体(广播、无线电视、互联网)所受的法律约束要远远多于印刷媒体,原因在于“频谱稀缺论”,这为政府介入传媒业管制提供合法依据。

1990年《英国广播法》禁止全国发行量超过20%报纸所有人持有超过20%的ITV的许可证。1996年《英国广播法》放松了限制,允许报纸所有人可以获得15%的电视和商业广播的用户覆盖率,但是不能超过一个全国性执照范围。2003年《英国通信法》(Communication Act 2003)废除了禁止共同所有Channel 3[4] 许可和限制Channel 5[5] 许可的规定。2011年《英国媒体所有权(广播和跨媒体)令》又取消了覆盖率规定,其中附件14废除了2003年《英国通信法》中有关地方商业广播服务、跨媒体集中以及全国媒体所有权的限制规定。

澳大利亚早在1987年开始禁止出版印刷行业与电子媒体之间的合并。2006年澳大利亚进行了媒体改革。2006年的媒体改革允许商业电

---

[1] 王晴川、陆地:《媒介法教程》,上海交通大学出版社2013年版,第97页。

[2] Rhonda Jolly,“Media ownership deregulation in the United States and Australia: in the public interest? Research Paper No. 1 2007 - 08”, Accessed March 12, 2020, at http://www.aph.gov.au/About_Parliament/Parliamentary_Departments/Parliamentary_Library/pubs/rp/RP0708/08rp01.

[3] 陈昌凤:《美国传媒规制体系》,清华大学出版社2013年版,第73页。

[4] Channel 3是在英国提供商业电视广播公共服务的商业频道。目前有15个地方牌照持有人和一个全国牌照持有人。

[5] Channel 5是在英国提供商业电视广播公共服务的商业频道。2014年5月,维亚康姆宣布将收购该频道。

台、商业电视台和报业集团3种媒体平台之间的跨媒体兼并。2006年《澳大利亚广播服务法修正案》[The Broadcasting Services Amendment (Media Ownership) Act]对《澳大利亚广播服务法》进行了一系列的修改。其中包括:取消了外国人控制商业和付费电视的许可限制,以及外国人在企业担任管理者职位的限制;[1]取消了根据《澳大利亚外国投资政策》要求的1975年《澳大利亚外国并购与接管法》中有关报纸方面对外国人所有权的限制。[2]

2006年的澳大利亚的媒体改革引发了一连串的所有权或控制权变更的事件。加拿大公司加西传媒(Canwest)控制了澳大利亚十号台(Network Ten)56.7%的投票权。澳大利亚"七传媒集团"(Seven Media Group)依照合资企业协议,授予外国投资集团KKR(Kohlberg Kravis Roberts & Co. L. P.)47.7%的股权。2009年11月,拉克兰·默多克(Lachlan Murdoch)的私人投资有限公司伊利里亚(Illyria Pty Ltd)从英国每日邮报(Daily Mail)手中购买了澳大利亚DMG电台50%的股权,耗资11亿澳大利亚元。伊利里亚持续持有其50%股权,并在2014年2月将其更名为诺瓦娱乐(Nova Entertainment)。澳大利亚广播网(The Australian Radio Network, APN)由美国广播公司清晰频道(Clear Channel)与APN新闻与传媒(APN News & Media)共同所有。

从上述事例可以看出,有关国家对于媒体集中的态度愈加放松,媒体集中更加灵活自由。这种自由化趋势可归结为以下几个原因:

---

[1] 原1992年《澳大利亚广播服务法》规定,对于商业电视广播服务:单个外国公司拥有的股份不得超过15%,累计外国股份不得超过20%;外国董事人数不得超过董事人数的20%;外国人不许控股商业电视和广播公司。但是,商业电台或其他广播服务没有外资比例限制。对于收费电视广播服务:单个外国公司拥有的股份不得超过20%,累计外国股份不得超过35%。

[2] 原1975年《澳大利亚外国收购与接管法》规定,外资投入到全国性、地方、城市、报纸业的申请受到严格审查。购买现有报纸5%以上股份的现有或外资新办报纸的项目都将逐一审批。外资购买全国性,都市报纸股份的最高比例为30%,其中单一外国股东的股比上限为25%(其他不相关的外国投资者可拥有另5%的股份)。地方或城镇报纸中的外资股比上限为50%。外国公司购买已发行报纸5%以上股份或开办新报,须报政府逐案审查。全国性和大都市报纸中,单个外国投资者所占股份不得超过25%,累计外国股份不得超过30%。

(1)新自由主义的经济思潮影响。20 世纪 70 年代,新一轮的经济危机促使一些西方国家从原有的国家干预主义逐渐转向新自由主义。新自由主义强调充分发挥市场作用,市场自由、市场万能,反对国家干预。自此掀起了西方国家对于“非商品化”“公共产品”的私有化和市场化浪潮。

(2)新兴科学信息技术发展影响。20 世纪 90 年代中期,各种芯片、通信卫星、互联网等新兴科学信息技术的发展,为传统媒体打开了一扇新的大门。科技填补了传统媒体技术的不足,也使新型媒体形态不断充实到传统媒体行列中来,打破媒体行业壁垒,促进新技术的开发利用,获取更多盈利空间,成了媒体融合的重要诱因。

(3)全球化与利益扩张的影响。企业规模不断增长,传媒巨头不断出现,它们不再满足于立足本国市场,更多是希望能够扩展全球,获取更多利润。政府也希望能够促进媒体产业的输出,从而为其全球战略助力,提升话语权。媒体内在扩张的驱动力,和政府外在的需求使得跨国媒体合并成为一种必然。国家也因此修订相关法规政策,放松管制,从而为政治服务。

媒体集中管制放松后产生了多重影响。积极的方面在于,媒体集中规制的自由化导致媒体兼并事件增多,行业垄断程度加深,利润翻倍。其消极影响也在于,提供内容质量上更多地迎合大众口味,商业性浓厚,提供更多的娱乐信息和软新闻,严肃题材被冷落,专业化程度低,同源新闻现象严重。这种自由化倾向引起了各界的担忧,不少人认为媒体垄断之后所提供的内容已经沦为赚钱机器,媒体在很大程度上丧失了其作为“守门人”的社会公器应有的维护公共利益的作用。

二、新媒体兴起加速并购趋势

伴随着科技的迅速发展,媒体领域也面临着深刻的变革。尤其是互联网的出现极大地改变了人们接收和传输信息的方式。以互联网技术为主要依托的新媒体不断涌现。目前学术界尚没有对新媒体进行系统概括的定义,但能够肯定的是新媒体是“在数字技术和网络技术基础之上延伸出来的各种媒体形式”。[1] 常见的新媒体有手机媒体、交互网络电视(IPTV)、数字电视、移动电视、博客微博、社交网络、第三方应用(APP)等。

新媒体相对于传统媒体,更主要依赖于技术,成本降低、方式灵活。新媒体传播的成本大大降低,以往广播电视报纸等传统媒体从信息采集、编辑、分发销售都需要大量人力、物力、财力,而新媒体依托互联网则不需要巨额资金投入就可以产生巨大效应,受众只要有一个信息终端就可以获取海量信息,只需向网络运营商支付少量费用。新媒体改变了传统线性传播方式,不再是一点对多点、自上而下、精英阶层对社会大众的传播,而是多点对多点的传播,任何人都可以传播信息,任何人都可以接受信息并积极反馈,信息的自由流动性大大增强,传播内容也越来越个性化、实时化。

新媒体的兴起给媒体多元化和表达自由带来了双面影响。积极影响在于,它使人们获得前所未有的海量信息,信息传播的速度越来越快。互联网覆盖全球,地域上早已超过任何国家传统媒体的范围,网络空间上又不断延展,并不断与现实社会交集,任何互联网上的行为和言论都将延展到现实社会,为人们充分发表意见提供了前所未有的广阔平台。由于新媒体的即时性,意见的发表、汇集、传播前所未有得迅速,价值观念的多元化得到充分反映。而负面影响在于,信息虽然多样化,但是真实性程度却受到不少质疑,导致社会不得不花更多成本去辨别真伪信息,而不是致力于构建多元化环境。另外,海量信息也导致人们获取不同的声音并不是那么容易,人们甚至更倾向于寻找支持自己的声音。由于信息传播的成本很低,网络传播又具有匿名性,因此,表达主体的责任感也大大降低,这种宽松自由的环境反而可能导致“集体非理性”和意见表达失范。

新媒体的产生具有巨大的消解力量,互联网容纳了广播、电视、报纸等功能,模糊了传统媒体之间的边界,甚至模糊了国家之间、群体之间、产

---

[1] 刘行芳:《新媒体概论》,中国传媒大学出版社 2015 年版,第 11 页。

业之间的界限。它在模糊这些界限的同时,带来的是对权威话语的消解和对管理体制的挑战,导致社会产生一定的无序化和去中心化的状态。新媒体的产生与发展是促进媒体集中的重要诱因。不少新媒体形态就是媒体融合的产物,例如各种网络报纸和网络广播,就是报纸广播与互联网融合的产物。媒体本身作为与社会舆论和大众生活紧密相关的产业,自然紧跟时代步伐,不断吸纳新鲜科技和产业,以保证能够为社会大众提供最实时的服务。而新媒体强大的技术背景决定了传统媒体必然要将新媒体吸纳进来,深层次反映了媒体产业寻求发展和创新的内在驱动力。

欧盟针对媒体多样性开展研究,后来引入评估工具媒体多样性监测(Media Pluralism Monitor, MPM)[1]来评估媒体多样化的潜在风险。当前数字革命对于视听产业产生了深刻影响,出现了电影院、线性视听媒体(如电视直播)以及非线性视听媒体(如视频点播、互联网电视)并存,并且线性视听媒体与非线性视听媒体的界限越来越模糊(互联网电视的普及),因此欧盟委员会决定重新审查2010年《欧盟视听媒体服务指令》(AVWSD),评估其有效性。欧盟已经承认新型媒体与传统媒体具有同等的市场竞争地位,并与之一并监管。

美国联邦通信委员会曾提议修订1992年所颁布的相关法律,从国家法律层面明确新兴在线视频互联网电视服务提供商(如Netflix、Youtube等)与传统的有线电视运营商、电信IPTV运营商、卫星直播电视运营商具有同等的市场竞争地位。美国在线与时代华纳合并是新媒体与传统媒体融合的重要事件。一个是最大的国际互联网服务商,一个业务横跨传媒若干部门的内容提供商,该联合集团可能会通过限制竞争对手使用美国在线的传播设施而损害竞争对手内容的传播,或者通过拒绝竞争对手使用时代华纳所提供的内容而损害传播设施运营商。这种传统媒体与新媒体合并的案例通过了合并审查,不过附加了前提条件,即其在公正和平等

---

〔1〕 European Commission Digital Single Market, "The Media Pluralism Monitor", Accessed March 12, 2020, at https://ec.europa.eu/digital-single-market/en/media-pluralism-monitor-mpm.

的条件下允许竞争对手进入并购公司的主要业务领域。美国联邦贸易委员会要求在线时代华纳必须向它的互联网服务和数字式交互电视业务两方面的竞争对手开放其有线电视传输覆盖网，而美国联邦通信委员会则要求其不得歧视不与它联营的其他 ISP 进入有线电视网。[1] 这种做法是美国倡导的“基本便利”，即有条件的批准并购，条件一般要求并购企业承诺并购后允许第三方参与市场竞争。

我国广播电视总局认为互联网电视具有传统广播电视的传播特性，也应将其纳入广播电视的统一监管范畴。我国也有互联网电视的内容集成牌照商，分别是中国网络电视台、百事通、华数、南方广播影视传媒集团、中国国际广播电台、湖南电视台和中央人民广播电台，这几家互联网电视牌照商具有在全国开展互联网电视内容集成的资格。[2]

总之，目前新媒体加速了媒体行业的融合进程，也冲击着现有的媒体集中框架规则，一些国家逐渐取消跨媒体集中“3 选 2”规则的限制，但是维持媒体多样性的需求在互联网世界依旧具有重要意义。

本章小结

西方发达国家的传媒产业与其社会经济结构、经济发展同步，并且在较适宜的环境中长期发展，发育较为成熟、全面和平衡。[3] 它们的大众传媒除了部分是国家财政支持的公营（如 BBC）以外，大多数都是私营，实行全面的商业运作，用广告和其他经营收入作为收入的主要来源。由于私营媒体占据市场的绝大部分，所以媒体集中化程度也相对明显。出于对媒体多元化和反商业垄断的考虑，许多国家纷纷出台专门立法对媒体集中予以规制，衍生出“最少声音”规则和日渐放开的“3 选 2”规则，同

〔1〕 姜平主编：《媒介融合教程》，武汉大学出版社 2015 年版，第 71 页。

〔2〕 谢耘耕、陈虹主编：《新媒体与社会》（第 10 辑），社会科学文献出版社 2014 年版，第 25 页。

〔3〕 宋建武：《媒介经济学》，中国人民大学出版社 2006 年版，第 40 页。

时结合采用竞争法手段,兼顾媒体产业的特殊性。

不过,市场上媒体的数量增多并不意味着媒体更加多元化,媒体提供商数量的增多不意味着媒体声音、信息资源和内容的增多,许多相同的内容可能通过不同平台发布。因此,媒体多元化不应当只用媒体服务商的数量来评估,还应当用媒体消费的水平来评估。[1] 促进媒体多元化并不是竞争法调整的目的,而是竞争法调整的结果。市场上数量足够多的媒体不意味着必然能够提供更多不同的内容服务,但是竞争法能够防止垄断,允许新的声音进入市场,为多样的内容服务提供可能性。在达到竞争法审查门槛时,依旧对媒体的特殊因素予以考察,在达不到竞争法审查门槛时候采用特殊审查体系,保证了媒体多元化的因素在任何时候都能得到考虑。

〔1〕 European University InstituteRobert Schuman Centre for Advanced Studies (CMPF), "European Union Competencies in Respect of Media Pluralism and Media Freedom", Accessed March 12, 2020, at http://cmpf.eui.eu/Documents/CMPFPolicyReport2013.pdf.

第六章　文化产业外国直接投资限制的中国视角

我国加入 WTO 后文化产业引入外资增长速度明显加快。在图书发行、音像制品、电影电视等行业，我国吸收外资的总量迅速增长。如 2003 年 2 月，海峡两岸合作成立的大型书店“闽台书城”在福州市中亭街开幕。这个由 12 家我国台湾地区出版业者和福建外文书店合资成立的“闽南书城有限公司”是我国加入 WTO 后我国台湾地区第一家在大陆正式成立的合资书店。此外，中国还批准了首家独立制作和销售音像制品的合资企业“上海新索尼音乐公司”，其中美国索尼公司投资 2990 万美元；批准了首家沪港合资的电影公司“上海永乐广裕影城有限公司”。这些重大的合资项目标志着我国文化产业利用外资的步伐在大大加快。

我国自 2000 年起明确提出文化产业的概念，至今已有近 20 年的时间，在这 20 年内，我国文化产业迅速发展，有关的政策法律也随之更迭。2015 年第十二届全国人大常委会立法规划已经将《文化产业促进法》列为第一类立法项目。2019 年 6 月，7000 余字的《文化产业促进法（草案征求意见稿）》面向全社会公开征求意见，并于同年 12 月形成送审稿提交全国人大审阅。我国“十三五”规划提出要“扶持优秀文化产品创作生产，加强文化人才培养，繁荣发展文学艺术、新闻出版、广播影视事业”，“深化文化体制改革，完善公共文化服务体系、文化产业体系、文化市场体系。

推动文化产业结构优化升级,发展骨干文化企业和创意文化产业”。若深化文化体制改革、大力发展文化产业、实现“十三五”规划目标,对外国直接投资的高效利用必不可少。然而,我国目前文化产业在引进外国投资方面还面临诸多问题,亟待引起理论界和实务界的高度重视。国家对文化产业立法的重视,意味着我国文化产业发展更将迈上一个新台阶,理论界更有必要加强对我国文化产业有关问题的研究,为实践提供切实指导依据。

第一节 中国文化产业外国直接投资限制的现状

我国自市场经济地位确立后开始逐渐认识到文化不限于“喉舌”与“意识形态”,并逐渐在市场经济过程中认识到文化的产业属性,继而在中央正式文件中明确提出“文化产业”的概念。我国文化产业领域对外国直接投资开放也经历了一系列尝试,准入的模式由开始采用外商投资指导目录予以管理到尝试设置负面清单模式,具体的准入条件从十分严格到逐渐放宽,等等。2000 年加入 WTO 之后,我国文化产业领域利用外资的步伐也开始加快,但也经历了一些挫折,2007 年的“中美视听出版物案”突出地反映出我国文化产业领域外国直接投资立法的一些问题。本节将从文化产业概念的提出、外国直接投资准入的清单模式、准入条件、并购限制以及投资限制的 WTO 争端实践 5 个方面,全面的展示我国文化产业领域外国直接投资限制的现状。

一、文化产业的概念

20 世纪 80 年代后期,随着我国社会主义市场经济的逐渐展开,文化领域的经济问题开始受到关注。1985 年,《关于建立第三产业统计的报告》出台,将文化艺术作为第三产业的一个组成部分列入国民生产统计项目。1988 年,原文化部、国家工商总局联合发布了《关于加强文化市场管理工作的通知》,首次提出了“文化市场”,文化的经济属性受到重视。1991年《文化部关于文化事业若干经济政策意见的报告》正式提出“文化经济”的概念。1992年,国务院办公厅综合司编著《重大战略决策——加快发展第三产业》艺术出版,明确用到“文化产业”概念,是我国政府主管部门第一次明确使用“文化产业”的概念。[1]

20世纪90年代,我国市场经济体系目标的确立催生了“文化产业”,与之而来的是文化领域政策法规的大规模建设,这一期间出台的法律法规、规章和政策性文件涵盖了新闻出版、广播电视、文化艺术等多个领域。

1996年党的十四届六中全会通过的《中共中央关于加强社会主义精神文明建设若干重要问题的决议》提出了文化体制改革的任务方针。2000年起,我国开始大规模的文化体制改革,党的十五届五中全会发布的《中共中央关于制定国民经济和社会发展第十个五年计划的建议》中,要求完善文化产业政策,加强文化市场建设管理,推动文化产业发展。2002年,党的十六大报告首次提出区分文化事业和文化产业,指出“发展文化产业是市场经济条件下繁荣社会主义文化、满足人民群众精神文化需求的重要途径”。2006年国家“十一五”纲要明确提出要重点加快发展文化产业,并确定了重点发展文化产业的具体门类。2010年国家“十二五”计划又将文化产业提升为“国民经济支柱性产业”的地位。

2011年,党的十七届六中全会发布了《中共中央关于深化文化体制改革、推动社会主义文化大发展大繁荣若干重大问题的决定》,决定强调要“构建结构合理、门类齐全、科技含量高、富有创意、竞争性强的现代文化产业体系,形成公有制为主体、多种所有制共同发展的文化产业格局。”

在文化产业的具体政策层面,2003年原文化部发布《关于支持和促进文化产业发展的若干意见》,在国有经营性文化单位改革、市场准入、文化产业文化服务走出去、知识产权保护以及政策法规建设等多个领域提

[1] 参见王文峰、何春雨:《中国文化产业政策研究》,云南人民出版社2015年版,第71~72页。

出发展文化产业的主要措施。2004 年国家统计局发布了《文化及相关产业分类》,规定“文化及相关产业是指为社会公众提供文化、娱乐产品和服务的活动,以及与这些活动有关的活动的集合”,对其主要范围作了描绘,将文化及相关产业区分为文化产业核心层、外围层和相关层。2009 年国务院《文化产业振兴规划》发布,确立要着手做好的八项任务,原文化部发布《关于加快文化产业发展的指导意见》进一步细化和明确了文化产业的发展方向和重点。原文化部还发布了针对国内资本的《文化产业投资指导目录》,规定了鼓励和限制国内民间资本进入的行业。

2012 年原文化部发布《“十二五”时期文化产业倍增计划》,明确“十二五”时期文化产业的发展任务。由于 2009 年,联合国教科文组织发布了《文化统计框架》,随后国家统计局对 2004 年的《文化及相关产业分类》作了修订,于 2012 年发布《文化及相关产业分类(2012)》,取消了文化及相关产业分类三个层次的划分问题,与 2004 年的产业分类相比,增加了有关文化创意、文化新业态等具有文化意义的新生产活动,同时将一些商业性更强、文化意义更低的行业比例降低,排除如旅行社、休闲健身、文教办公用品制造、彩票活动等。该分类既包括了公益性产业,也包括了商业性产业,与联合国教科文组织 2009 年《文化统计框架》规定基本一致。值得注意的是,其分类不再区分核心层、外围层和相关层,原因在于随着文化产业的迅速发展,“文化业态不断融合,新的文化业态不断涌现,三个层次之间的界限日益模糊”。[1]

我国 2012 年国家统计局发布《文化及相关产业分类(2012)》相对明确地划定了我国文化产业的范围。该分类在第一部分明确“文化产业的生产”包括以下服务:新闻、出版、发行;广播电视、电影和影视录音;文艺创作与表演、图书馆与档案馆、文化遗产保护、群众文化、文化研究和社团、文化艺术培训、其他文化艺术服务;互联网信息服务、增值电信服务

〔1〕 郭玉军、司文:《文化产业促进法视角下文化产业界定比较研究》,载《武汉大学学报》(哲学社会科学版)2015 年第 6 期。

（文化部分）、广播电视传输服务；广告、文化软件服务、建筑设计、专业设计；景区游览、娱乐休闲、摄影扩印；工艺美术品制造、园林陈设艺术及其他陶瓷制品制造、工艺美术品销售。[1] 国家统计局于2018年颁布了新修订的《文化及相关产业分类（2018）》，与《文化及相关产业分类（2012）》相比，该修订主要在三个方面发生变化：一是新增设了分类编码，将文化及相关产业划分为三层，层次和编码简洁明了；二是新增加了符合文化及相关产业定义的活动小类，其中包括了互联网文化娱乐平台、观光旅游航空服务、娱乐用智能无人飞行器制造、可穿戴文化设备和其他智能文化消费设备制造等文化新业态；三是重点调整了分类的类别结构，分类的修订吸收了近年来文化体制改革的有关成果，突出了文化核心领域内容，体现了文化生产活动的特点，类别结构设置符合我国文化改革和发展管理的现实需要和认知习惯。[2] 2019年12月《文化产业促进法（草案送审稿）》第2条规定："本法所称文化产业，是指以文化为核心内容而进行的创作、生产、传播、展示文化产品和提供文化服务的经营性活动，以及为实现上述经营性活动所需的文化辅助生产和中介服务、文化装备生产和文化消费终端生产等活动的集合。前款所称经营性活动的类别包含内容创作生产、创意设计、资讯信息服务、文化传播渠道、文化投资运营、文化娱乐休闲等。"[3] 至此，我国基本上已经建立起相对完善的文化产业分类体系与框架。

二、文化产业外国直接投资准入的清单模式

我国在文化产业领域对外国直接投资准入清单模式区分国际法和国

---

[1] 参见中国国家统计局：《文化及相关产业分类》（2012），载国家统计局网：http://www.stats.gov.cn/statsinfo/auto2073/201310/P020131031389352537771.pdf，最后访问日期：2020年3月21日。

[2] 参见中国国家统计局：《完善文化统计分类标准提升统计服务水平——国家统计局社科文司高级统计师殷国俊解读〈文化及相关产业分类〉（2018）》，载国家统计局网：http://www.gov.cn/zhengce/2018-04/23/content_5285149.htm，最后访问日期：2020年3月21日。

[3] 参见《中华人民共和国文化产业促进法（草案送审稿）》，载中国人大网：http://www.npc.gov.cn/npc/c30834/201912/e9c9d9677e444915af5a945a11cdf728.shtml，最后访问日期：2020年3月21日。

内法,表现为不同的清单模式。在国际法层目前采用正面清单模式居多。由于中国探索负面清单模式的时间较短,过去谈判的自由贸易区协定用正面清单模式,但在近期正在进行的各项自贸区谈判中已经引入了负面清单模式;在国内法层面,我国通行全国的外商投资指导目录从一开始采用"混合清单"模式向负面清单模式转变,而在国内自贸区(Free Trade Zone)中采用负面清单模式。

(一)国际条约中的正面清单模式

中国一直以国际条约所追求的价值为践行目标,遵守对 GATS 的具体承诺,不断按照条约要求和承诺逐步放开市场准入。中国也一直寻求与其他国家的友好合作关系,对外签订了大量的双边投资协定和自由贸易区协定,其中有不少关涉文化产业。对文化产业领域作出具体承诺的主要是 GATS 和自由贸易区协定,多边投资协定中鲜有专门针对文化产业的具体承诺。

中国对 GATS 有关文化产业的领域作出了承诺,我国内地的承诺集中于部分视听服务领域,对娱乐文化体育领域没有作出具体承诺。而我国香港特别行政区、我国台湾地区相对开放,对娱乐文化体育领域作出了部分承诺,中国澳门特别行政区没有对此文化产业领域作具体承诺。

1. 视听服务领域

在 GATS 中,我国对录像视频(包括娱乐软件)分销服务、录音制品分销服务、电影院服务作了承诺。视听服务中的录像视频(包括娱乐软件)、分销服务以及音像分销服务对商业存在的市场准入提出保留,除了电影以外的视听产品的分销自加入时起,外国服务供应商只能与中国合伙人成立合作企业。中国对视听产品的内容有审查的权利。在电影院服务方面,外国供应商可以建立或修缮电影院,外资比例不超过 49%。

我国香港特别行政区对视听服务下三项作出完全市场准入和国民待遇承诺:包括电影、录像带的生产与销售、租赁(排除广播服务),限于原声带的音像服务,限于电影及录像带从一种语言转换到另一种语言的配音。我国台湾地区在电影及录像带制作与分销、电影放映、广播电视服务、录音服务方面做了承诺。在广播电视方面,跨境服务和商业存在的市场准入方面,70%的无线广播和电视节目应当是本地生产,20%有线电视节目应当为本地生产,上述比例以在系统内频道播出的时间计算。

2. 娱乐、文化及体育服务

我国没有对这一类别作出承诺,意味着在这领域不适用 GATS 的各项规则。我国香港特别行政区在这一项下只对"图书馆、档案馆、博物馆以及其他文化服务"作了承诺,在这一类别下予以完全准入和国民待遇。图书馆及档案馆服务限于维护、排序、存储出版物和文献,以备记录和将来参考及有关咨询服务之用。我国台湾地区对 B 项新闻服务、D 项体育和其他娱乐服务作出了承诺。在新闻服务中,要求编辑或者出版商为我国台湾地区居民,其他项下予以完全准入和国民待遇。我国澳门特别行政区没有对上述的两类作出市场准入、国民待遇承诺。

中方对外签订的自贸区协定[1]中承诺也基本采用了正面清单的模式,与在 GATS 中的承诺基本一致。在视听服务方面,中国与东盟自贸区协定、智利与中国自贸区协定都没有对此作出专门承诺。中国与哥斯达黎加自贸区协定中,关于录像(包括娱乐软件)及分销服务、录音分销服务、电影院戏剧院服务与中国入世议定书一致。巴基斯坦与中国自贸区协定、秘鲁与中国自贸区协定也作了同样承诺。在娱乐、文化体育服务方面,对于娱乐服务,上述协定中除了东盟与中国协定中柬埔寨作了准入承诺外,其他均没有作出承诺。[2] 新闻服务,图书馆、档案馆、博物馆服务方面,也没有作出具体承诺。在体育娱乐服务方面,在东盟与中国协定

---

〔1〕 截至2019年年底,我国已经签订的自贸区协定有中国—毛里求斯、中国—马尔代夫、中国—澳大利亚、中国—瑞士、中国—哥斯达黎加、中国—新加坡、中国—智利、中国—东盟、中国—东盟(10+1)升级、中国—新加坡升级、中国—格鲁吉亚、中国—韩国、中国—冰岛、中国—秘鲁、中国—新西兰、中国—巴基斯坦、内地与港澳更紧密经贸关系安排、中国—智利升级、中国与巴基斯坦第二阶段。正在谈判的自贸区协定涉及《区域全面经济合作伙伴关系》(RCEP)、海合会、日韩、斯里兰卡、以色列、挪威、新西兰升级、毛里求斯、摩尔多瓦、巴拿马、韩国第二阶段、巴勒斯坦、秘鲁升级。中国对外签订的双边投资协定有百余个,但是鲜见具体的文化产业有关承诺,载中国自由贸易区服务网:http://fta.mofcom.gov.cn/index.shtml,最后访问日期:2020年1月30日。

〔2〕 加拿大在 NAFTA、智利在 TPP 中也都作出了准入承诺,均没有提出特别保留。

中,中国允许外国全资公司准入,不过要遵守“经济需要规则”。中国与哥斯达黎加、巴基斯坦与中国、秘鲁与中国自贸区协定均有承诺,没有特殊限制。2015 年中国与澳大利亚自贸区协定同样对体育和其他娱乐服务作出承诺,没有限制,但是排除了高尔夫场地建设。中国与韩国自贸区协定中,中国对其他娱乐服务的商业存在作了承诺,允许韩国服务供应商与中国伙伴设立合资或契约式合资的演出经纪机构或演出场所企业,韩国投资不得超过 49% 。中方在契约式合资企业中将有决策权。演出经纪机构可通过中介、佣金代理和代理的形式从事商业演出。演出场所企业可在其场地内举办商业演出。

中国对外自贸区协定中承诺基本与 GATS 一致,并延续采用了“正面清单”的模式。但外方承诺却并非都采用同中方一样的正面清单模式。韩国、新加坡、新西兰、秘鲁采用的是正面清单模式,而澳大利亚则采用负面清单模式。

(二)国内法层面的负面清单模式

我国也是国内法层面采用负面清单模式的国家之一。我国目前通行全国的 2015 年外商投资指导目录属于“混合”式的清单,其除了罗列限制和禁止外商投资的产业门类以外,还规定了鼓励外商投资的门类。我国的《外商投资指导目录》经历了数次更新,2017 年之前,该目录都采取“混合清单”的模式,分别对各行业鼓励、限制和禁止外资作了规定。对于文化产业领域来说,涉及的鼓励类措施很少,大部分还是对文化产业领域的限制与禁止措施。2018 年起我国一改之前“混合清单”模式,开始采用负面清单模式管理外资准入,2018 年 6 月发改委联合商务部发布《外商投资准入特别管理措施(负面清单)》(2018 年版),2019 年 7 月发布 2019 年版负面清单。

在地区层面,2015 年国务院颁发了《自由贸易试验区外商投资准入特别管理措施》(以下简称负面清单),采用了负面清单的立法模式,标志着我国开始尝试在外资管理过程中采用负面清单模式。负面清单适用于上海、广东、天津和福建四个自由贸易实验区。负面清单中,将与文化产业有关的行业分为六个类型:文化娱乐;广播电视播出、传输、制作、经营;

新闻出版、广播影视;电影制作、发行、放映;非物质文化遗产、文物及考古;互联网和相关服务。该清单后又历经2017年版、2018年版、2019年版,且地域适用范围也随着我国地方自贸区成立的数量增加而不断扩展。2019年3月我国《外商投资法》出台,其中第4条明确国家对外商投资实行准入前国民待遇加负面清单管理制度。

我国各负面清单中其他领域的禁止措施多为2~3项,且有逐年删减的趋势,而文化产业领域有8项之多,有时还有增加。有学者认为,文化产业特别管理措施内容增加,提高了外资准入的门槛,是"逆势而行"。[1]但从本质上看,清单中措施内容的增加,实则是立法者对我国文化产业具体行业认知越发清晰、新型文化产业和文化现象不断出现所导致。我国自贸区或全国层面负面清单的变动体现了以下趋势:(1)进一步放开了部分行业的外资准入。2015年放开了对演出场所经营一定要有中方控股的要求,意味着外资可以以控股方式进入演出场所经营。2011年取消了图书、报纸、期刊总发行和进口的限制,取消了音像制品和电子出版物的进口限制,2007年放开音像制品与电子出版物的总发行。出版印刷、电影院建设和经营由需要中方控股变为放开准入。(2)自贸区负面清单和全国外资管理措施的负面清单在文化产业层面虽然大体一致,但自贸区负面清单依旧作出了更加开放的尝试,文艺表演团体的设立由禁止开放至要求中方控股,而在全国层面依旧是禁止投资。(3)随着对文化产业内涵和领域的了解深入,负面清单中对具体行业和限制措施的列举也日益明确,例如,2017年的目录和自贸区负面清单都禁止投资和经营文物拍卖的拍卖企业、文物商店,而2018年的负面清单增加了"禁止投资国有文物博物馆"。这并非意味着在非物质文化遗产、文物及考古领域对于外资的限制更加严格,根据我国相关法律规定,国有文物博物馆从未开放允许外商投资,负面清单中的内容增加是对文化产业清单更加完善、透明度水平提升

[1] 管金平:《中国市场准入法律制度的演进趋势与改革走向——基于自贸区负面清单制度的研究》,载《法商研究》2017年第6期。

的结果。

虽然当前负面清单并没有高度放开文化产业领域的国际投资准入，但相比投资指导目录更具发展之处。主要体现在：首先，产业的分类更加具体，原本投资指导目录中只属于一类的“文化、体育、娱乐”的内容，仅列出了产业门类，并有规定有哪些限制性措施，但是在负面清单中每一门类下的禁止规定也更加细化明确。负面清单相对系统的整理了我国文化立法中的有关规定，将其中的禁止与限制性措施予以列举，更具系统性与全面性。其次，负面清单也在现有立法基础上，依据现有产业的发展，增加了新的内容。负面清单更加关注文化遗产的保护，原来的指导目录只规定了禁止投资文物拍卖企业和商店，而在负面清单中扩展到了国有博物馆、非物质文化遗产调查机构等，更加凸显了文化产业的文化特征。

尽管自贸区清单在形式和内容上，相比以往的外商投资指导目录有明显突破，但依旧在一定程度上存在缺陷，且与之相配套的国内法依据也存在明显不足之处：

首先，对国际区际层面以及国内法层面的清单定位不明。我国在自贸区采用负面清单模式的目的是在对外签订自贸协定中采用负面清单模式，却忽略了国际区际层面的与国内层面负面清单的区别。现有的国际区际层面的负面清单，除了列明减码清单还要列明加码清单，甚至还包括概括性排除文化产业条款，并具有较高的透明度要求，而国内法层面的负面清单可能只需列举产业类别和简要描述限制措施即可。因此，目前现有的自贸区负面清单无论是内容还是模式都难以直接应用到国际区际层面。

其次，负面清单的透明度水平低。我国负面清单既没有披露国内法依据，又没有阐述具体的限制措施、用语模糊。国际区际层面的负面清单的透明度可能比国内法层面的负面清单还要高。我国自贸区负面清单中的一些限制措施难以找到明确的立法依据。

值得关注的是，2018 年上海自贸区专门针对跨境服务贸易出台了特别管理措施，其中对于文化产业的限制措施规定得尤为详细，尽管看起来十分冗长，但却是对目前我国立法规定及实践的归纳总结，与之前的负面清单相比，大大提升了透明度水平，见表2。

表2 中国（上海）自由贸易试验区跨境服务贸易特别管理措施（负面清单）（2018年）（R 文化、体育和娱乐业）

行业	措施
新闻和出版业	新闻出版中外合作项目，须经新闻出版主管部门批准
	外国通讯社在中国境内发布新闻信息，须经新华通讯社批准，并由新华通讯社指定的机构代理。外国通讯社不得在中国境内直接发展新闻信息用户；外国新闻机构在中国境内设立常驻新闻机构、向中国派遣常驻记者，须经外交部批准，并办理外国常驻记者证以及居住证；常驻或短期采访，应办理记者签证
	网络出版服务单位与境外组织及个人进行网络出版服务业务的项目合作，须经新闻出版主管部门批准
	在中国境内提供互联网新闻信息服务，须为取得互联网新闻信息服务许可的中国法人；主要负责人、总编辑须为中国公民
	互联网站链接境外新闻网站，登载境外新闻媒体和互联网站发布的新闻，须经互联网信息主管部门批准
	境外出版机构在中国境内设立办事机构，须经新闻出版主管部门批准；著作权涉外机构、国（境）外著作权认证机构、外国和国际著作权组织在华设立代表机构，须经版权主管部门批准
	出版境外著作权人授权的电子出版物（含互联网游戏作品），进口用于出版的音像制品，以及进口用于批发、零售、出租等的音像制品成品，须经新闻出版主管部门审查批准
	在中国境内举办境外出版物展览，须经出版行政主管部门批准
	境外出版机构在中国境内与中国出版机构开展合作出版，须经新闻出版主管部门批准；图书和电子出版物出版单位出版境外著作权人的图书和电子出版物，须向版权主管部门办理出版合同登记
	网络出版服务单位在网络上出版境外著作权人授权的网络游戏，须经新闻出版主管部门批准
	外国的组织或者个人不得在中国境内从事互联网地图编制和出版活动

续表

行业	措施
广播电视、电影和影视录音制作业	聘用外国人参加广播影视节目制作的单位限定于中央和各省、自治区、直辖市、省会市、计划单列市的广播电台、电视台和其他广播电视节目制作单位,以及电影制片厂和具有摄制电影许可证或电视剧制作许可证的单位.聘用外国人参加广播影视节目制作活动,须经广播影视主管部门批准;邀请外国人参加临时性不支付报酬的广播影视节目制作活动,须向广播影视主管部门备案;广播电台、电视台不得聘请外国人主持新闻类节目
	广播电台、电视台以卫星等传输方式进口、转播境外广播电视节目,须经广播影视主管部门批准
	境外组织不得在中国境内独立从事电影摄制活动;境外个人不得在中国境内从事电影摄制活动
	国产故事片原则上不得聘用境外导演,其他主创人员一般也须是我国公民。中外合作摄制的故事片,因题材、技术、角色等特殊需要聘用境外主创人员的,须经广播影视主管部门批准,并符合有关演员比例要求
	在中国境内从事中外合作制作电视剧(含电视动画)活动,须经广播影视主管部门批准,并符合有关主创人员比例要求
	中外合作摄制电影片中聘用境外主创人员的,须经广播影视行政部门批准,并符合有关演员比例要求
	在中国境内从事互联网视听节目服务和专网及定向传播视听节目服务,须为中国信息网络传播法人
	电影进口业务由指定单位经营
	用于广播电台、电视台播放的境外电影、电视剧,须经广播影视主管部门批准。用于广播电台、电视台播放的境外其他广播电视节目,须经广播影视主管部门或者其授权的机构批准
	引进境外纪录片实行总量控制,并须符合相关播出规定
	境外动画片的引进,须为生产国产动画片的省级电视台、省会城市电视台、计划单列市电视台和国家新闻出版主管部门指定机构;境外动画片的引进、播放须符合比例、时段等规定
	在中国举办国际性广播影视节(展)、中外政府间广播影视节(展)、节目交流活动和设评奖的全国性广播影视节(展),须经广播影视主管部门批准,由广播影视主管部门举办或与国家相关政府部门、地方政府等联合举办

续表

行业	措施
文化艺术业	外国人入境完成短期营业性演出活动，须经文化行政部门批准
	中国与外国进行的商业和有偿文化艺术表演及展览（展销）活动，须由经文化主管部门认定的有对外经营商业和有偿文化艺术表演及展览（展销）资格的机构、场所或团体提出申请，经文化主管部门批准
	外国的文艺表演团体、个人不得在中国境内自行举办营业性演出，但可参加由中国境内的演出经纪机构举办的营业性演出，或受中国境内的文艺表演团体邀请参加该文艺表演团体自行举办的营业性演出。外国人不得从事营业性演出的居间、代理活动
	境外组织或个人在中国境内进行非物质文化遗产调查，须与境内非物质文化遗产学术研究机构合作，经文化主管部门批准，并符合相关报告、资料规定

不得不承认，文化产业的外资准入不能"一刀切"，而是应当区分不同产业类型，尤其以意识形态差异作为重要的区分标准，分别采取或开放、或限制的态度。有学者指出，在开放的同时也要"加强过程控制，考虑借鉴一般产品责任法领域的召回制度，建立有害文化产品的召回体系，防止风险的扩散，以确保社会主义精神文明发展的宪法性条款不受影响。"[1]

三、文化产业外国直接投资准入的具体条件

我国自2000年第一次明确提出"文化产业"概念以来，逐渐充分认识到其市场属性。在加入WTO过程中，对音像制品的分销服务和电影院服务作了部分开放的承诺。尽管我国最初对文化产业领域引入外资十分小心翼翼，但是自2005年《关于文化领域引进外资的若干意见》出台之后，文化产业领域外资进入的幅度和水平大大提升，我国也经历了一系列法律法规和政策的变迁。

2005年《关于文化领域引进外资的若干意见》对当时我国文化产业

〔1〕 管金平：《中国市场准入法律制度的演进趋势与改革走向——基于自贸区负面清单制度的研究》，载《法商研究》2017年第6期。

领域的外国投资准入的限制和禁止门类以及前置性审批程序进行了宏观的概括和描述。我国《外商投资指导目录》、自贸区外资准入特别管理措施中也有详细地对文化产业领域国际投资准入的规定。除此之外,我国还有大量的行政法规和行政规章、规范性文件的更迭。下文将区分具体行业,展示我国在具体的文化产业领域对外国直接投资准入予以规制的脉络,并由此总结归纳在该领域外国直接投资准入的具体条件。

(一)新闻出版

根据2005年《国务院关于非公有资本进入文化产业的若干决定》,非公有资本不得投资设立和经营通讯社、报刊社、出版社、广播电台(站)、电视台(站)、广播电视发射台(站)、转播台(站)、广播电视卫星、卫星上行站和收转站、微波站、监测台(站)、有线电视传输骨干网等;不得利用信息网络开展视听节目服务以及新闻网站等业务;不得经营报刊版面、广播电视频率频道和时段栏目;不得从事图书、报刊、影视片、音像制品成品等文化产品进口业务;不得进入国有文物博物馆。新闻出版的采编行业一直是外资禁区。我国对于出版物国际投资准入仅开放了分销领域,而对出版物和音像制品的出版、制作属于禁止类。

在图书、期刊与报纸方面,在刚加入WTO时,允许跨境邮购和境外消费,1年后,允许外资企业从事图书、报刊零售。外国服务提供者可以在5个经济特区(深圳、珠海、汕头、厦门、海南)和8个城市(北京、上海、天津、广州、大连、青岛、郑州和武汉)设立中外合营图书、报刊零售企业,在北京、上海合营零售企业数量不超过4家,其他地区不超过2家,允许北京合营企业中两家企业在同一城市设立分店。加入2年内,允许外资控股,开放所有省会城市以及重庆宁波。加入3年内,取消对外资从事图书、报刊零售企业在地域、数量、股权以及企业设立形式方面的限制,超过30家分店的销售来自不同种类品牌、多个供应商的连锁店不允许外资控股。

根据2003年《外国投资图书、报纸、期刊分销企业管理办法》(已废止),外商可以在我国设立图书、报纸、期刊分销企业,既可以设立中外合资、中外合作的分销企业,也可以设立独资的分销企业。因此,在图书分销方面，外国所有权比重可以达到100%。2005年《关于文化领域引进外资的意见》也作出了同样规定。不过需要注意的是，在2004年和2007年的《外商投资指导目录》中，禁止外商从事图书、报纸、期刊的总发行与总进口业务，但是自2011年《出版物市场管理规定》出台之后，外商投资图书、报纸、期刊的发行业务，外国所有权比例达到100%。2011年的《外商投资指导目录》也删去了关于总发行与总进口的禁止性规定。其中缘由在于2007年中美视听出版物之后，我国根据WTO专家组和上诉机构的裁决修改了国内与WTO承诺不符的立法与规定，总发行与总进口属于分销与发行的范围之内，自此不再区分"总发行"与"分销"而一律属于允许外资完全进入的领域。根据2016年《出版物市场管理规定》第14条，国家允许外商投资企业从事出版物发行业务。投资者需要向地方商务主管部门报送拟设立外商投资出版物发行企业的合同、章程，办理外商投资审批手续。

音像制品方面，根据2004年原文化部《中外合作音像制品分销企业管理办法》，中国合作者的权益不低于51%，即外资比例不超过49%，并且合作期限不超过15年。2005年《关于文化领域引进外资的若干意见》也规定允许外商以合作且中方占主导地位的方式设立除电影以外的音像制品分销企业。2004年外商投资指导目录禁止外商从事进口和总发行业务，2007年禁止进口业务，不过，自2011年起这些禁止性规定都被取消，原因与上述2007年中美视听出版物中国败诉有关。2011年《出版物市场管理规定》取消了外国投资音像制品分销只能享有49%合作权益以及合作期限的规定，音像制品发行可以中外合作经营的形式，并未规定需要中方占主导地位。不过，依旧禁止外国投资设立电影的发行公司。2016年《出版物市场管理规定》没有规定音像制品发行，而在2016年《音像制品管理条例》第35条中规定，允许设立中外合作音像制品发行企业。

我国对于香港特别行政区和澳门特别行政区的投资视为外资，但是相比来源于其他国家和地区的投资享有更加优惠的待遇。根据2006年《关于〈外商投资图书、报纸、期刊分销企业管理办法〉的补充规定》，对于同一我国香港特别行政区或澳门特别行政区服务提供者在内地累计开店超过30家,如果经营的出版物属于不同品牌、来自不同供应商,允许其控股,出资比例不超过65%。根据2010年《关于〈外商投资图书、报纸、期刊分销企业管理办法〉的补充规定(三)》允许香港特别行政区服务提供者在内地设立的分销企业分销香港特别行政区出版的图书。允许澳门特别行政区服务提供者在内地设立的分销企业分销澳门特别行政区出版的图书。其销售的香港特别行政区、澳门特别行政区版图书须由国家批准的出版物进口经营单位代理进口。允许香港特别行政区、澳门特别行政区永久性居民中的中国公民依照内地有关法律、法规和行政规章,在内地各省、自治区、直辖市设立个体工商户,从事漫画图书、动漫电子游戏租赁服务,无须经过外资审批,不包括特许经营,其从业人员不超过8人,但应当于取得营业执照后15日内持营业执照复印件及经营地址、主要负责人情况等材料到当地县级人民政府新闻出版行政部门备案。允许香港特别行政区和澳门特别行政区服务提供者以合资或合作形式设立音像制品分销企业,并且可以享有多数股权,不过不得超过70%。根据2010年颁布的《关于〈中外合作音像制品分销企业管理办法〉的补充规定(二)》,允许香港特别行政区、澳门特别行政区永久性居民中的中国公民依照内地有关法律、法规和行政规章,在内地各省、自治区、直辖市设立个体工商户,从事动画音像制品租赁服务,无须经过外资审批,不包括特许经营,其从业人员不超过8人;但应当于取得营业执照后15日内持营业执照复印件及经营地址、主要负责人情况等材料到当地县级人民政府新闻出版行政部门备案。不过,自2011年《出版物市场管理规定》出台之后,根据其第45条,此前新闻出版总署和有关部门颁布的《出版物市场管理规定》《音像制品批发、零售、出租管理办法》《外商投资图书、报纸、期刊分销企业管理办法》和《中外合作音像制品分销企业管理办法》及有关补充规定同时废止。不过,2011年《出版物市场管理规定》基本上整合了上述的规定,主要集中在第41条[1]和第16条[2]。2015年《内地与香港关于建立更紧密经贸关系的安排》及《内地与澳门关于建立更紧密经贸关系的安排》中，允许香港、澳门特别行政区服务提供者以独资形式从事上述业务，2016年《出版物市场管理规定》第41条规定，允许香港、澳门特别行政区永久居民中的中国公民依照内地有关法律法规和行政规章，在内地各省、自治区、直辖市设立从事出版物零售业务的个体工商户，无须经过外资审批。

（二）广告

在广告方面，我国承诺在加入WTO时，允许外国服务提供者设立中外合营广告企业，外资比例不超过49%，2003年12月10日之后允许外资控股，2005年12月10日之后取消在中国设立合资公司的限制，允许独资进入中国广告市场。根据2004年《外商投资广告企业管理规定》第23条的规定，自规定施行之日允许外资拥有中外合营广告企业多数股权，最多不超过70%，自2005年12月10日起，允许设立外资广告企业。2008年修改后的《外商投资广告企业管理规定》删去了股权比例限制，2014年该规定被废止，根据《国务院关于推广中国（上海）自由贸易试验区可复制

---

〔1〕　该规定第41条规定，香港特别行政区、澳门特别行政区、台湾地区的投资者在其他省、自治区、直辖市设立出版物发行企业，按照本规定第十六条办理，并作如下补充规定：（一）允许香港、澳门服务提供者在内地以独资、合资形式提供音像制品（含后电影产品）的发行服务；（二）对于同一香港、澳门服务提供者在内地从事图书、报纸、期刊连锁经营，允许其控股，但出资比例不得超过65%；（三）香港、澳门服务提供者应分别符合《内地与香港关于建立更紧密经贸关系的安排》及《内地与澳门关于建立更紧密经贸关系的安排》中关于“服务提供者”定义及相关规定的要求，取得香港特别行政区、澳门特别行政区服务提供者证明书。

〔2〕　该规定第16条规定，国家允许设立从事图书、报纸、期刊、电子出版物发行活动的中外合资经营企业、中外合作经营企业和外资企业，允许设立从事音像制品发行活动的中外合作经营企业；其中，从事图书、报纸、期刊连锁经营业务，连锁门店超过30家的，不允许外资控股；外国投资者不得以变相参股方式违反上述有关30家连锁门店的限制。设立外商投资出版物总发行、批发、零售、连锁经营企业应具备的条件及新闻出版行政部门的审批程序按照本规定第六条至第十五条的有关规定执行；申请人获得新闻出版行政部门批准文件后，还须按照有关法律、法规向商务主管部门提出申请，办理外商投资审批手续，并于获得批准后90日内持批准文件和《外商投资企业批准证书》到原批准的新闻出版行政部门领取《出版物经营许可证》。申请人持《出版物经营许可证》和《外商投资企业批准证书》向所在地工商行政管理部门依法领取营业执照。

改革试点经验的通知》(国发〔2014〕65 号),[1]为了促进和保障政府管理由事前审批更多转换为事中、事后监管,工商总局废除了该规定。

(三)电影与电影院

电影方面,根据 2004 年我国《电影企业经营资格准入暂行规定》,外资可以设立合资合作的电影制片公司、电影技术公司,外资注册资本比例不超过 49%。合资合作的电影技术公司经过国家批准的省市外资可以控股。根据 2005 年《电影企业经营资格准入暂行规定的补充规定》,自 2005 年 1 月 1 日起,允许香港特别行政区、澳门特别行政区服务提供者经内地主管部门批准后,在内地试点设立独资公司发行国产影片,且注册资本不少于 100 万元人民币。根据 2002 开始施行的《电影管理条例》第 18 条和第 19 条,境外组织和个人不能在中国境内独立从事影片摄制活动,允许中外合作摄制电影。

电影院方面,根据 2003 年颁布、2004 年实施的《外商投资电影院暂行规定》允许外国服务提供者建设或者改造电影院,设立中外合资、合作企业,应当中方控股,外资比例不超过 49%。在全国试点的北京、上海、广州、成都、西安、武汉、南京设立中外合资电影院,外资在注册资本中的投资比例最高不超过 75%。合资合作期限不超过 30 年。外商不能独资投资电影院,不能组建电影院线公司。自 2004 年起允许香港特别行政区和澳门特别行政区服务提供者在内地合资、合作建设、改造和经营电影院,允许控股但不超过 75%。2005 年 1 月 1 日起,取消了香港特别行政区、澳门特别行政区投资比例限于 75% 以内的限制,可以在内地合资、合作、独资建设改造以及经营电影院。根据《外商投资电影院暂行规定补充规定(二)》,自 2006 年 1 月 1 日,允许香港特别行政区、澳门特别行政区服务提供者在内地设立独资公司,在多个地点新建或改建多个电影院。2019 年全国负面清单取消了外资准入电影院的限制。

---

〔1〕 根据该通知,上海自贸区可复制改革试点经验在全国推广和复制的有关事项中,与文化产业有关的有:投资管理领域,外商投资广告企业项目备案制;服务开放领域中允许内外资企业从事游戏游艺设备生产和销售,经文化部门内容审核后面向国内市场销售。

（四）演出场所与机构

演出机构方面，2005 年《关于文化领域引进外资的若干意见》允许外商以合作、合资且中方主导或控股方式设立和经营演出场所、演出经纪机构。2004 年外商投资指导目录中对演出场所经营和演出经纪机构没有规定，2007 年开始《外商投资指导目录》将演出场所经营归为鼓励类，但需要由中方控股；2015 年将之规定为鼓励类，没有中方控股的规定。根据 2008 年修改后的《营业性演出管理条例》第 11 条规定，外国投资者可以设立中外合资、中外合作的演出经纪机构、演出场所经营单位，不能设立外商独资的演出经纪机构、演出场所经营单位，也不能设立中外合资、中外合作、外商独资的表演团体。中外合资的演出经纪机构、演出场所经营单位，中国合营者的投资比例应当不低于 51%，即外资不超过 49%。该条例第 12 条规定，香港特别行政区、澳门特别行政区的投资者可以设立独资经营的演出经纪机构和演出场所经营单位，台湾地区依旧是只能设置合作合资企业并且外资比例不超过 49%。2009 年原文化部《营业性演出管理条例实施细则》第 10 条、第 11 条规定中外合资、合作经营演出经纪机构、演出场所经营单位的董事长或者联合委员会的主任应当由中方代表担任，并且中方代表应当在董事会或者联合委员会中居多数。根据 2016 年《营业性演出管理条例》第 10 条的规定，外国投资者可以与中国投资者依法设立中外合资经营、中外合作经营的演出经纪机构、演出场所经营单位，中方控股或有主导权；不得设立中外合资经营、中外合作经营、外资经营的文艺表演团体，不得设立外资经营的演出经纪机构、演出场所经营单位。2019 年负面清单取消了由中方控股的限制。

（五）广播电视

在广播电视台设立方面，我国禁止外资进入广播电台、电视台、广播电视频道和传输覆盖网等。早在我国 1997 年《广播电视管理条例》第 10 条规定，禁止设立外资经营、中外合资合作经营的广播电台、电视台，2017 年修订后该条没有变化。2004 年施行、2017 年修订的《广播电台电视台审批管理办法》第 4 条也作出了同样规定。2004 年《境外机构设立驻华广播电视办事机构管理规定》第3条和第4条规定，境外机构设立驻华广播电视办事机构要经过国家新闻出版广电总局的许可，并不得设置广播电视代理机构或编辑部。

在广播电视节目方面，根据2004年《广播电视节目制作经营管理规定》第5条的规定，禁止外商独资企业、中外合资或合作企业设立广播电视节目制作经营机构或从事广播电视节目制作经营活动。不过，2004年11月出台的《外商投资指导目录》规定允许外商投资广播电视节目制作与发行，但是限于中方控股。实质上放开了广播节目制作的外资准入，但是依旧不允许以商业存在的形式设置广播节目制作公司。2004年《广播电视视频点播业务管理办法》第4条也规定，禁止外资企业申请开办视频点播业务，不过三星级以上宾馆饭店除外。在广播电视信号传输方面，根据2004年《广播电视节目传送业务管理办法》第7条的规定，禁止外国资本进入和从事广播电视节目传送业务。2019年全国负面清单禁止投资各级广播电台、电视台，禁止投资广播电视节目制作经营（含引进业务）公司。

（六）互联网文化服务

根据2005年《互联网新闻信息服务管理规定》第9条的规定，禁止外资进入和设立互联网新闻信息服务单位，2017年修订的《互联网新闻信息服务管理规定》第7条规定，任何组织不得设立中外合资经营、中外合作经营和外资经营的互联网新闻信息服务单位。互联网新闻信息服务单位与境内外中外合资经营、中外合作经营和外资经营的企业进行涉及互联网新闻信息服务业务的合作，应当报经国家互联网信息办公室进行安全评估。2008年施行、2015年修订的《互联网视听节目服务管理规定》第7条也规定，从事互联网视听节目服务需要获得相应许可证而我国2005年《关于文化领域引入外资的若干意见》第4条规定，禁止外资设立和经营网络视听节目服务、新闻网站与出版上述领域自2007年起被纳入《外商投资指导目录》的禁止类中一直并未放开，自贸区负面清单和全国负面清单都规定，禁止投资互联网新闻信息服务、网络出版服务、网络视听节目服务、互联网文化经营(音乐除外)、互联网公众发布信息服务(在上述服务中,中国入世承诺中已开放的内容除外)。

(七)文化遗产与文物保护

我国2017年修正的《文物保护法》第55条规定,禁止设立中外合资、中外合作和外商独资的文物商店和文物拍卖企业。2015年《外商投资指导目录》也新增了这一类别。2011年《非物质文化遗产保护法》第15条规定,境外组织若在中国境内进行非物质文化遗产调查,应当与境内非物质文化遗产研究机构合作。

需要注意的是,相比于其他外资,我国对港澳台地区投资采取更加开放的态度。前述我国《内地与港澳关于建立更紧密经贸关系安排》中也陆陆续续在视听和文化娱乐等方面放开市场准入,对我国香港、澳门特别行政区的投资企业取消股权限制、允许独资经营,降低在内地设立商业存在的门槛,放宽了对注册资本、企业资质和经营范围的限制。除了该安排外,我国《海峡两岸经济合作框架协议》自2010年开始谈判签署。2013年签署的《海峡两岸服务贸易协议》在文化领域投资方面,相对于WTO的承诺以及中国国内的外商投资政策并没有太大突破,开放程度与力度与《内地与港澳关于建立更紧密经贸关系安排》相比稍显薄弱。不过,该协议在促进海峡两岸的经济合作方面具有重要意义,为两岸投资者提供了明确指引。

纵观我国在文化产业领域外资准入的历史沿革和现有规定,可以看出我国在文化产业外资准入限制方面存在以下特点:

第一,对文化产业引入外资的领域开放有限,管制力度大。允许外资进入的主要是商业属性特征突出的、对公民精神文化生活影响不占主导地位的领域,如演出场所经营、演出经纪机构,广播电视、电影的制作业务,电影院的改建和建设,出版物和音像制品的发行以及广告行业。对涉及价值认同的文化产业领域依旧以禁止外资进入为主,包括广播电视台设立、广播电视传输网建设、新闻出版、广播电视电影的制作公司、文艺表演团体、互联网文化有关业务等。

第二,我国对于文化产业外资准入的有关规定,在一定程度上体现了与国际实践接轨的倾向。我国目前现有规定遵守了中国加入 WTO 的入世承诺,以及我国与港澳台地区有关经贸安排的规定。对于我国港澳台地区投资者予以更优惠的待遇。我国也正在尝试采用负面清单的方式对文化产业外资准入问题予以规制。

四、文化产业外国直接投资的并购限制

我国尚没有前文所述的针对文化产业领域外国直接投资并购的专门限制性规定,尤其是我国限制外资进入广播电视等核心媒体领域,故而,目前为止也鲜有外国直接投资在核心媒体领域投资并购的事件。

不过,我国曾经允许外资进入广播电视行业,并作出了禁止媒体过度集中的有关规定。在 2004 年原广播电视总局、商务部《中外合资、合作广播电视节目制作经营企业管理暂行规定》(以下简称 44 号文件)中,明确允许设立为中外合资、合作的专门从事或兼营广播电视节目制作发行业务的企业,境外资本不超过 49%。2005 年 3 月原广播电视总局又对 44 号文件作出补充,指出经原广播电视总局设立的合营企业和合营企业的外方,原则上不允许再申请设立第二家合营企业。不过上述政策很快被废止。2005《关于文化领域引进外资的若干意见》中又将广播电视节目制作企业列为禁止进入行业。2009 年《关于废止部分广播影视规章和规范性文件的决定》废止了上述 44 号文件。根据我国有关外商投资指导目录和负面清单,也几乎禁止外国资本进入重要传媒领域,外资可以参与节目的制作,但是不能以直接投资的形式设立节目制作企业。

虽然外资尚不可能进入广播电视等核心媒体领域,但是外资通过 VIE 架构入股互联网经营、控制门户网站、合办杂志从而控制编辑权等方式,已经在其外围悄悄渗透,网络新媒体的出现也为外资进入宣传功能的媒体行业提供可能。尽管我国禁止外资进入这些核心领域,但当前没有出现的情形不意味着将来不会出现。随着我国文化体制改革的深化,传媒事业公私分化日益明显,外资进入非新闻时事类媒体成为可能,不排除

将来国家有放开管制的可能，况且外资采用版权合作等方式进入部分出版行业，利用其资源优势控制出版内容的情形也已有发生。[1] 因此，我国依旧需要注意外资进入传媒行业可能带来的媒体集中问题，也要对损害媒体多元化的潜在问题作出预防。

由于前述有关国家允许外资进入某些媒体行业，在这些行业内，外资除了要受到外资准入的限制外，还要受到媒体并购集中的限制。而我国目前尚未允许外资进入关键性媒体行业，因此前述的经验在我国并不能完全照搬适用。从我国目前的法律制度来看，我国对文化产业领域外国直接投资并购没有专门立法规则规制，主要采用竞争法手段和国家安全审查制度予以规制。

外资并购涉及反垄断审查，适用我国《反垄断法》的规定。我国《反垄断法》第31条还规定，如果外资并购境内企业或者以其他方式参与经营者集中，涉及国家安全，还应当进行国家安全审查。在国家安全审查方面，文化利益被明确列入国家安全的范畴。2015年《国家安全法》第23条规定，国家坚持社会主义先进文化前进方向，继承和弘扬中华民族优秀传统文化，培育和践行社会主义核心价值观，防范和抵制不良文化的影响，掌握意识形态领域主导权，增强文化整体实力和竞争力。根据国务院2015年发布的《自由贸易区外商投资国家安全审查试行办法》，其审查的范围包括重要文化、重要信息技术产品和服务领域，并取得所投资企业的实际控制权。审查的内容包括对国家文化安全、公共道德的影响。

可见，我国规制文化产业领域的外资并购，更多地从国家文化安全和公共道德方面考虑，而国家文化安全具体指的是社会主义先进文化、优良

---

[1] 以"ELLE"中国版为例，桦榭菲力集团与上海译文出版社分别持股49%和51%，中方负责组稿、编辑、印刷、发行等，外方只是单纯的投资，负责海外广告销售等，然而，创刊期过后，双方的地位发生倾斜，桦榭菲力集团在一定程度上控制了编辑部的人事权，每期杂志内容甚至由国际总监直接指导，中方出版社角色弱化为对内容终审，监督其不违反国内政策，外方实际上掌握着"ELLE"中国版的运营。参见李洁：《外资传媒进入中国——一个关于传媒业和文化生活的双重命题》，载《南方传媒研究》（第15辑），载南方报网：http://www.southcn.com/nfdaily/media/cmyj/15/08/content/2009-01/08/content_4827155_4.htm，最后访问日期：2020年3月21日。

传统文化、社会主义核心价值观的主导地位。这与西方国家所关注的表达自由和媒体多元化有所不同,但是两者并不相互排斥。坚持先进文化、优良传统文化、社会主义核心价值观并不排斥表达自由,表达的内容、表达的形式都可以自由选择。坚持先进文化、优良传统文化、社会主义核心价值观并不排斥媒体多元化,虽然媒体提供了公共议论的平台,但先进文化依旧保有主流地位。从前述欧洲人权法院的判例来看,表达自由和媒体多元化也不是绝对的,依旧要符合公共利益和公共道德。

五、文化产业外国直接投资限制的 WTO 争端实践

"中美视听出版物案"是我国文化产业领域外国直接投资限制的重要案件。该案集中地反映了我国国内立法与 GATS 承诺之间的冲突,暴露出我国在对外缔约和设置外国直接投资准入方面的问题,值得深入思考与研究。

2007 年美国向 WTO 就中国出版物和视听产品的贸易权及分销管理措施提出诉讼,认为中国的有关措施违背了《中国入世议定书》第 5.1 条和《中国加入工作组报告书》第 83 条第 a 款、第 d 款,第 84 条第 b 款中所作的开放贸易权的承诺,也不符合 GATT 第 11.1 条的普遍取消数量限制义务以及 GATS 第 16 条市场准入和第 17 条国民待遇规定,影响了这些产品的进口、分销,对服务和服务提供者造成了不利影响。2009 年 8 月,WTO 发布专家组报告,12 月发布上诉机构报告,并于 2010 年通过。

诉讼主要涉及两方面问题:

第一,中国特定措施限制了进口院线电影、家庭娱乐视听产品(录像带或 DVD)、音像制品和出版物(书籍、杂志、报纸和电子出版物)的贸易权。进口院线电影、家庭娱乐视听产品、音像制品和出版物的行为,只能由中国有关管理部门指定的内资企业或国有企业从事,这违反了《中国入世议定书》第 5.1 条和第 5.2 条以及《中国加入工作组报告》第 83 段和第

84 段，还有 GATT 第 11 条第 1 款。[1]

第二，中国特定措施限制了外国供应商提供的出版物分销服务和家庭娱乐视听服务（包括分销服务）方面的市场准入，并构成对外国供应商的歧视。中国对外国服务提供者在出版物和家庭娱乐视听产品分销领域施加了市场准入限制和歧视性待遇，违反了 GATS 的第 16 条市场准入和第 17 条国民待遇规定。

第二节　中国文化产业外国直接投资限制立法的缺陷

前文对我国文化产业外国直接投资的限制现状作了详细阐述，我国自文化产业概念提出来的十余年间，对文化产业领域的外国直接投资限制却未有显著变化，这反映出我国目前对该领域的外国直接投资限制过多、限制过严的问题。同时，我国文化产业的有关立法技术水平较低，立法分散、多有重复冲突之处，与国际接轨水平差。目前，我国的外商投资指导目录和自贸区负面清单中涉及了大量文化产业的内容，而清单的设置却依旧存在一些问题。具体来说，我国文化产业外国直接投资的限制存在以下问题：（1）限制的条件相对僵化、单一；（2）立法技术水平较低；（3）准入的清单设置水平亟待提升，在竞争法领域没有对外资并购中的文化产业因素予以过多的考量。

一、外国直接投资准入的限制条件相对单一

我国近十年几乎对文化产业领域的外资准入限制没有过多变化。我

〔1〕 根据《中国入世议定书》第 5 条第 1 款规定，在不损害中国以符合 WTO 协定方式管理贸易的权利的情形下，中国应逐步放宽对外贸易权范围，在加入后 3 年，使所有在中国的企业从事所有货物贸易，但附件 2A 列出的货物除外。《中国加入工作组报告书》第 83 段和第 84 段也阐明：中国入世 3 年后，外商投资企业进出口不需要建立特定形式的实体或包含分销在内的新营业执照；中国入世 3 年后，所有在中国的企业与个人可以在中国境内进出口所有货物，附件 2A 列出的货物种类除外。

国文化产业迅速发展,必然出现了新情况、新问题,而立法上对于利用外资的限制却依旧没有多大更迭,这在很大程度上与现状有出入。例如,我国目前虽然对外资进入重要媒体行业严格限制,但是外资通过 VIE 架构入股互联网经营、控制门户网站广告、合办杂志,从而控制编辑权等方式,绕过现有法律禁止性规定或者不断扩张渗透,进入我国原本禁止外资进入传媒领域。虽有"禁止之名",行"准入之实",间接地对我国传媒业造成影响。许多文化企业,尤其是互联网企业,为了绕开国家禁止外资进入的限制获取外国投资,同样采用了 VIE 架构模式,架空现有的立法规定,游走在立法"灰色地带",时刻有被宣布无效的风险。这些现象都与我国现有的限制规定相对单一有关,在一定程度阻碍了企业获取更多资金、获得更广阔发展空间的现实需要。

虽然文化产业与国家文化安全、核心价值观息息相关,但并不意味着在许多行业严格管制。目前我国主要是采用股份比例或者企业组织形式的限制,而这两种限制方法极有可能导致企业运营过程中的高成本与低效率,造成外资利用率低,不利于企业的长远发展。根据前述的有关国家的立法与实践,我国可以采取更加多样化的限制方法,既能够活跃企业参与市场竞争,吸引更多投资,也能够维护国家在关键事项上的控制权。

目前不少国家已经或者正在逐渐放开文化产业领域中最传统苛刻的领域,即广播电视行业外资准入的限制,如 G20 发布的第 13 期投资措施报告中,墨西哥引入了广播业外资准入规则,并简化了外国人持股公司的程序性要求,对于其他的商业性活动更是没有外资准入的限制。[1] 虽然我国采取准入前国民待遇 + 负面清单的外资管理模式,负面清单,在立法模式上迈出了具有标志性的一步,但是对文化产业领域依旧与之前的外商投资指导目录没有太大出入。事实上,不少文化产业领域更加具有经济属性,其文化属性并不再占绝对主导地位。因此,我国可以考虑继续放

[1] See OECD and UNCTAD, "Thirteenth Report on G20 Investment Measures", Accessed March 3, 2020, at http://unctad.org/en/PublicationsLibrary/unctad_oecd2015d13_en.pdf.

宽对文化产业外资准入有关行业的限制。对于那些需要限制的领域，可以考虑多样化的限制措施，以达到国家维护文化利益需要与企业发展需要的平衡。立法者需要进一步审视现有企业发展和国家利益的平衡关系，对在某些行业限制外国投资进入是否有必要，需要进一步的论证和调研。

二、文化产业具体领域立法技术水平较低

目前我国有关外资的法律主要有两部分：一是《外商投资法》；二是行政法规和各部门规章为补充。对文化产业外国直接投资的限制主要分散在各个文化产业具体领域的立法中。我国现行文化立法规定十分零散、琐碎，立法层级效力参差不齐，规定变动频繁，多有重复、冲突之处。

从产业内容来看，有关文化产业的规定涉及了多个领域，如出版物、音像制品、广播电视制作、电影制作等多个领域，并且每个领域又包含多种行为，如出版物的制作、发行等均有专门规定，立法文件如此庞杂，难以收集与查询。

从颁布机关来看，现有的不少有关文化产业的规定，颁布机关涉及国务院、原文化部、原新闻出版总局、原广播电视总局、商务部、发改委、工商总局等，机构繁多，相互之间协调性差。

从立法及有关文件效力来看，由于颁布机关的多样化，规范性文件效力又低，废止其他规定的通知十分容易被忽略。出现立法政策反复、前后矛盾冲突的情形，对外国投资者来说，政策不够公开透明、可预见性差。

从文件内容来看，多有重复冲突之处，不同立法文件之间规制对象界定不清、适用范围不明，如《营业性演出管理条例》与《娱乐场所管理条例》之间的关系、《互联网视听节目服务管理规定》与《互联网文化管理暂行规定》之间的关系等。

我国文化立法滞后性严重。虽然规范性文件本身相比其他立法文件较灵活，但是依旧难以满足现实产业发展的需要，不少规范性文件出台时间过久，亟待更新。

三、准入清单设置内容与水平有待提升

我国目前对外缔结的条约当中采用的是正面清单的模式，国内法层面管理外国投资准入已经开始采用的是负面清单模式，负面清单的设置也意在为此后对外条约中采用负面清单准入模式提供实践基础。然而，我国设置负面清单依旧需要考虑以下问题：

第一，要经历思维的转换。目前我国已经从单纯的资本输入国转变为资本输入和资本输出二者兼具的“双料大国”，采用准入前国民待遇加负面清单方式在一定程度上能够符合我国对外投资的需要。在设置负面清单时需要转换思维，更加平衡、客观地从引资国和出资国两个角度来确定基本立场。[1] 我国一直以来存在区分内资与外资的管理模式，而负面清单意味着对内资外资同等对待。设置负面清单，就要明确文化产业领域外资限制背后所保护的利益为何、是否真正有存在必要，或者是否能够通过其他合理的、可替代的、符合 WTO 承诺的措施予以规制，兼顾我国资本输入与输出的双重需要，需要立法者和决策者进一步予以论证。

第二，要注意规避产业风险。负面清单意味着更高水平的开放，同时意味着让渡了更多国家外资管理权，让渡了一国的核心安全和利益。我国国内四大自贸区负面清单中均涉及了文化产业。然而，文化产业与一国意识形态、本土文化以及科学技术发展紧密，可能随着科技的发展不断涌现出新的类型，如果采用负面清单的模式，相比其他产业将面临更多困难。制定有关文化产业负面清单，尤其要注意产业风险，包括开放后可能导致竞争力下降的产业、开放后无力在国际市场上抗衡而全军覆没的产业、开放后新兴的增长困难的产业等。

第三，要注意提升负面清单的透明度要求。外国投资以最直观指导的负面清单和外商指导目录存在明显的不足之处，即流于“指导”，没有

---

〔1〕 参见田丰、谢宜泽：《中美双边投资协定谈判进程与基本立场》，载《中国外资》2015 年第 12 期。

"指引",相比于印度尼西亚和菲律宾的国内法层面负面清单,透明度低。没有披露具体的国内法规则,对具体的限制措施阐述也十分简略。文化产业类立法规定本身就繁多且杂,仅列明限制措施,而不指明其法律渊源,依旧给投资者带来困惑。

四、竞争法层面未对文化产业予以关注

我国虽然没有对外资并购导致的媒体集中予以专门规定,采用竞争法手段规制。依据我国《反垄断法》的有关规定,对外资可能造成的经营者集中进行反垄断审查。然而这种审查却没有对媒体集中予以更多专门的因素考量。我国《反垄断法》规定,经营者集中达到一定程度需要申报,根据 2008 年《国务院关于经营者集中申报标准的规定》第 4 条的规定,若经营者集中未达到该规定第 3 条[1]规定的申报标准,但按照规定程序收集的事实和证据表明该经营者集中具有或者可能具有排除、限制竞争效果的,国务院反垄断执法机构应当依法进行调查。该条仅规定了"排除、限制竞争效果",并没有体现出对媒体多元化损害的关注。而仅由国务院反垄断执法机构调查,没有提及有关文化主管部门的参与,可能无法充分考虑到文化产业具体行业的特点。

第三节　中国文化产业外国直接投资限制的完善

正如前文所述,文化产业本身范围广泛,容纳许多具体领域,并且伴

---

〔1〕《国务院关于经营者集中申报标准的规定》第 3 条规定,经营者集中达到下列标准之一的,经营者应当事先向国务院商务主管部门申报,未申报的不得实施集中:(一)参与集中的所有经营者上一会计年度在全球范围内的营业额合计超过 100 亿元人民币,并且其中至少两个经营者上一会计年度在中国境内的营业额均超过 4 亿元人民币;(二)参与集中的所有经营者上一会计年度在中国境内的营业额合计超过 20 亿元人民币,并且其中至少两个经营者上一会计年度在中国境内的营业额均超过 4 亿元人民币。营业额的计算,应当考虑银行、保险、证券、期货等特殊行业、领域的实际情况,具体办法由国务院商务主管部门会同国务院有关部门制定。

随着文化产业的迅速发展,新的领域也将不断出现,故而,在立法上难以通过一部统一的立法来规制文化产业的有关问题,目前在国际范围内也很难找到一部专门规定文化产业的法典。尽管如此,一些国家却出台了文化产业促进性质的立法,如韩国、日本。我国也将文化产业促进法的制定纳入立法日程。

文化产业促进法主要立法目的是促进文化产业发展,其中一项措施即是促进文化产业领域大量吸收资金的水平,因此促进吸收外国直接投资当为题中之意。然而,文化产业促进法并不便于在其中规定详细的外国直接投资限制措施,其本身的立法定位即是"促进",更多是宣示性规定,而不是对具体的措施作出直接规定。

一、有关立法中概括性规定突出文化产业利益

文化产业的外国直接投资限制不便于采用专门立法的方式,也不便于在法律层面采用专门的立法条文规定,但作为统领文化产业领域的《文化产业促进法》有必要在相关法律中对文化产业的特殊性予以凸显。

首先,在我国即将出台的文化产业促进法中,有必要对文化产业领域需要维护的特殊利益作出宣示,可以通过立法目的中规定文化产业需要维护的特殊利益,既能够充分体现文化产业的特殊性,也能够对文化产业领域的有关问题提供指引,使在其他立法制定过程中或有关机关履行职责时,对文化产业的特殊因素充分考虑能够有法可依。

《韩国文化产业促进基本法》第 1 条"立法目的"规定,"本法旨在为文化产业发展和竞争力的提升奠定基础,为文化产业发展提供必要支持与扶植,进而实现国民文化生活质量的提升、国家经济的发展"。[1]《日本关于促进内容的创造、保护及活用的法律》第 1 条"立法目的"规定,旨在"综合有效的推进关于促进内容的创造、保护及活用的措施""服务于

〔1〕 See Korea Framework Act on the Promotion of Cultural Industries, Article 1.

国民生活的改善”“服务于国民经济的健康发展”。[1]

因此，根据前文第二章的研究结论，我国未来的文化产业促进法可以作出以下规定：“本法旨在促进文化产业发展，为文化产业发展提供必要的支持与扶植措施，进而能够丰富公民文化生活，提升创新能力，促进国家经济发展，实现公民文化权利保护与国家文化利益维护，促进文化多样性发展。”

对于外资并购文化企业，虽然我国当前可能并不会产生外资并购造成媒体集中继而损害媒体多元化的问题，但随着外资准入行业和限制手段的放开，并不排除产生这种可能。况且文化产业发展迅速，外资可能伴随着网络新媒体的兴起而进入中国传媒领域，加速媒体融合趋势，可能会对媒体多元化造成损害。因此，还是有必要在立法中予以规制，不过眼下尚且不必在立法上迈出极大一步，可以折中作出概括性规定，为未来留有余地，也为可能出现的问题提供立法依据。

由于文化产业类并购规模往往难以达到国务院所规定的申报标准，因此有必要在未达到审查并购的标准时，对媒体多元化予以考虑。因而有必要对我国《国务院关于经营者集中申报标准的规定》第 4 条作出修订，即原文化部、国家新闻出版署都可以相应的提供咨询，将媒体多元化纳入反垄断审查的考量因素当中。国家广播电视总局可以提供相关数据，包括市场占有率、广告收入、企业总资产等，辅助商务部反垄断调查机构工作。

未来我国也可以参考前述英国的经验，即在专门的文化产业具体部门立法中，设置特殊审查程序，必要时引入“公共利益”审查。我国香港特别行政区《广播条例》也专门对广播行业的反垄断审查作了规定，其第 13 条对广播行业反竞争作了规定。第 14 条是滥用市场地位的规定。

---

〔1〕 参见贾旭东：《日本文化产业促进法研究》，载张晓明等主编：《中国文化产业报告》(2009)，社会科学文献出版社 2010 年版，第 335 页。

二、完善负面清单准入模式的设置

我国目前对待文化产业领域的外国直接投资拟采取负面清单的准入模式,无论是国内法规定还是对外缔结国际条约,均意图尝试采用负面清单模式。《外商投资法》草案废除了外资三法所确立的逐案审批制度,对外资准入采取以备案制为主,以特殊管理措施清单为例外,列入特殊管理措施清单的产业需要经许可行政程序,旨在构建准入前国民待遇加负面清单的外资准入制度。在国际层面,目前投资自由化的呼声越来越高,我国对外进行了多轮投资协定谈判,均采用的是准入前国民待遇加负面清单方式,如果不顺应趋势,中国可能面临着被边缘化的风险。因此,完善负面清单准入模式成了文化产业领域外国直接投资的关键,继而我国的负面清单模式将区分为国际与国内两个层面。

(一)国际条约中的负面清单模式设置

我国国际条约中文化产业负面清单,可以将负面清单与一般例外条款相结合,并设置好两种类型的负面清单:既有措施清单和可变措施清单,将开放文化产业国际投资准入的风险降到最低。除了将现有的文化产业外国直接投资的限制规定纳入既有措施清单以外,还可以将文化产业的一些领域规定在可变措施清单中,为将来可能出现的不符措施加以修改或设置更严格的限制措施保有余地。而一般例外条款,作为一项兜底条款,可以保证在合理限度内对文化产业类投资保有国内管理权。具体来说,国际条约中的负面清单设置,应当注意以下几个问题。

1. 清单中产业分类及用语国际化

提升对外缔约技术能够在很大程度上减少未来的投资纠纷。在对外谈判过程中,尤其是负面清单的协商过程中,尤其要注意在条约的用语与解释方法上与其他缔约国达成一致。中美出版物给我们重要的启示就在于,要用国际法视角来运用和缔造国际法。首先,在负面清单的制定过程中,要遵循国际上通行的产业分类模式和方法,避免使用一国特殊的产业分类方法。其次,要使用国际上通用的术语,表达缔约国达成共识的含义，不能继续运用本国特殊的术语来表达。最后，如果本国出现了特殊的行业分类或者术语表达，尚不能纳入国际通行标准中时，一定要有明确清晰说明，有必要作出保留的领域应当作出保留。

2. 提升透明度要求

负面清单模式需要与高标准的透明度要求相配合。[1] 这要求对保留的行业及领域的有关法律法规、有关投资限制性措施的形式、范围、水平等都予以充分说明。根据前述的其他国家的负面清单的构成，其中包括具体限制措施的详细描述和明确的国内法依据。因此，我国在设置负面清单时，也应当指明其所依据的立法文件，说明具体的限制措施，而不仅列出对某行业有限制，但限制为何却语焉不详。

3. 设置可变措施清单

在缔约过程中要用发展的眼光看待产业利益与文化利益的维护，不限于眼前利益。从中美出版物专家组报告中可以看出，中国在承诺音像制品分销服务过程中，尚未考虑到以互联网形式分销音像制品，然而，在缔约之时，中国早已经出现了互联网形式贩售音乐 CD 与 DVD 的实例。这反映出，在一定程度上，我国对外缔约之时缺少产业发展的眼光，尤其是国际条约，一旦缔结之后，修改需要花费非常高昂的成本，因此必须具有前瞻性，为产业发展提供更大空间。

文化产业的特殊性要求在设置负面清单时，对涉及公民道德及意识形态的敏感行业予以重点关注。列举在既有措施清单中的领域，意味着将来不会出现变更或更加严格的措施，因此在设置既有措施清单过程中应当十分谨慎，也依赖于国内相应负面清单的设置。对于那些关涉公民道德、国家核心文化利益的领域，如广播电视、新闻出版以及未来发展的产业等可以列入可变措施清单当中。目前可以将目前我国禁止类的产业全部纳入可变措施清单当中，主要为广播电视业务、新闻出版业务、电影

[1] 龚柏华：《中国（上海）自由贸易试验区外资准入“负面清单”模式法律分析》，载《理论参考》2015 年第 2 期。

制作发行与放映服务、非物质文化遗产、文物以及考古，也可以将目前尚无把握开放的领域，如互联网有关服务等纳入可变措施清单中。

4. 重视一般例外条款规定

中国是资本输入大国，外国投资在给中国经济腾飞填足动力的同时，也在一定程度上给中国公共利益带来了负面影响，除了环境污染、劳工权利等，国家文化多样性也被纳入其中。中国目前已经在多个双边投资协定中接受了国际投资争端解决中心的管辖，日后越来越多地纠纷提交国际投资争端解决中心管辖将是大势所趋。如果没有一般性条款的引入，则可能失去一个最重要的抗辩理由，中国出于特殊国情对外资予以的管制也将面临巨大的国际投资仲裁风险。因此，有必要完善一般例外条款，维护国家为保护公共利益而正当行使的国内管理权，保证国家主权不因国际投资协定而受到外国投资的负面影响。[1]

我国目前在自贸区协定及双边投资协定中有一些一般例外条款的规定。主要集中体现在自贸区协定的投资一章，而在双边投资协定中所见不多。自贸区协定中多作出了与服务贸易有关的承诺，尤其是文化产业领域并没有完全放开准入，更多属于国内管理和限制的范畴。但是目前我国双边投资协定中鲜见具体的承诺清单，因此，更有必要对国内管理权范畴予以保留。

从具体一般条款的模式来看，概括性规定“公共道德”的一般例外条款过于笼统，而只规定“文物保护”的条款范围又过于狭窄，介于文化产业发展迅速，新业态不断出现，需要规定一条范围相对较广的兜底条款，如“本条约不得阻止为保护公共道德所必须的措施；为保护具有艺术、历史或考古价值的文物所采取的措施；为保护本国文化多样性及文化利益所采取的措施”。

我国可以效仿北欧以及欧盟的做法，在有文化联系或文化近似的区

---

〔1〕 参见张庆麟主编：《公共利益视野下的国际投资协议新发展》，中国社会科学出版社2014年版，第112页。

域内对文化产品贸易与服务的流动予以更大的自由。我国可以尝试在于这些国家缔结协定时采取两类负面清单加一般例外条款作为兜底条款。通过放松文化产业投资管制,研究放开前与放开后对于我国文化产业发展、公民精神文化生活水平与道德水平的变化及影响,探究放开文化产业投资管制是否对一国必要的文化政策所维护的利益产生不利影响。如果这种影响是微乎其微的,我国就可以逐步向其他国家放开这种管制,从而实现有序的文化产品贸易与投资自由流动。

（二）国内法上负面清单模式的设置

负面清单所规定的措施应当依赖于现有的国内法规定。由于国内法层面的负面清单并非一劳永逸,而是应当伴随着国内法律法规及相关政策的修改而不断修订的,因此与国际法层面的负面清单有所区别。国内法层面的负面清单设置应当注意以下几点。

1. 对现有立法进行系统废改立

设置负面清单有必要对现有我国立法中有关文化产业的限制措施作出系统的归纳与整理,因此有必要对于有关文化产业外资准入的各项法律、法规、规章及规范性文件等进行系统的“废、改、立”,废除不合经济发展的过时条款,删除重复立法条款,理顺冲突内容,顺应现实需要制定新法填补立法空白。切实做好对文化产业有关领域的外资进入影响评估工作,充分听取市场主体的意见,为负面清单提供实证依据。尤其要注意,在《外商投资法》通过之后,文化产业的相关立法要注意与之相协调。首先,根据《外商投资法》的有关规定,负面清单应当以国务院令的方式予以发布,具有行政法规的性质,而文化产业有关立法普遍为行政法规或行政规章,其立法效力等于或低于负面清单这类行政法规,其中对外资准入施加的限制已经被负面清单放开,因此,对于已经被放开的领域,要删除这些限制性规定。同时,由于文化产业相关立法的修订频率远远低于的每年发布的负面清单,建议将涉及外资准入的条款统一修订为“依照负面清单有关规定”以适应负面清单的变化。其次,由于《外商投资法》已经废止了外资三法,很多文化产业类立法中还有类似“依照外资三法制定本法”或“采用中外合资、中外合作”的表述，建议将此类条文删除，与《外商投资法》保持一致。

2. 注重国内法与条约承诺的对接

在国内法与国际条约承诺对接问题上，首先要清楚地了解我国具体作了哪些承诺，其次，要清理我国有关的不符规定。一方面要对我国文化产业领域，涉及外国投资的规定进行全面的审查与清理；另一方面立法者和决策者在修改或出台新规定时，要仔细甄别是否与条约中承诺不符。主要参考的领域不仅限于 GATS 的第 2D 项视听服务和第 10 项娱乐文化体育领域，还要考虑第 4 项分销以及与其他文化产业的有关的上游或下游行为。

从中美出版物案得到的重要启示来看，要将中国的承诺放在 WTO 的框架下去理解，运用国际法的解释规则来解释其中用语的含义，而不能将之完全放在中国语境下理解。厘清中国入世承诺，才能够明确在国内立法与政策制定之时，哪些是“雷区”，从而避免无意识地出台了与 GATS 不符的措施。在对现有规定作修改或出台新规定同时，也要兼顾中国特色用语与国际标准用语和分类相一致，遵循国际标准，完善立法技术与方法，尤其是在文化产业兴起发展之时，考虑未来技术实现的可能性，为立法留有余地。

3. 提升透明度要求

从前述印度尼西亚和菲律宾的负面清单设置来看，其具有相对较高的透明度。它们具有相似之处，即对于限制措施具有比较清晰的表述，对限制措施所依据的国内法也有披露，而我国目前设置的负面清单或外商投资指导目录的透明度要求较低，尤其是文化产业立法十分庞杂，仅依靠现有的负面清单和投资指导目录并不能查询到相应的立法依据。负面清单不是立法，也没有创设限制措施的权力，其仅是指引和公开现有国内法上的限制措施的清单，因此在负面清单中披露依据的国内法规定是有必要的。

介于文化产业立法分散性和复杂性的特点，我国可以建立有关文化产业领域立法文件的数据库或网站，定时更新与维护，建立各个领域的索引链接，对已经失效的规范性文件予以系统性地列明整理，方便外国投资者查询。如果要颁布新规则，则要保证其能够在指定官方网站上能够检索到法律草案，保证一定的公开收集评论与意见的时间，确保公众能够在平台上加以评论以及查看他人评论，还可以设立专门的文化产业外商投资办公室，定时发布投资咨询报告、立法文件更新报告，对有关法律法规和实务案例予以编撰出版。

三、具体领域立法中适度放开限制条件

立法应当建立于保护国家文化利益的基础上，但也不能忽视鼓励企业提升创造力、生产力，对那些幼稚产业来说，只有发展壮大才是治本之道，在这些行业内限制外资进入仅是一时之计，久而久之并不有利于激发企业创造力和竞争力，反而有过度保护之嫌。对那些经营性、商品性强的领域和行为予以放开外资准入，对那些需要严格控制的部门也尽量不要完全禁止外资进入，要考虑到行业的长远发展和融资需求，结合其他制度，有的放矢、张弛有度。综合利用双重股权制度、内容审查制度、实际控制人标准来实现规制的目的，而不是紧盯在限制外资股权比例、限制高管国籍和住所这种刚性的限制上。因此，在限制外资之时，采取能够激发企业活力的组织形式，尤其加强有限合伙制度的实现，为将来企业发展壮大后，外资的全面进入或全面退出提供可能，不至于因政策变动导致对企业造成极其不稳定的影响，也能够充分发挥生产者的创造力和执行力，促进产业全面升级。

（一）鼓励有限合伙形式

根据2014年《中外合作经营企业法实施细则》第14条的规定，合作企业依法取得中国法人资格的为有限责任公司。根据第4条的规定，中外合作企业既可以是法人也可以采用非法人的组织形式。根据2010年的《外商投资合伙企业登记管理规定》第3条第3款规定《外商投资产业指导目录》禁止类和标注“限于合资”“限于合作”“限于合资、合作”“中

方控股”“中方相对控股”和有外资比例要求的项目,不得设立外商投资合伙企业。因此,我国对外资有限制的行业不能采用合伙形式。

我国负面清单中规定,对外资有限制的行业不能采用合伙形式。但是事实上,采用有限合伙的方式对于引进外资以及促进文化产业的发展更加有利。我国台湾地区自 2015 年开始起草“有限合伙法”,其主要目的就是吸引外资、增加国民就业率,由其对于文创、创投以及研发服务等产业发展具有正面效益。[1]

有限合伙合伙人由负无限连带责任的无限合伙人和负有限责任的有限合伙人组成,有限合伙人以出资额为限承担有限责任,有限合伙人只能以资金或其他财产出资,不能以信誉、劳务出资,有限合伙人不直接参与合伙事务的经营与管理。有限合伙最大的法律特征就在于责任混合制,它具有的无限责任与有限责任并存的构架,吸收了普通合伙与公司的优点,体现有限权利和有限风险。[2] 有限合伙能够满足没有资本,但需要从事商事活动的生产者和艺术家,以及有资本而又不愿具体从事企业事务管理、不愿承担更多风险的投资人的要求。

我国一方面需要扩大文化产业引入外资的领域,另一方面应当在允许外资进入的领域,对于中外合作的领域鼓励采用有限合伙的方式。有限合伙具有巨大的优势:第一,设立门槛低于有限责任公司,在出资比例、出资方式和额度、利润分配等方面都具有极大的灵活性;第二,运营具有灵活性,无须遵照公司法的各种严格程序,允许有限责任和无限责任共存,满足中小企业扩大融资和管理的需要;第三,有限合伙人在其出资比例内承担有限责任的“安全港”条款,能够降低投资人风险,便于保护投资人,更便于中小企业吸引投资,为投资者解除了后顾之忧;第四,有限合伙的退伙制度和出资转让制度相对普通合伙简单易行,具有稳定性和长期

---

〔1〕 参见我国台湾地区“新闻传播处”:“行政院会通过‘有限合伙法’草案”,载我国台湾地区新闻传播处网站:http://www.ey.gov.tw/News_Content2.aspx?n=F8BAEBE9491FC830&s=DCC28EAA9C4E8077,最后访问日期:2020 年 1 月 30 日。

〔2〕 马强:《合伙法律制度研究》,人民法院出版社 2000 年版,第 311 页。

存续性特征,有限合伙是资合与人合的结合,由于投资人的责任有限性以及不参与日常经营,出资具有可移转、可兑换和可替代性。

(二)引入双重股权制度

2013 年党的十八届三中全会《关于全面深化改革若干重大问题的决定》指出,要建立健全现代文化市场体系,“对按规定转制的重要国有传媒企业探索实行特殊管理股制度”。

英国《每日邮报》《每日电讯报》采取了双重股权制度。《每日邮报》报纸的股权分为投票股和非投票股两种,只有 5% 的股权是投票股,其他的 95% 都是非投票股,只有非投票股才能在股票市场上流通。罗斯米尔第四持有 75% 的投票股,他有能力对任何经营管理的重大决策说是或不是。他同时还持有 40% 的非投票股。这种股权结构保证了罗斯米尔家族对公司绝对的控制权,同时也给公司撑起一把“保护伞”,防止被家族外人员收购。《每日电讯报》在美国纽约上市,跨国报业集团霍林格公司持有报社 68% 的股份。霍林格公司采用十分类似《每日邮报》“双重股权制度”的“AB”股制。拥有投票权的 B 股是非流通股,被牢牢控制在家族成员手中。[1]

我国可以借鉴“双重股权”制度,充分利用国内民间资本和外国资本,保证国有股权具有一票否决权,保证国家在广播电视领域中的正确引导,而不需要占 51% 的绝对优势,既解放了国有资金,扩大对整个社会资本的支配程度,又能充分活跃企业融入市场竞争。同时,建立双重股权制度还能够降低企业受到股价波动和收购的影响,保证国家的控制权。

(三)进一步放开准入行业限制

一般来说,各国对外国直接投资准入施加限制目的在于产业保护。具体产业部门立法应当“充分反映产业实际需求,着眼于产业未来发展”[2]。这需要立法与政策制定者明确本国文化产业需求,明确产业利

〔1〕 周成华等:《英国报业的股权制度及治理结构》,载《青年记者》2013 年第 17 期。
〔2〕 韩立余:《世贸规则与产业保护》,北京大学出版社 2014 年版,第 352 页。

益所在。对需要保护的利益予以监管,尽量放开那些对产业利益保护可有可无的措施的管制。文化产业所要维护的利益特殊,不限于简单的经济利益,还涉及一国的文化利益。设置负面清单时,我国需要明确文化产业关涉的经济利益与文化利益具体为何,政府应当建立通畅的利益表达机制,构建固定的产业利益表达程序,组织企业、行业协会集中讨论,听取意见和建议,明确我国对外需要维护的产业利益和文化利益。

对我国向来严格控制的广播电视领域,也不一定要禁止外资进入。以往广播电视领域作为稀缺资源,政府不得不对频率、频道等资源进行控制,同时,其作为一种具有意识形态属性的产品,也必然需要政府予以引导。广播电视领域不能够被少数人掌握手中不当运用,因此需要政府予以适当限制,但是目前我国传媒改革进一步深入,媒体内部不同职能被拆分,“时政”媒体与“非时政”媒体之间差异显现。[1] 我国可以将除了时政类媒体等以外的营业全部纳入市场,组建公司,建立现代企业制度,推动企业上市,允许社会资本和外国资本有序进入。

从准入的领域来看,我国可以尝试允许私人经营商业性质的商业频道、新闻出版业务,在不涉及时政新闻的领域,允许外资进入。媒体的政治属性和经济属性决定了实行公营和私有并轨体制的合理性。政治属性决定了一部分媒体内容是公共产品,经济属性决定了一部分媒体内容是商品,“越接近纯公共产品,越需要政府来提供,因为存在市场失灵;越接近私人产品,越需要市场来提供,因为市场最有效率。”[2] 传播时事观点与评论,或提供高雅艺术,引领社会主义文化核心价值的内容应当由政府提供,由政府财政资助的媒体来提供服务,而那些满足大众文化消费需求的娱乐内容可以由私人媒体来提供,通过参与市场竞争,为公众提供高品

〔1〕 对于“时政”与“非时政”的区分应当把握是否具有“首发、首评”资格。以报刊为例,“时政报刊是承担当党和国家时政宣传任务的,有指令性要求,有首发、首评国家时政资格的报刊。非时政类报刊可以刊载重要时政新闻,可以自愿宣传但不具备首发、首评党和国家时政的资质。”参见陈绚等:《新闻传播与媒介法制年度研究报告》(2014),中国人民大学出版社 2014 年版,第 28 页。

〔2〕 吴克宇:《电视媒介经济学》,华夏出版社 2004 年版,第 64 页。

质的娱乐服务，而不是现有的广播电视“泛娱乐化”，节目雷同、抄袭、质量低下。

目前，我国对互联网有关服务严格禁止外资进入。然而，互联网行业竞争激烈，不少企业为了寻求长远发展又亟须大量资金，苦于国内上市集资的门槛偏高，不少中小互联网企业尚无法达到要求，不得不采用特殊的VIE架构，[1]企图绕开国内对外资进入互联网产业的限制，到海外获取大量资金。这种模式由新浪首创，不少互联网企业如百度、网易、优酷等皆采用这种模式。

2014年1月13日，工信部发布《关于在中国（上海）自由贸易试验区放开在线数据处理与交易处理业务（经营类电子商务）外资股权比例限制的通告》，决定在上海自贸区内试点放开在线数据处理与交易处理业务（经营类电子商务）的外资股权比例限制，外资股权比例可至100%。[2] 2015年6月19日工信部发布196号文，决定全国范围内放开在线数据处理与交易处理业务的外资股比限制，可以达到100%。[3] 这意味着主要从事电子商务的网站，如阿里巴巴、京东、当当、聚美优品、唯品会等跨境电商在境外融资和上市时可不必采用VIE架构，如已包含外资的公司回归A股，外资也不必退出而拆除VIE架构。

不过，需要注意的是，这些主要从事电商的网站中，如果从事有关文化产业的具体领域，如电子平台拍卖中的文物拍卖、文物商店、视频网站、

---

〔1〕 协议控制模式是由境内的实际控制人设立境外特殊目的公司（SPV），再由SPV设立外商投资企业（WOFE），WOFE以提供垄断性咨询、服务或管理，与境内企业签订一系列协议，以达到控制该企业的目的，并以收取服务费的形式从境内经营实体中获得利润，故称为“协议控制”。

〔2〕 早在2013年9月27日，国务院印发《中国（上海）自由贸易试验区总体方案》中开放特定形式的部分增值电信业务，包括互联网信息服务、数据处理和存储、呼叫中心以及其他电信业务。2014年1月，工信部与上海市政府联合发布《关于中国（上海）自由贸易试验区进一步对外开放增值电信业务的意见》指出，信息服务业务中的应用商店业务、存储转发业务等两项业务外资可以独立经营，在线数据处理与交易处理业务中的经营类电子商务业务外资股比由不超过50%放宽到55%。外商可以独资经营应用商店业务、存储转发业务、呼叫中心业务、国内多方通信业务、因特网接入服务业务等增值电信服务，除了因特网接入业务以外，其他业务可以面向全国。

〔3〕 在线数据交易与交易处理业务是指利用各种与通信网络相连的数据与交易/事务处理应用平台，通过通信网络为用户提供在线数据处理和交易/事务处理的业务，实践中应用最广的是电子商务平台。

新闻网站、游戏网站同样不允许外资进入。但是,目前依旧有不少海外上市的互联网企业从事上述业务,原因是采取 VIE 架构,由外商企业投资的境内企业主营这些业务,从而规避了外资不能进入有关领域的规定。因而国内不少行政规章及规范性文件禁止外商从事网络游戏运营服务,[1]部分裁判实践也对其采取否定态度。[2] 但是从本质上看,VIE 架构的广泛存在根源于我国外资准入制度略有严格之处,与产业迫切融资、扩大规模的现实需要有差距。根本上还是要进一步开放我国外资准入领域,尤其是在互联网产业上,允许中方在享有实际控制权的情况下,企业从事特定业务能够获得相关资质,而不仅仅看重外国资本的股权比例。强调中方的实际控制权,尽管有外资进入,但是外国投资者并不具有实际控制权,这样既能够满足企业融资的需要,也能够保证我国所追求的保护本国幼稚产业、保护文化多样性的要求。

本章小结

本章对中国的文化产业外国直接投资限制从现状、问题、完善三方面

---

〔1〕 如《新闻出版总署、国家版权局、全国“扫黄打非”工作小组办公室关于贯彻落实国务院〈“三定”规定〉和中央编办有关解释,进一步加强网络游戏前置审批和进口网络游戏审批关系的通知》(新出联〔2009〕13 号)。该文第 4 条规定,禁止外商以独资、合资、合作等方式在中国境内投资从事网络游戏运营服务。外商不得通过设立其他合资公司、签订相关协议或提供技术支持等间接方式实际控制和参与境内企业的网络游戏运营业务。也不得通过将用户注册、账号管理、点卡消费等直接导入由外商实际控制或具有所有权的游戏联网、对战平台等方式,变相控制和参与网络游戏运营业务。违反规定的,新闻出版总署将会同国家有关部门依法查处,情节严重者将吊销相关许可证、注销相关登记。

〔2〕 上海国际经济贸易仲裁委员会某仲裁庭在 2010 ~ 2011 年,在两起涉及同一家互联网游戏运营公司的案件中,认定该公司采用的 VIE 模式无效。该公司是国内一家互联网游戏公司,境外投资方通过一家英属维尔京群岛公司(简称 BVI 公司)在境内设立了外商独资企业(WOFE),WOFE 与该公司签订了一系列利益输送协议,并与该公司股东签订一系列控制类协议。仲裁庭最终裁决认定,WOFE 通过与该公司创始人签订利润输送协议以及控制协议方式,取得了对该公司的控制权,目的是“本无网络游戏运营资格的 WOFE 能够参与中国网络游戏的运营并获得相应收益”,违反了我国“外商不得签订相关协议或提供技术支持等间接方式实际控制和参与境内企业的网络游戏运营业务”的规定,仲裁庭认为其“以合法形式掩盖非法目的”“违反国家行政法规的强制性规定”,裁决 VIE 无效。

予以阐述。我国在2000年明确提出文化产业的概念,目前已经建立起相对科学完整的文化产业分类体系,在立法层面也有专门针对文化产业具体门类的立法。当前我国在立法与政策上对文化产业发展日益重视,因此对我国文化产业外国直接投资限制加以深入研究具有理论与现实意义。我国文化产业外国直接投资准入的清单模式区分国际和国内两个层面:国际法上目前主要采用正面清单模式,正在探索负面清单模式;国内法层面已经开始采用负面清单模式管理外资。而对文化产业的外资并购并没有专门规定,也没有如同前述其他国家的特殊规则,仅采用竞争法和国家安全审查手段规制,然而这些规制手段却没有对文化产业领域予以特殊考虑。

我国的有关立法与实践反映了当前文化产业领域外国直接投资限制存在以下问题:准入限制条件单一僵化、立法技术水平较低、清单设置亟待进一步完善以及在竞争法层面对文化产业领域的外资并购没有考虑。据此,本书从三方面提出建议:

首先,在有关立法中概括性的突出文化产业利益。在我国即将出台的"文化产业促进法"中可以作出以下规定:"本法旨在促进文化产业发展,为文化产业发展提供必要的支持与扶植措施,进而能够丰富公民文化生活,提升创新能力,促进国家经济发展,实现公民文化权利保护与国家文化利益维护,促进文化多样性发展。"在我国《国务院关于经营者集中申报标准的规定》第4条可增加"可能具有损害公共利益效果的",并规定除了商务反垄断执法机关有调查的义务之外,"其他有关部门有提供咨询的义务",原文化部、中宣部可以提供咨询。

其次,完善负面清单的设置,在国际法层面设置既有措施、可变措施负面清单,在条约中规定一般例外条款作为兜底条款。清单中产业分类及用语要与国际接轨,采用国际分类标准,提升透明度要求。在国内法层面的负面清单设置过程中,要对现有的立法进行系统废、改、立,注重与国际条约的衔接,提升透明度要求。

最后,在文化产业具体部门的专门立法中,规定灵活的限制条件,引入有限合伙形式,采用双重股权制度,进一步放开准入行业及领域的限制。

结　语

从“文化工业”走向“文化产业”的几十年时间内，人们从仅偏废“文化”属性、批判大众文化至逐渐意识到“产业”价值并广泛认同。这一过程深刻地反映出文化产业的特殊性，即兼有文化属性与商业属性。文化产业也具有复杂性，它容纳的行业繁多，且随着科技的发展，将会出现越来越多的新型文化产业部门，加之各国所追求的文化利益并不完全一致，界定文化产业成为十分困难的事。不过，有关国家基本上都认为那些具有明确文化意义的行业，如新闻出版、广播电视与电影等必定属于文化产业的范畴，且由于其与一国公民道德、核心价值观息息相关，一向是国内产业政策规制的重点。

文化产业的特殊性决定了外国直接投资在文化产业领域受到种种限制，体现在国内层面即为国家文化利益和公民文化权利诉求，体现在国际层面即为文化多样性。尽管不同国家和地区出于这样或那样的文化利益诉求，其基本都认同文化的多样性，并且采取措施维持和促进本国的文化多样性。《文化多样性公约》在国际法层面确认了各国采取有关措施对文化产业予以管理，继而维护本国文化多样性的权利。这些措施中十分重要的一项就是对流向本国文化产业的外国投资予以限制。全球化时代、国际资本流动频繁、国家之间缔结条约协议都不约而同地通过正面清单或负面清单的模式，在一定程度上对本国文化产业的外国投资提出保留，在有关领域适用国内法规定。国内法对流入本国文化产业领域的外国直接投资设置了多重限制条件，除了准入的股权比例、高管国籍、企业组织形式等限制以外，还对外资通过并购方式进入本国、本地区媒体行业或外资进入本国、本地区后并购其他境内媒体的行为予以限制，如“最少声音”规则、“3 选 2”规则等，力求充分维护公民文化权利、国家文化利益和文化多样性。

不过，国家既有的限制措施也并非一成不变，有关国家立法规定呈现出逐渐放松管制的趋势。主要原因在于，国家对文化产业的范围和属性认识逐渐清晰，将一些文化属性较弱的行业予以开放，或者通过与其他制度配套结合，在文化属性强烈的行业放松对外国直接投资的限制。这说明，对文化产业领域内外国直接投资的限制并不是绝对的。从文化产业的双重属性出发，文化具有流动性，仅对外来文化投资的限制并不能阻碍不同文化之间的交流，也无法抵御不良文化对本国文化的消极影响。发扬一国优秀先进文化，限制外来文化投资并非长久之计，而应当通过充分发展本国的文化产业实现发扬本国先进文化的目的。产业具有经济属性，在一国文化产业尚属于弱小时，可能需要对外国投资予以规制，待其产业发展壮大，再予以完全放开。不过，外来文化投资也并非全部如同虎狼，建立健全有效制度，依旧可以大量引入外资，充分为国所用。

对于立法者和政策制定者来说，不应当将文化产业视为一块铁板，将有利的外国投资拒之门外，而应通过精心的制度设计，充分地引入和利用外国直接投资，达到发展本国文化产业的目的。从中国具体国情出发，我国对文化产业领域外国直接投资限制依旧严格，也确有不少企业为了获取大量资金，绕过国内管制，游走于立法政策的“灰色空间”。这反映出我国立法在一定程度上滞后于现实需求。我国国际条约以及中美出版物案的经验教训也说明，我国立法与国际接轨程度低，未充分考虑到产业未来发展，在一定程度上未顺应国际趋势。

由于我国文化产业立法的分散性和复杂性，专门规定文化产业外国直接投资限制的条款不切实际，因此，可以在有关立法中对文化产业的有关利益予以强调,重点在清单设置中详尽列举有关的限制措施,根本上从文化产业具体的部门立法中进一步放开限制性规定。

具体来说,我国可以从以下几个方面予以完善:

(一)在有关立法中概括性的突出文化产业利益

1. 在我国即将出台的"文化产业促进法"中可以作出以下规定:"本法旨在促进文化产业发展,为文化产业发展提供必要的支持与扶持措施,进而能够丰富公民文化生活,提升创新能力,促进国家经济发展,实现公民文化权利保护与国家文化利益维护,促进文化多样性发展。"

2. 在我国《国务院关于经营者集中申报标准的规定》第 4 条可增加"可能具有损害公共利益效果的",并规定除了商务反垄断执法机关有调查的义务之外,"其他有关部门有提供咨询的义务",原文化部、中宣部可以提供咨询。故该条修改为:"经营者集中未达到本规定第三条规定的申报标准,但按照规定程序收集的事实和证据表明该经营者集中具有或者可能具有排除、限制竞争,损害公共利益效果的,国务院反垄断执法机关应当依法进行调查,其他相关部门应当提供咨询。"

(二)区分国际法层面的负面清单和国内法层面的负面清单,完善负面清单的设置

1. 在国际法层面设置既有措施、可变措施负面清单,并在条约中规定一般例外条款作为兜底条款。清单中产业分类及用语要与国际接轨,采用国际分类标准,提升透明度。国际法层面的负面清单内容不是放四海而皆准,还是要依据具体签订条约国家之间的协商谈判而定。

在既有措施清单中可以规定我国限制类的产业,如演出经纪机构、大型主题公园建设、电影院建设等。在既有措施清单当中应当详细描述限制性措施以及所依据的国内法规定。

在可变措施清单当中可以将我国禁止类的产业全部纳入其中,主要为广播电视播出传输制作经营业务、新闻出版业务、电影制作发行与放映服务、非物质文化遗产、文物以及考古;将目前尚无把握开放的领域,如互联网有关服务等纳入可变措施清单中。

在缔结的条约中规定一般例外条款："本条约不得阻止为保护公共道德所必须的措施；为保护具有艺术、历史或考古价值的文物所采取的措施；为保护本国文化多样性及文化利益所采取的措施。"

2. 在国内法层面的负面清单设置过程中，要对现有的立法进行系统的废、改、立，注重与国际条约的衔接，提升透明度要求，披露国内法依据。

（三）在文化产业具体部门的专门立法中，规定灵活的限制条件，进一步放开准入的领域

1. 引入有限合伙形式，采用双重股权制度，规定灵活限制条件。

2. 在准入领域方面，区分"时事"媒体与"非时事"媒体，可以尝试允许私人经营商业性质的商业频道、新闻出版业务，在不涉及时政新闻的领域，允许外资进入。放开在线数据处理与交易处理业务（经营类电子商务）的外资股权比例限制，允许外资进入。

缩略语对照表

ACCC 澳大利亚竞争与消费者委员会

ACMA 澳大利亚通讯媒体局

ASEAN 东南亚国家联盟

AUSFTA 美国—澳大利亚自贸区协定

AVMSD 欧盟视听媒体服务指令

BIT 双边投资协定

BKA 德国卡特尔局

CAVCO 加拿大音像制品鉴定办公室

CBCO 美国《有线/无线电视交叉所有权规则》

CC 英国竞争委员会

CCA 澳大利亚《2010 年竞争与消费者法》

CEPA 内地与港澳关于建立更紧密经贸关系的安排

COMESA 东南部非洲共同市场

CRTC 加拿大广播电视电信委员会

CSA 法国视听理事会

DCMS 英国文化媒体体育部

ECFA 海峡两岸经济合作框架协议

EFTA 欧洲自贸区联盟

EGIFJ 国际新闻工作者联合会欧盟分会

ERC 葡萄牙媒体管理局

Eurimages 欧洲电影支持基金

FCC 美国联邦通信委员会

FIC 马来西亚外国投资委员会

FIRB 澳大利亚外国投资审查委员会

EPC 欧盟出版理事会

FTA 自由贸易区协定

FTC 美国联邦贸易委员会

GATS 服务贸易总协定

GATT 货物贸易总协定

GEM 法国世界经济集团

GWB 德国《2005 年反限制竞争法》

G20 二十国集团

ICP-ANACOM 葡萄牙国家信息局

ICSID 国际投资争端解决中心

IIPA 美国国际知识产权联盟

IMF 国际货币基金组织

ITV 独立电视协会

KCC 韩国广播通信委员会

KEK 德国媒体集中委员会

KORUS 美国—韩国自由贸易协定

MAI 多边投资协定

MCMC 马来西亚通讯与多媒体委员会

MDA 新加坡媒体发展部

MIC 日本内部事务与通信部

MPM 欧盟媒体多样性监测

NAFTA 北美自由贸易协议

NAICS 北美产业分类系统

NESTA 英国国家科学技术艺术基金会

NPPA 新加坡新闻出版法

NTC 菲律宾国际电信委员

NZCC 新西兰商业委员会

OECD 世界经济与合作发展组织

OFCOM 英国通信管理局

OFT 英国公平交易委员会

OIO 新西兰海外投资办公室

RCEP 区域全面经济伙伴关系协定

RSTV 德国跨州广播协议

RTA 区域贸易协定

SELA 拉美及加勒比地区经济系统

SSA 共享服务协议

TFEU 欧盟运作条约

TRIMs 与贸易有关的投资措施协定

TTIP 跨大西洋贸易与投资伙伴关系协定

TTP 跨太平洋伙伴关系协议

UNCTAD 联合国贸易和发展会议

UNESCO 联合国教科文组织

VIE 可变利益实体/协议控制

WIPO 世界知识产权组织

WTO 世界贸易组织

参考文献

一、中文类

(一)著作类

1. 王文峰、何春雨:《中国文化产业政策研究》,云南人民出版社 2015 年版。

2. 姜平主编:《媒介融合教程》,武汉大学出版社 2015 年版。

3. 刘行芳:《新媒体概论》,中国传媒大学出版社 2015 年版。

4. 余劲松主编:《国际投资法》(第 4 版),法律出版社 2014 年版。

5. 谢耘耕、陈虹主编:《新媒体与社会》(第 10 辑),社会科学文献出版社 2014 年版。

6. 韩立余:《世贸规则与产业保护》,北京大学出版社 2014 年版。

7. 傅才武:《中国文化市场与消费研究》,云南出版社 2014 年版。

8. 甘培忠:《企业与公司法学》,北京大学出版社 2014 年版。

9. 张庆麟主编:《公共利益视野下的国际投资协定新发展》,中国社会科学出版社 2014 年版。

10. 吴岚:《国际投资法视域下的东道方公共利益规则》,中国法制出版社 2014 年版。

11. 黄基伟:《开放条件下幼稚产业保护问题研究》,中国科学技术大学出版社 2014 年版。

12. 中央文化企业国有资产监督管理领导小组办公室、中国社会科学院文化研究中心编:《中国文化投资报告(2014)》,社会科学文献出版社 2014 年版。

13. 张颢瀚、沈山:《第五产业论》,中国社会科学出版社 2014 年版。

14. 臧具林、卜伟才:《中国广播电视"走出去"战略研究》,中国国际广播出版社 2014 年版。

15. 陈绚、张文祥、李彦:《新闻传播与媒介法制年度研究报告(2014)》,中国人民大学出版社 2014 年版。

16. 陈清华:《文化产业投资机制创新》,南京大学出版社 2014 年版。

17. 王宏军:《印度外资准入制度研究——兼论外资法的建构》,法律出版社 2013 年版。

18. 张京成、沈晓平、张彦军:《中外文化创意产业政策研究》,科学出版社 2013 年版。

19. 王晴川、陆地:《媒介法教程》,上海交通大学出版社 2013 年版。

20. 陈昌凤:《美国传媒规制体系》,清华大学出版社 2013 年版。

21. 黄虚峰:《文化产业政策与法律法规》,北京大学出版社 2013 年版。

22. 邓瑜:《媒介融合与表达自由》,中国传媒大学出版社 2011 年版。

23. 欧阳坚:《文化产业政策与文化产业发展研究》,中国经济出版社 2011 年版。

24. 张晓明、胡惠林、章建刚主编:《中国文化产业报告》(2009),社会科学文献出版社 2010 年版。

25. [澳]塔尼亚·芙恩:《文化产品与世界贸易组织》,裘安曼译,商务印书馆 2010 年版。

26. [英]吉姆·麦奎根:《重新思考文化政策》,何道宽译,中国人民大学出版社 2010 年版。

27. [法]贝尔纳·古奈:《反思文化例外论》,李颖译,社会科学文献出版社 2010 年版。

28. 朱榄叶编:《世界贸易组织国际贸易纠纷案例评析(2007～2009)》,法律出版社 2010 年版。

29. 田韶华、严明、赵双阁:《传媒产业法律规制问题研究》,中国传媒大学出版社 2009 年版。

30. 王四新:《表达自由——原理与应用》,中国传媒大学出版社 2008 年版。

31. 郑晓松:《技术与合理化——哈贝马斯技术哲学研究》,齐鲁书社 2007 年版。

32. 王菲:《媒介大融合——数字新媒体时代下的媒介融合论》,南方日报出版社 2007 年版。

33. 宋建武:《媒介经济学》,中国人民大学出版社 2006 年版。

34. 石静霞:《WTO 服务贸易法专论》,法律出版社 2006 年版。

35. [新加坡]阿努拉·古纳锡克拉、[荷兰]等塞斯·汉弥林克、[英]文卡特·耶尔主编:《全球化背景下的文化权利》,张毓强等译,中国传媒大学出版社 2006 年版。

36. [美]吉利恩·多伊尔:《传媒所有权》,陆剑南等译,中国传媒大学出版社 2005 年版。

37. 石静霞、陈卫东:《WTO 国际服务贸易成案研究》,北京大学出版社 2005 年版。

38. 金冠军、郑涵、孙绍谊主编:《国际传媒政策新视野》,上海三联书店 2005 年版。

39. 艺衡、任珺、杨立青:《文化权利回溯与解读》,社会科学文献出版社 2005 年版。

40. 张玉国:《国家利益与文化政策》,广东人民出版社 2005 年版。

41. [美]劳伦斯·莱斯格:《思想的未来》,李旭译,袁泳审校,中信出版社 2004 年版。

42. 吴克宇:《电视媒介经济学》,华夏出版社 2004 年版。

43. 马强:《合伙法律制度研究》,人民法院出版社 2000 年版。

44. 郭庆光:《传播学》,中国人民大学出版社 1999 年版。

(二)期刊论文

1. 孔庆江:《〈中华人民共和国外商投资法〉与相关法律的衔接与协调》,载《上海对外经贸大学学报》2019 年第 3 期。

2. 陈明敏、彭兴莲:《“一带一路”背景下我国对外文化投资:机遇、挑战及策略》,载《对外经贸实务》2019 年第 8 期。

3. 申海平:《市场准入负面清单的印度尼西亚经验及其启示》,载《东方法学》2018 年第 4 期。

4. 祁述裕:《放宽文化市场准入,扩大文化市场开放》,载《东岳论丛》2018 年第 1 期。

5. 管金平:《中国市场准入法律制度的演进趋势与改革走向——基于自贸区负面清单制度的研究》,载《法商研究》2017 年第 6 期。

6. 叶雪:《国家文化产业安全的法律思考——以文化产业对外开放为视角》,载《出版科学》2015 年第 2 期。

7. 周凯:《西方国家如何通过文化产业传播价值观》,载《红旗文稿》2016 年第 1 期。

8. 缪锦春:《上海自贸区制度创新与我国文化产业开放对策研究》,载《文化产业研究》2015 年第 2 期。

9. 臧志彭:《文化产业开放政策与上海自贸区文化制度创新:一个研究综述》,载《文化产业研究》2015 年第 1 期。

10. 田继鹏、刘少湃、蔡萌、姚昆遗:《自贸区与文化产业发展:上海问题与国际经验》,载《上海对外经贸大学学报》2015 年第 2 期。

11. 田丰、谢宜泽:《中美双边投资协定谈判进程与基本立场》,载《中国外资》2015 年第 12 期。

12. 郭玉军、司文:《文化产业促进法视角下文化产业界定比较研究》,载《武汉大学学报》(哲学社会科学版)2015 年第 6 期。

13. 施明浩:《中国(上海)自由贸易试验区外资安全审查机制的探索

与创新》,载《亚太经济》2015 年第 2 期。

14. 龚柏华:《中国(上海)自由贸易试验区外资准入“负面清单”模式法律分析》,载《理论参考》2015 年第 2 期。

15. 聂平香:《中国实施负面清单管理面临的风险及对策》,载《国际经济合作》2015 年第 1 期。

16. 申海平:《菲律宾外国投资“负面清单”发展之启示》,载《法学》2014 年第 9 期。

17. 顾晨:《印度尼西亚“负面清单”改革之经验》,载《法学》2014 年第 9 期。

18. 翟晓雪:《关于文物拍卖市场的外资准入问题——以自贸区暂不对外开放文物买卖市场为视角》,载《中共山西省委党校学报》2014 年第 4 期。

19. 韩冰:《准入前国民待遇与负面清单模式:中美 BIT 对中国外资管理体制的影响》,载《中国经济评论》2014 年第 4 期。

20. 车丕照:《中国(上海)自由贸易试验区的“名”与“实”——相关概念的国际经济法学解读》,载《国际法研究》2014 年第 1 期。

21. 李朱:《特殊管理股制度的理论与实践思考》,载《江西社会科学》2014 年第 6 期。

22. 周成华、文远竹、曹苏宁:《英国报业的股权制度及治理结构》,载《青年记者》2013 年第 17 期。

23. 杨帆:《中国电影产业境外资本准入的问题研究》,载《河北经贸大学学报》(综合版)2013 年第 1 期。

24. 李本美、刘宝:《我国文化产业的外资利用策略研究》,载《长春工程学院学报》(社会科学版)2012 年第 2 期。

25. 张立省:《欧洲黄金股研究及对我国的启示》,载《管理现代化》2012 年第 1 期。

26. 郭玉军、王卿:《我国文化产业利用外资的法律思考》,载《河南省政法管理干部学院学报》2011 年第 4 期。

27. 张世君:《论我国文化创意产业法律体系保护之构建》,载《法学杂志》2011 年第 1 期。

28. 韩立余:《从中美出版物案看中国入世对中国外商投资法律制度的影响》,载陈安主编:《国际经济法学刊》2010 年第 2 期,北京大学出版社 2010 年版。

29. 姚德权、曹海毅:《外资进入中国传媒业态势与政府规制创新》,载《吉林大学社会科学学报》2007 年第 2 期。

30. 姚德权、赵文英:《传媒业外资准入收缩与发展:规制视角》,载《财经理论与实践》2006 年第 5 期。

(三)学位论文

1. 李云超:《文化产业融资促进法律问题比较研究》,武汉大学 2015 年博士学位论文。

2. 谢宽:《中国传媒业外资监管的系统耦合模式研究》,上海交通大学 2011 年硕士学位论文。

3. 张建明:《外资传媒进入对中国传媒业的影响及对策研究》,湖南大学 2011 年硕士学位论文。

4. 丁文锐:《中国传媒业外资准入监管研究》,湖南大学 2009 年硕士学位论文。

5. 孙昕:《广播电视业外资准入法律制度研究》,中国政法大学 2009 年硕士学位论文。

6. 朱金凤:《中国传媒业外资准入规制研究》,湖南大学 2008 年硕士学位论文。

7. 高冰:《GATS 下网络媒体业外资准入的立法研究》,西南政法大学 2007 年硕士学位论文。

(四)网络文献

1. 我国台湾地区新闻传播处:《行政院会通过〈有限合伙法〉草案》,载我国台湾地区新闻传播处网站:http://www.ey.gov.tw/News_Content2.aspx?n=F8BAEBE9491FC830&s=DCC28EAA9C4E8077,最后

访问日期:2020 年 1 月 30 日。

2. 吴父乡:《有限合伙法催生更多“聂隐娘”》,载我国台湾地区经济日报网: http://udn. com/news/story/7238/949141 -% E6% 9C% 89% E9%99%90% E5%90%88% E5% A4% A5% E6% B3% 95 -% E5% 82% AC% E7% 94% 9F% E6% 9B% B4% E5% A4% 9A% E3% 80% 8C% E8% 81% B6% E9%9A% B1% E5% A8%98% E3%80%8D,最后访问日期:2020 年 1 月 30 日。

3. 李洁:《外资传媒进入中国——一个关于传媒业和文化生活的双重命题》,载南方报网: http://www. southcn. com/nfdaily/media/cmyj/15/08/content/2009 -01/08/content_4827155_4. htm,最后访问日期:2020 年 3 月 21 日。

4. 中国国家统计局:《文化及相关产业分类》(2012),载国家统计局网站: http://www. stats. gov. cn/statsinfo/auto2073/201310/P020131031389352537771. pdf,最后访问日期:2020 年 3 月 21 日。

5. 中国国家统计局:《完善文化统计分类标准提升统计服务水平——国家统计局社科文司高级统计师殷国俊解读〈文化及相关产业分类〉(2018)》,载国家统计局网: http://www. gov. cn/zhengce/2018 -04/23/content_5285149. htm,最后访问日期:2020 年 3 月 21 日。

二、外文类

(一)著作类

1. Paolo Sigismondi, *World Entertainment Media: Global, Regional and Local Perspectives*, New York, Routledge, 2019.

2. Chang Jianget al., *Development of China's Cultural Industry*, Singapore, Springer, 2019.

3. Lorraine Lim and Hye-Kyung Lee, *Routledge Handbook of Cultural and Creative Industries in Asia*, London, Routledge, 2018.

4. Jia Gaoet al., *Global Media and Public Diplomacy in Sino-Western*

Relations, London, Routledge, 2016.

5. John Hartly et al., *Key Concepts in Creative Industries*, London, Sage Publication, 2013.

6. Terry Flew, *The Creative Industries: Culture and Policy*, London, Sage Publication, 2012.

7. David Throsby, *The Economics of Cultural Policy*, Cambridge, Cambridge University Press, 2010.

8. John Hartley, *Creative Industries*, Oxford, Blackwell Publishing, 2009.

9. David Hesmondhalgh, *The Cultural Industries*, London, Sage Publication, 2007.

10. Ake E. Andersson and David Emanuel Andersson, *The Economics of Experiences, the Arts and Entertainment*, Massachusetts, Edward Elgar, 2006.

11. David Throsby, *Economics and Culture*, Cambridge, Cambridge University Press, 2001.

12. Schreuer Christoph, *The ICSID Convention: A Commentary*, Cambridge, Cambridge University Press, 2001.

13. B. Joseph Pine II and James H. Gilmore, *The Experience Economy: Work is Theatre &Every Business a Stage*, Boston, Harvard Business School Press, 1999.

14. David Conklin and Don Lecraw, *Foreign Ownership Restrictions and Liberalization Reforms*, London, Routledge, 1997.

15. Charles P. Kindle Berger, *A Financial History of Western Europe*, New York, Oxford University Press, 1993.

(二)著作中析出的文献

1. Gilbert Gagné, "The World Trade Organization and Preferential Trade Agreements: The Case of Cultural Goods and Services", in Rioux M. and

Fontaine-Skronski K. eds., *Global Governance Facing Structural Changes*, New York, Palgrave Macmillan, 2015.

2. Nicholas Garnham, "The Political Economy of Communication Revisited", in Janet Wasko et al. eds., *The Handbook of Political Economy of Communications*, Oxford, Wiley-Blackwell, 2011.

3. John Scott, "Cultural Analysis in Marxist Humanism", in Tim Edwards ed., *Cultural Theory: Classical and Contemporary Positions*, London, Sage Publications, 2007.

4. Stuart Cunningham, "Creative Enterprises", in John Hartley ed., *Creative Industries*, Oxford, Blackwell publishing, 2005.

5. Walter Benjamin, "The Author as Producer", in Michael W. Jennings and Walter Benjamin eds., *Selected Writings* 2: 1927 - 1934, Cambridge, Belknap Press of Harvard University Press, 1999.

6. Lyndel V. Prott, "Cultural Rights as Peoples' Rights in International Law", in James Crawford ed., *The Rights of Peoples*, Clarendon, Oxford University Press, 1988.

(三)期刊论文

1. Bregt Natens, "Chronicle of a Death Foretold? The Cultural Exception for Audio-Visual Services in EU Trade Negotiations", *Legal Issues of Economic Integration* 41(4), 2014.

2. Gilbert Gagné, "Free Trade, Cultural Policies, and the Digital Revolution: Evidence from the U. S. FTAs with Australia and South Korea", *Asian Journal of WTO and International Health Law and Policy* 9, 2014.

3. Lawrence Eaker and Sun Tao, "Chinese Investment in the European Union & National Security Review: Is the EU Legal Regime about to Follow the US Model?", Frontiers of Law in China 9, 2014.

4. Serena Y. Shi, "Dragon's House of Cards: Perils of Investing in

Variable Interest Entities Domiciled in the People's Republic of China and Listed in the United States", *Fordham International Law Journal* 37, 2014.

5. David Schindelheim, "Variable Interest Entity Structures in the People's Republic of China: Is Uncertainty for Foreign Investors Part of China's Economic Development Plan?", *Cardozo Journal of International and Comparative Law* 21, 2012.

6. Gilbert Gagne', "Free Trade and Cultural Policies: Evidence from Three US Agreements", *Journal of World Trade* 45(6), 2011.

7. AlisonHarcourtand Robert G. Picard, "Policy, Economic, and Business Challenges of Media Ownership Regulation", *Journal of Media Business Studies* 6(3), 2009.

8. Laura S. Huffman, "A Comparative Review of Foreign Direct Investment Policies for Telecom Services in the United States, India, and Australia: Why Back to the Multilateral Future is the Best Choice for States, Consumers, and Suppliers", *Emory International Law Review* 22, 2008.

9. Jonathan Buchsbaum, "'The Exception Culturelle is Dead.' Long Live Diversity: French Cinema and the New Resistance", *The Journal of Cinema and Media* 47(1), 2006.

10. Alan J. Scott, "Entrepreneurship, Innovation and Industrial Development: Geography and the Creative Field Revisited", *Small Business Economics* 26(1), 2006.

11. Jacques Delacroixand Julien Bornon, "Can protectionism ever be respectable? A skeptic's case for the cultural exception, with special reference to French movies", *The Independent Review* 9(3), 2005.

12. David Hesmondhalgh and Andy C. Pratt, "Cultural Industries and Cultural Policy", *International journal of cultural policy* 11(2), 2005.

13. Andy C. Pratt, "Cultural Industries and Public Policy", *International Journal of Cultural Policy* 11(1), 2005.

14. Chris Bilton and Ruth Leary, "What Can Managers do for Creativity? Brokering Creativity in the Creative Industries", *International Journal of Cultural Policy*8(1), 2002.

15. Tom O' Regan, "Too Much Culture, Too Little Culture: Trend and Issues for Cultural Policy-making", *Media International Australia Incorporating Culture and Policy* 102, 2002.

16. Diana C. Mutz and Paul S. Martin, "Facilitating Communication across Lines of Political Difference: The Role of Mass Media", *American Political Science Review* 95(1), 2001.

17. Gillian Doyle, "Regulation of Media Ownership and Pluralism in Europe: Can the European Union Take Us Forward?", *Cardozo Law's Arts & Entertainment Law Journal* 16, 1998.

18. Alan P. Larson, "The Move Toward Global Rules on Investment", *Economic Perspectives* 2, 1997.

19. Stephen R. Konigsberg, "Think Globally, Act Locally: North American Free Trade, Canadian Cultural Industry Exemption, and the Liberalization of the Broadcast Ownership Laws", *Cardozo Law's Arts & Entertainment Law Journal* 12, 1994.

20. L. P. Hitchens, "Media Ownership and Control: A European Approach", *The Modern Law Review* 54, 1994,

21. Nicholas Garnham, "Public Policy and the Cultural Industries", *Cultural Studies* 1(1), 1987.

(四)外国政府或组织机构报告

1. Australian Treasurer, Australia's Foreign Investment Policy, adopted on December 2015.

2. UKTI, Inward Investment Report 2014/2015, adopted on 17 June 2015.

3. EU Committee on Communications, Media Plurality, 1st Report of

Session 2013 -2014, adopted on February 2014.

4. The US-CHINA Business Council, Summary of US Negative Lists in Bilateral Investment Treaties, adopted on 2014.

5. Australian Government Department of Communications, Media Control and Ownership Policy Background Paper No. 3, adopted on June 2014.

6. European University InstituteRobert Schuman Centre for Advanced Studies (CMPF), European Union Competencies in Respect of Media Pluralism and Media Freedom, RSCAS Policy Paper, adopted on January 2013.

7. European Parliament, "European Parliament resolution of 23 May 2013 on EU trade and investment negotiations with the United States of America[2013/2558(RSP)]", adopted onMay 2013.

8. Stephen E. Siwek Economists Incorporated, Copyright Industries in the U. S. Economy: The 2013 Report, prepared for the International Intellectual Property Alliance(IIPA), adopted on 2013.

9. Report of the Standing Committee on Canadian Heritage 2011, Impacts of Private Television Ownership Changes and the move towards New Viewing Platforms, House of Commons(Canada), adopted on March 2011.

10. European Commission Green Paper, Unlocking the Potential of Cultural and Creative Industries, adopted on April 2010.

11. Katholieke Universiteit Leuven, Jönköping International Business School, Central European Universityand Ernst & Young Consultancy, Independent Study on Indicators for Media Pluralism in the Member States-Towards a Risk-based Approach, Commission of the European Communities, adopted on Belgium 2009.

12. Canadian Radio-television and Telecommunications Commission, Broadcasting Public Notice CRTC 2008 -4, adopted on 15 January 2008.

13. The Work Foundation, Staying Ahead: The Economic Performance of the UK's Creative Industries, adopted on June 2007.

14. RhondaJolly, Media ownership deregulation in the United States and Australia: in the public interest? Research Paper No. 1 2007 - 08, Parliament of Australia, adopted on July 2007.

15. Commission of the European Communities, "Media pluralism in the Member States of the European Union, Commission Staff Working Document [SEC(2007) 32]", adopted on 16 January 2007.

16. Canadian Radio-television and Telecommunications Commission, Media Ownership; Rules Regulations and Practices in Selected Countries and Their Potential Relevance to Canada (Germany), adopted on July 2007.

17. Michael McEwen, A Report to the CRTC: Media Ownership; Rules Regulations and Practices in Selected Countries and Their Potential Relevance to Canada, adopted on July 2007.

18. Australian Competition and Consumer Commission, Media Mergers, adopted on August 2006.

19. NESTA, Creating Growth: How the UK CAN Develop World Class Creative Business, adopted on April 2006.

20. KEA European Affairs, The Economy of Culture in Europe. Study prepared for the European Commission (Directorate-General for Education and Culture), adopted on October 2006.

21. David Ward, A Mapping Study of Media Concentration and Ownership in Ten European Countries, Netherlands Media Authority, adopted on 2004.

22. Draft Charter of Fundamental Rights of the European Union-Text of the explanations relating to the complete text of the Charter as set out in CHARTE 4487/00 CONVENT 50, adopted on 11 October 2000.

23. UK Parliament, Negotiations at the OECD on a Multilateral

Agreement on Investment, Select Committee on European Scrutiny Twelfth Report 1999, adopted on February 1999.

(五)国际组织机构文件

1. OECD and UNCTAD, the Twenty-first Report on G20 Investment Measures, adopted on 24 June 2019.

2. OECD and UNCTAD, the Sixteenth Report on G20 Investment Measures, adopted on 10 November 2016.

3. OECD and UNCTAD, the Thirteenth Report on G20 Investment Measures, adopted on 12 June 2015.

4. UNCTAD, Creative Economy Report 2010: A Feasible Development Option, adopted on December 2010.

5. UNESCO, the 2009 UNESCO Framework for Cultural Statistics, adopted on 2009.

6. International Monetary Fund, Balance of Payments and International Investment Position Manual(Sixth Edition), adopted on 2009.

7. Report of the Panel, China-Measures Affecting Trading Rights and Distribution Services for Certain Publications and Audiovisual Entertainment Products, WT/DS363/R, 12 August 2009.

8. Report of the Appellate Body, China-Measures affecting Trading Rights and Distribution Services for Certain Publications and Audiovisual Entertainment Products AB - 2009 - 3, WT/DS363/AB/R, 21 December 2009.

9. OECD, OECD Benchmark Definition of Foreign Direct Investment (Fourth Edition), adopted on April 2008.

10. UNCTAD, Creative Economy Report 2008: The Challenge of Assessing the Creative Economy towards InformedPolicymaking, adopted on 2008.

11. UNCTAD, Preserving Flexibility in IIAs: The Use of Reservations,

adopted on 2006.

12. UNESCO, Understanding Creative Industries: Cultural Statics for Public Policy-Making, adopted on 2006.

13. Chairman to the Trade Negotiations Committee, Special Session of the Council for Trade in Services, World Trade Organization TN/S/23, 28 November 2005.

14. Chairman to the Trade Negotiations Committee, Special Session of the Council for Trade in Services, World Trade Organization TN/S/20, 11 July 2005.

15. WTO, Council for Trade in Services Special Session, Communication from Brazil-Audiovisual Services, S/CSS/W/99(9 July 2001).

16. WTO, Communication from Switzerland, GATS 2000: Audiovisual services, S/CSS/W/74(4 May 2001).

17. WTO, Communication from Canada, Initial Canadian Negotiating Proposals, S/CSS/W/46(14 March 2001) and S/CSS/W/46/Corr. 1(23 March 2001).

18. WTO, Communication from Japan, The Negotiations on Trade in Services, S/CSS/W/42(22 December 2000).

19. WTO, Council for Trade in Services Special Session, Communication from the United States-Audiovisual and Related Services, S/CSS/W/21(18 December 2000).

20. UNESCO, the 2009 UNESCO Framework for Cultural Statistics, adopted on 2009.

(六)网络文献

1. Federal Communications Commission, "FCC Broadcast Ownership Rules", Accessed March 2, 2020, at https://www.fcc.gov/consumers/guides/fccs-review-broadcast-ownership-rules.

2. OFCOM, "The operation of the media ownership rules listed under

Section 391 of the Communications Act 2003", Accessed March 2, 2020, at https://www.ofcom.org.uk/__data/assets/pdf_file/0030/127929/Media-ownership-rules-report – 2018.pdf.

3. Herbert Simith Freehills, "Australian Foreign Investment Review", Accessed March 2, 2020, at https://www.herbertsmithfreehills.com/latest-thinking/australian-foreign-investment-review – 2019.

4. Federal Communications Commission, "FCC's Review of the Broadcast Ownership Rules", Accessed March 2, 2020, at https://www.fcc.gov/guides/review-broadcast-ownership-rules.

5. Lord Inglewood, "Final say on media transactions for Ofcom, not Culture Secretary", Accessed March 12, 2020, at http://www.parliament.uk/business/committees/committees-a-z/lords-select/communications-committee/news/plurality-report/.

6. Hans J. Kleinsteuber & Barbara Thomass, "Media Landscapes: Germany, published on European Journalism Centre 2014", Accessed March 12, 2020, at http://ejc.net/media_landscapes/germany.

7. Sophie des Beauvais, "France: Ending the Cultural Exception", Accessed March 2, 2020, at http://www.worldpolicy.org/blog/2014/11/03/france-ending-cultural-exception.

8. Pew Research Centre's Project for Excellence in Journalism, "State of the News Media 2013: An Annual Report on American Journalism", Accessed March 12, 2020, at http://stateofthemedia.org/2013/overview-5/key-findings/.

9. Reuters, "FCC withdraws proposal to relax media ownership rules", Accessed March 12, 2020, at http://www.reuters.com/article/2013/12/17/us-usa-fcc-mediaownership-idUSBRE9BG15R20131217.

10. Rockefeller, "letter to the Chairman of the Federal Communications Commission", Accessed March 12, 2020, at http://www.freepress.net/

sites/default/files/resources/Rockefeller_letter_to_Wheeler_SSAs_11_25_13. pdf.

11. Guido Inzaghi and Alessandro Piermanni, "From 'Golden Share' to 'Golden Powers'", Accessed March 2, 2020, at https://www. dlapiper. com/~/media/Files/Insights/Publications/2012/07/Italy%20From%20golden%20share%20to%20golden%20powers/Files/From_golden_share_to_golden_powers_EN/FileAttachment/From_golden_share_to_golden_powers_EN. pdf.

12. Andrew S. Wise, "Broadcast Ownership Rules and Innovation", Accessed March 12, 2020, at http://hraunfoss. fcc. gov/edocs_public/attachmatch/DOC-308510A1. pdf.

13. European Commission Digital Single Market, "The Media Pluralism Monitor", Accessed March 12, 2020, at https://ec. europa. eu/digital-single-market/en/media-pluralism-monitor-mpm.

14. Die Kommission zur Ermittlung der Konzentration im Medienbereich (KEK) n. d, "The Constitutional principles mandating diversity of opinion in television", Accessed March 12, 2020, at http://www. kek-online. de/commission/constitutional-principles. html? L=1.

15. Canadian Heritage, "Net Benefit Undertakings and Canadian Cultural Policy", Accessed March 2, 2020, at http://www. pch. gc. ca/eng/1360158482694/1360158670409.

16. Canadian Heritage, "Investment Canada Act: Revised Foreign Investment Policy in Book Publishing and Distribution", Accessed March 2, 2020, at http://www. pch. gc. ca/eng/1359570626539.

17. Canadian Heritage, "Investment Canada Policy on Foreign Investment in the Canadian Film Distribution Sector", Accessed March 2, 2020, at http://www. pch. gc. ca/eng/1359658212774/1395330258203.

18. Canadian Heritage, "Canadian Content in Magazines, A Policy on

Investment in the Periodical Publishing Sector", Accessed March 2, 2020, at http://www.pch.gc.ca/eng/1359658949974/1359659050050.

19. Media Entertainment & Arts Alliance, "Commonwealth's Treaty-making Process Submission", Accessed March 2, 2020, at http://www.aph.gov.au/DocumentStore.ashx? id = 014f5ecf - f22b - 40b6 - af3b - 8ad7fc04245f&subId = 304160.

20. Department of Communications and the Arts of Australian Government, "Updating Australia's Media Laws", Accessed March 2, 2020, at https://www.communications.gov.au/publications/fact-sheet-updating-australias-media-laws.

(七)双边、多边条约

1. The United States-Mexico-Canada Agreement(2018).

2. The Comprehensive and Progressive Agreement for Trans-Pacific Partnership(2018).

3. Singapore-Australia FTA(2017).

4. EU-Canada Comprehensive Economic and Trade Agreement(2016).

5. Canada-Korea FTA(2015).

6. Chile-Thailand FTA(2015).

7. Canada-Houduras FTA(2014).

8. Canada-Panama FTA(2013).

9. United States-Korea FTA(2012).

10. Canada-Peru FTA(2009).

11. United States-Rwanda BIT(2008).

12. United States-Uruguay BIT(2005).

13. Canada-Ecuador BIT(1996).

(八) 立法文件

1. Regulation(EU) No. 1295/2013 of the European Parliament and of the Council of 11 December 2013, Establishing the Creative Europe

Programme(2014 to 2020) and Repealing Decisions No. 1718/2006/EC, No. 1855/2006/EC and no 1041/2009/EC, Official Journal of the European Union, 20.12.2013.

2. Directive 2010/13/EU of the European Parliament and of the Council of 10 March 2010 on the coordination of certain provisions laid down by law, regulation or administrative action in Member States concerning the provision of audiovisual media services (Audiovisual Media Services Directive), Official Journal of the European Union 15.4.2010, L 95/1.

3. Republic of Korea Act on the Promotion of Periodicals Including Magazines(amended on 2015).

4. Republic of Korea, Framework Act on the Promotion of Cultural Industries(amended on 2013).

5. Republic of Korea Broadcasting Act(amended on 2013).

6. Republic of Korea Act on the Promotion ofNewspapers(amended on 2010).

7. 2013Barbados Cultural Industries Development Bill.

8. New ZealandOverseas Investment Act 2005(amended on 2018).

9. Rundfunkstaatsvertrag (RStV) 1996 (Interstate Broadcasting Agreement).

10. The President of the Philippines Executive Order No. 184, Promulgating the Tenth Regular Foreign Investment Negative List.

11. Presidential Regulation of the Republic of Indonesia Number 39 of 2014 on List of Business Fields Closed to Investment and Business Fields Open, withConditions, to Investment.

12. Singapore Broadcasting Act(amended on 2012).

13. Singapore Newspaper and Printing Presses Act(amended on 2002).

(九)案例

1. Centro Europa 7 SRL and Di Stefano v. Italy,[2012] ECHR 974.

2. Manole and Others v. Moldova,[2009] ECHR 1292.

3. Meltex Ltd and Movsesyan v. Armenia,[2008] ECHR 531.

4. Glas Nadezhda EOOD and Anatoliy Elenkov v. Bulgaria, [2007] ECHR 804.

5. Appleby and Others v. the United Kingdom,[2003] ECHR 222.

6. Informationsverein Lentia v. Austria,[2002] ECHR 785.

7. VGT Verein gegen Tierfabriken v. Switzerland,[2001] ECHR 412.

8. Özgür Gündem v. Turkey,[2000] ECHR 104.

9. Fuentes Bobo v. Spain,[2000] ECHR 96.

10. Socialist Party and Others v. Turkey,[1998] ECHR 45.

11. Jersild v. Denmark, [1994] ECHR 33.

12. Vlaamse Televisie Maatschapij NV v. Commission of the European Communities,Case T - 266/97 [1999].

13. Vereinigte Familiapress Zeitungsverlags-und vertriebs GmbH v. Heinrich Bauer Verlag, Case C - 368/95 [1997].

14. TV10 SA v. Commissariaat voor de Media, Case C - 23/93 [1994].

15. Vereniging Veronica Omroep Organisatie v. Commissariaat voor de Media, Case C - 148/91 [1993].

16. Pantechniki S. A. Contractors & Engineers v. Albania, ICSID Case No. ARB/07/21 [2009].

17. Romak S. A v. Uzbekistan, PCA Case No. AA280 [2009].

18. Prometheus Radio Project v. FCC, 373 F.3d 372(3rd Cir. 2004).

图书在版编目(CIP)数据

文化产业外国直接投资限制的法律问题研究 / 司文著. -- 北京：法律出版社，2020
(棠树文丛)
ISBN 978-7-5197-4770-1

Ⅰ. ①文… Ⅱ. ①司… Ⅲ. ①文化产业－直接投资－外国投资法－研究－中国 Ⅳ. ①D922.295.4 ②D922.164

中国版本图书馆 CIP 数据核字(2020)第129219号

文化产业外国直接投资限制的法律问题研究 **WENHUA CHANYE WAIGUO ZHIJIE TOUZI XIANZHI DE FALÜ WENTI YANJIU**	司　文著	**策划编辑** 解　锟 **责任编辑** 解　锟 **装帧设计** 李　瞻

出版 法律出版社
总发行 中国法律图书有限公司
经销 新华书店
印刷 北京虎彩文化传播有限公司
责任校对 马　丽
责任印制 张建伟

编辑统筹 独立项目策划部
开本 710毫米×1000毫米　1/16
印张 14.25
字数 220千
版本 2020年9月第1版
印次 2020年9月第1次印刷

法律出版社/北京市丰台区莲花池西里7号(100073)
网址/www.lawpress.com.cn
投稿邮箱/info@lawpress.com.cn
举报维权邮箱/jbwq@lawpress.com.cn
销售热线/400-660-8393
咨询电话/010-63939796

中国法律图书有限公司/北京市丰台区莲花池西里7号(100073)
全国各地中法图分、子公司销售电话：
统一销售客服/400-660-8393/6393
第一法律书店/010-83938432/8433　西安分公司/029-85330678　重庆分公司/023-67453036
上海分公司/021-62071639/1636　深圳分公司/0755-83072995

书号：ISBN 978-7-5197-4770-1　**定价**：72.00元
(如有缺页或倒装，中国法律图书有限公司负责退换)